笑談
中國歷史

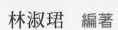

林淑珺　編著

三民書局

二版說明

　　本書特色，誠如書名，希望讀者能用輕鬆（「笑」）的方式認識（「談」）歷史。所以全書概以時間為經、空間為緯，一方面幫助讀者強化時序感與空間概念，另一方面更輔以故事化的講述，引領讀者自然而然地學習中國歷史。且慢！還不只如此，除了史書記載的內容外，書中還介紹了許多精采生動的趣聞故事，包含神話傳說、文學創作、成語典故等，透過更多面向帶您進入豐富多彩的中國史世界。

　　期待讀者能經由本書穿越時光之流，飽覽中國歷史的迷人風采，此次改版也重新調整版式、重繪地圖，以提供您更舒適的閱讀品質。

　　來來來，趕快打開本書吧！您將發現，原來，學習歷史可以這麼有趣！

編輯部謹識

編者的話

　　從小，我們就從許多故事、圖書、戲劇中接觸學習到中國歷史。那時，歷史是有趣的，然而卻也是雜散零亂的，缺乏一貫性。

　　到了國中、高中時期，歷史教科書主控了我們學習歷史的管道。這些教科書的內容雖有一貫性，但卻過嚴肅古板，而坊間各色參考書又多偏重於考試練習，沒有趣味。因此，很多學子在升入中學之後，就不再能體會歷史的趣味，反而把學習歷史當成一場惡夢。

　　為了讓學子們領略歷史的趣味，我編寫了這本《笑談中國歷史》。在這本書裡，有詳細的正史，也網羅了許多野史、軼聞、趣事、詩詞、成語，還編列了地圖及帝王世系表，可以幫助學子們從多元角度了解、掌握、進而喜愛中國歷史。正所謂：

　　笑談中國，胸懷天下。

　　萬里江山，千古佳話。

　　文史相合，貫通融洽。

　　歷史歷史，讓你愛煞！

林淑珺　謹識

笑談中國歷史

目次

起　源		
三皇五帝		
夏		
商		
周	西周	
	東周	春秋
		戰國
秦		
漢	西漢	
	東漢	
三國	魏　蜀漢	吳
晉	西晉	
	東晉	
南北朝	北朝	南朝
	北魏	宋
	東魏　西魏	齊
	北齊　北周	梁
		陳
隋		
唐		
五代	後梁	
	後唐	
	後晉	
	後漢	
	後周	
宋	北宋	
	南宋	
元		
明		
清		
民國		

中國的起源

　　歷史，是我們對以前古人活動的記錄所作的整理。記錄以文字所記較為可信。「文字史」就是以古人所留文字記錄為根據所整理的歷史。對於無文字記錄的古早時代，我們可以根據民族傳說，整理成「傳說史」。對於更古早、連傳說也無的時代，則以對遺跡的鑑定為根據，推斷得「考古史」。歷史就是以「考古史」、「傳說史」、「文字史」三階段銜接而成。本節簡介中國歷史中的考古史部分。

　　考古學上，依人類腦部的重量及站立姿態的不同，將人類分為三種：

1. 猿人：是最早的人類，約三百萬年前出現在地球上。腦很小，站立時弓背像猿猴。
2. 真人：是從猿人進化，在約十萬年前所成。腦較大，站立時背較直。
3. 現代人：是從真人進化，在約一萬年前所成。腦大，站姿完全挺直。

　　考古學上又依人類所用工具材料的不同，將人類文明分為四個時代：

1. 舊石器時代：一萬年前及比一萬年前更古。這個時代的人只會用兩塊石頭敲打來製造所要的工具。
2. 新石器時代：從一萬年前至五千年前。這個時代的人會用兩塊石頭對磨來製造石刀、石斧，會用黏土燒製碗、壺等陶器，會耕作。
3. 青銅器時代：從五千年前至三千年前。這個時代的人會開採銅礦、燒鍊銅汁，製成所要的工具，如：犁、刀、劍、酒器。

4.鐵器時代：從三千年前至接近現代。這個時代的人會開採鐵礦、燒鍊鐵汁，
　製成所要的工具，如：犁、鍋、刀、劍。

關於中國人的起源，有化石或文化遺跡為根據。這些化石或文化遺跡，以
發現地點而命名，其年代的古遠程度，經考古研究鑑定如下：

時代	距　今	化石／文化遺跡	發現地	備　註
舊石器時代	約 170 萬年前	元謀人	雲南元謀	猿人
	約 100 萬年前	藍田人	陝西藍田	猿人
	約 50 萬年前	北京人	河北房山	猿人。會用火。捕獸採果
	約 10 萬年前	丁村人	山西襄汾	真人
	約 2 萬年前	山頂洞人	河北房山	真人。用骨針縫衣服。用獸齒作裝飾品。知道要埋葬死者
新石器時代	約 7 千年前	半坡文化	陝西西安	製作使用彩陶。種植小米
	約 5 千年前	仰韶文化	河南澠池	現代人。製作使用彩陶
	約 5 千年前	河姆渡文化	浙江餘姚	種植水稻。會造干欄式建築
	約 4 千年前	大溪文化	四川巫山	種植水稻
	約 3 千年前	龍山文化	山東歷城	製作使用黑陶。會造半穴居房屋

 # 史書之外

關於中國遠古時代的神話故事，有一些流傳至今，其中最有趣的是「盤古
開天」、「女媧造人和補天」、「夸父追日」等三則。從這些故事，可以看出中國
人對宇宙與人類起源的豐富想像力。

盤古開天：

很久很久以前，是沒有天地之分的，整個宇宙是渾然一體，就像一個大大
的蛋。有一個名叫「盤古」的神，就在此宇宙中誕生。過了好長一段時間，盤
古長大、有力氣了，他用力伸展四肢，一推，掙脫了包圍宇宙的殼，宇宙就破
了。宇宙裡清明的部分冉冉上升，變成了「天」，陰濁的部分則緩緩下降，變成
了「地」。盤古就是這樣開天闢地的。他兩腳踏在地上，雙手撐起了天。盤古的
身高每日在增長，一日長一丈。隨著盤古身體的增高，天越來越高，天地間的
距離也越來越大。就這樣經過一萬八千年，天已經夠高了，盤古也精疲力盡，

最後倒地死了。盤古死後，他的身體開始產生變化：他的氣息變成風和雲，聲音變成雷，左眼變成太陽，右眼變成月亮，四肢變成山嶽，血液變成河流，肌肉變成泥土，毛髮變成草木，牙齒變成礦石，汗水變成雨露，天地萬物於是形成。

女媧造人和補天：

遠古時，眾神中有一位面貌極為美麗的女神，她上半身像人、下半身像蛇，名叫「女媧」。有一天，女媧閒來無事，於是用黃泥土調水，捏一個模型來玩。她把這模型的臉，做得像她的臉一樣美麗，但是下半身有腿和腳。女媧向模型吹了一口氣，這模型竟然動了起來，而且還會說話。女媧大為高興，她稱這個模型為「人」。女媧又用黃泥土調水，捏一個模型，吹一口氣，造出第二個人。就這樣，由於女媧的作為，地上的人一天一天多了起來。這些人的面貌都很美麗，像女媧。女媧以慢工出細活的方式做，所以地上的人口增加很慢。後來，有一天，女媧隨手拿了一根繩子，放入泥淖中沾了沾，抽上來一抖，繩子上面的泥水珠濺到地上，竟也變成了「人」。女媧很高興，從此就用這種方法，很快造出很多人，結果，地上的人口快速大量增加。有一天，眾神中的火神「祝融」和水神「共工」起衝突，打了起來。結果共工打輸了，羞憤之下一頭撞向頂著天和地的「不周山」。於是山崩裂了，天垮下來，壓在大地上，大地上產生嚴重的火災和洪水，人類面臨巨大浩劫。女媧見狀，趕緊去找了許多五色石頭，放在爐子中，燒鍊成液體黏膠，再拿這膠去將天補好。最後，她抓了一隻大鱉，砍下牠的四腳，用來支撐住天的四角。終於，天下重歸太平。這就是女媧補天的故事。

夸父追日：

荒野中，有一座「成都載天山」，山上有個巨人，名叫「夸父」。他的兩耳上盤據著黃蛇，兩手上也抓著黃蛇。他見太陽每天從東方出現，掠過山頂，在西方隱沒，走得很快。有一天，他突發奇想，要和太陽比賽跑，便從東邊開始追著太陽跑。他太不自量力了，跑呀跑，越跑越落後於太陽。眼看太陽就要日落西山了，夸父還沒到達西方地平線。夸父洩氣了，到了黃河與渭河的合流處，他累了、渴了，便停下來，把黃河與渭河的水都喝乾了，還不解渴，再蹣跚地向北而行，找尋大澤，還沒找到，就倒地而死。

上古時代

西元前2600年～前2100年

中國上古時代的歷史是傳說史。那時，中國還不是統一的國家，而是分成許多部落。後來，中原地區出現了三皇。三皇是三個部落的領導人，他們因有能力改善人民的生活而受稱頌。三皇為：

燧人氏：教人鑽木取火。

伏羲氏：教人結網捕魚，飼養牲畜。

神農氏：發明農具，教人種植穀物。親嚐百草，為人治病。

除了三皇之外，還有個「有巢氏」，教人在樹上搭建屋子來居住。

三皇之後，從大約西元前兩千六百年起，出現了五帝，依序為：黃帝、顓頊、帝嚳、帝堯、帝舜。

黃帝生於軒轅之丘，故又名「軒轅氏」，他是中原許多部落中一個「姬」姓部落的領袖。同時期另外有一個部落，其領袖叫做蚩尤。蚩尤常常欺侮黃帝及其他部落。黃帝聯合這些被欺侮的部落一起反抗蚩尤。雙方軍隊在涿鹿（今山西解縣）大戰。當時戰場上出現濃霧，雙方人馬都不辨東西南北。黃帝利用他所發明的指南車確認方向，有效行動；蚩尤則迷失了方向，結果大敗。戰後，各部落組成聯盟，叫做「四岳」。四岳開會，尊黃帝為共主（共同的君主）。這聯盟，就是最初型態的中國國家組織。中國人常自稱為「炎黃子孫」。

黃帝設國都於有熊（今河南新鄭）。黃帝手下一個名叫倉頡的史官發明了文字；黃帝的妻子嫘祖則會養蠶，並發明織布與縫衣的技術；其他臣民有的發明造舟、有的發明馬車、有的會建造宮室。黃帝的指南車則被推崇為中國四大發明之一。

繼黃帝之後擔任國君的人物，歷經顓頊和帝嚳，傳到帝堯。

三皇五帝		
夏		
商		
周	西周	
	東周	春秋
		戰國
秦		
漢	西漢	
	東漢	
三國	魏	蜀漢　吳
晉	西晉	
	東晉	
南北朝	北朝	南朝
	北魏	宋
	東魏　西魏	齊
	北齊　北周	梁
		陳
隋		
唐		
五代	後梁	
	後唐	
	後晉	
	後漢	
	後周	
宋	北宋	
	南宋	
元		
明		
清		
民國		

堯的國號為「唐」，國都設在平陽（今山西臨汾），史稱唐堯。堯帝年老時，向四岳宣告主動退位，將共主的位子讓給賢能的舜。

舜命國號為「虞」，定國都在蒲阪（今山西永濟），史稱虞舜。舜即位後，黃河發生大洪水，氾濫成災。舜起先任用一個名叫鯀的人來治水。鯀用防堵法，多建堤防，結果失敗，大水更加氾濫，舜改用鯀的兒子禹來治水。禹改用疏導法，多挖溝渠，經十三年在各地的奔走，終於把河水都導入大海，平息水患。禹工作認真，公而忘私，在治水期間曾三次經過家門而不入，這種精神贏得眾人欽佩。舜退位，將共主的位子讓給禹，禹命國號為「夏」。這種將帝位傳給賢能好人的方式，史稱「禪讓政治」。

 史書之外

堯的故事：

堯是一位非常仁民愛物的君主。他勤於政務，全心全意關心老百姓日子過得好不好，自己則粗茶淡飯，生活簡樸。堯手下有一位大臣，名叫皋陶，個性剛直，嫉惡如仇，待人民很嚴厲。罪犯落在他手裡，都被判重刑，再被整得死去活來。仁慈的堯於心不忍，常常糾正皋陶。有一次，一名犯人因為小罪被送到朝堂來定罪。皋陶狠狠地說：「殺了他！」堯溫和地說：「放了他！」皋陶又說：「殺了他！」堯再說：「放了他！」皋陶第三度說：「殺了他！」堯也第三度說：「放了他！」皋陶無可奈何，只好把犯人給放了。堯的兒子丹朱個性卻不太好，只知享樂，不肯做事，所以堯不願把帝位傳給他。堯希望有個更好的人接替他當國君，來為人民服務，於是他明查暗訪，找到舜，並提拔他做事。在確定舜真的是好人之後，堯便把帝位傳給他，還將自己的兩位女兒：娥皇與女英嫁給舜為妻。

舜的故事：

舜以孝道聞名天下。據說舜的母親早死，父親是瞎子。後母很不喜歡舜，她生了自己的兒子（也就是舜的弟弟）之後，更把舜視為眼中釘。他們母子二人常想辦法要害死舜。後母叫舜去修理倉庫屋頂，自己在倉庫下面點火燒房子，

想就此燒死舜，但幸好舜急中生智，拿著斗笠當作降落傘，從屋頂跳下來，僥倖沒死。舜的弟弟又想出一個辦法要害舜：他約舜去挖井，並叫舜下去，自己則留在地上，趁舜到達井底時，就往井裡扔石頭，想將舜砸死，幸好舜從井邊挖個小洞逃出，又逃過一劫。舜雖然屢次受後母與弟弟欺負，卻仍對後母很孝順，對弟弟很友愛，從不把被欺負的事情告訴父親。後來後母又叫舜去開墾一塊荒地，這塊地土質堅硬，石頭又多。舜用鋤頭挖了很久，都沒進展。正在進退兩難之際，忽然從遠處走來一頭大象，對舜示意要來幫忙。舜把耕田犁耙的拖繩繩結套到大象身上，讓大象拉犁。大象的力氣很大，拉起犁來毫無困難，不一會兒功夫就把這塊荒地耕好了。大象做完了事，就向舜點點頭，慢慢轉身離去，最後不見蹤影。鄰居們看到這整個過程，都覺得不可思議，紛紛議論，認為是舜的孝行感動了上天，上天特別派大象來幫忙的。舜這種仁厚的品德終於感動了後母與弟弟，他們不再欺負舜，一家人言歸於好，舜也因此贏得「孝感動天」的美名。

河圖洛書：

　　伏羲氏有一日來到河邊，忽然天空風雲大作，河水浪花飛濺。不久，從河水中鑽出一隻龍馬和一隻神龜。龍馬背上馱著一幅畫，神龜背上馱著一本書，一齊來到伏羲氏面前跪下。伏羲氏把這一畫一書收下，這一馬一龜便轉回河中，立刻風平浪靜，陽光普照。伏羲氏把畫命名為〈河圖〉，把書命名為《洛書》，拿回家好好研讀，終於領悟了上天對他啟示的意思，通曉了大自然與人互動的道理，變成一個很有智慧的人，能預知事情的吉凶，帶領族人打獵、採果、行事，無不順利成功。〈河圖〉、《洛書》後來演變成《易經》。

 萬里江山

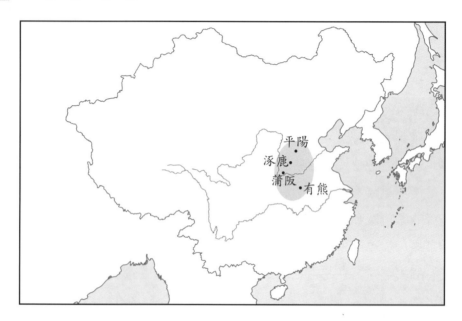

🌳 萬世一系

燧人氏	・發明鑽木取火
伏羲氏	・發明捕漁打獵的網子 ・教人飼養家畜，並制定嫁娶
神農氏	・教人播種五穀，並嚐百草 ・燧人氏、伏羲氏、神農氏合稱「三皇」，代表中國遠古文明演進的階段
黃　帝	・與蚩尤大戰於涿鹿，又北逐葷粥，諸侯尊之為共主 ・黃帝與蚩尤之戰反映當時部落聯盟的激烈競爭
顓　頊	

帝　嚳

帝　堯　　　‧相傳曾讓位於舜，稱為「禪讓政治」

帝　舜

三皇五帝			
夏			
商			
周	西周		
	東周	春秋	
		戰國	
秦			
漢	西漢		
	東漢		
三國	魏	蜀漢	吳
晉	西晉		
	東晉		
南北朝	北朝		南朝
	北魏		宋
	東魏	西魏	齊
	北齊	北周	梁
			陳
隋			
唐			
五代	後梁		
	後唐		
	後晉		
	後漢		
	後周		
宋	北宋		
	南宋		
元			
明			
清			
民國			

夏

西元前2100年～前1600年

　　禹即共主之位後，命國號為「夏」，建都於安邑（今山西安邑），史稱其為「大禹王」。夏朝有文字，但未留存下來，故其歷史仍屬傳說史。

　　夏朝時代，國土面積比舜的時代增大很多。禹作國王，為了便於管理，便分天下為九州，即：冀、兗、青、徐、揚、荊、豫、梁、雍。九州是中國最初形式的地方政府，州的範圍及名稱大都為後世所沿用。

　　若干年後，禹老了，他本來想將共主之位傳給幫他治水的臣子益，但是，禹的兒子啟表現得也不錯。禹死後，啟在大臣的簇擁之下繼位為王。從此開始了「家天下」的帝王繼承慣例，以前禪讓政治「傳賢不傳子」的美好風範，再也看不到了。國家變成由某一家族的人所專有、統治，統治者代代相傳，稱為朝代。夏朝則是中國第一個朝代。

　　啟登上王位後，益和「有扈」部落分別對啟不服，先後起兵反叛。啟將他們打敗，成功地維護住了統治權，直到啟病故。啟有五個兒子，但他並未指定由何人繼任其職位。啟死後，五個兒子互相爭奪王位，史稱「五子之亂」。最後由太康奪得王位。但太康忽略政務，沉迷於打獵，遠遊不歸。「有窮」部落的首領后羿趁機占領首都，迫使太康流浪在外，鬱鬱以終，史稱「太康失國」。

　　后羿立「中康」為王，後又立「相」為王，最後趕走相，自立為王。他驕傲放縱，不久便被手下大臣寒浞所殺。寒浞登上王位後，太康的姪孫少康此時已長大成人，並且英武有為。少康起兵殺了寒浞，奪回政權，夏朝又得以繼續，史稱「少康中興」。

　　夏朝文明頗為進步。考古學家曾在河南偃師的「二里頭」發現夏朝宮殿遺跡及青銅器、玉器和陶器等遺物。由此得知，當時人已能採挖銅礦，並且會提鍊、鑄造青銅器，也能製作玉器、陶器。玉器雕琢得相當精美，而陶器上也可發現精美的飾紋。

　　從少康之後，又經過十代，傳到桀。桀是一個暴虐的國君，常常亂發脾氣而將臣民處死，又寵愛一個名叫「妹喜」的女子，向人民抽取苛捐雜稅，供她吃喝玩樂。桀的荒淫無道，讓人民很怨恨。屬下部落之一的商部落首領湯，順應民意，舉兵推翻桀，夏亡。湯登上王位，改國號為「商」。

史書之外

后羿與嫦娥：

　　傳說從前有十個太陽，他們住在遙遠的東海海邊。這十個太陽常在海中洗澡，然後到海岸邊的大石頭上休息。太陽們的母親每天帶著一個兒子坐車出門，經過天空，所以人們每天白天時只看到一個太陽在天上。經過幾千年之後，太陽們漸漸對這種一成不變的生活感到厭煩。有一天，他們決定不顧母親的反對，一起出門遊玩。於是十個太陽一起在天空中出現，他們嬉戲遊樂，開心得不得了。但是地上的人們可慘了！在十個太陽的同時照射下，大地酷熱，眼看萬物都快要被烤乾，活不成了。這時出現了一個名叫后羿的青年，他英姿勃發，武藝高強，尤其精於射箭，不但射得準，而且射得遠。他見十個太陽如此毒害，決心為民除害，於是登上一座小山頂，對山下的人們大聲地說：「我是后羿，大家安心，我現在來射掉一個太陽，讓大家好過一些。」說罷，彎弓搭箭，對準一個太陽用力射去。「咻——」，利矢穿越長空，正中目標。那個太陽慘叫一聲，變成一團黑黑的東西，從天上掉了下來。少了一個太陽，大地涼快了少許，人們覺得舒服了一些，紛紛喝采：「好！射得好！」、「涼快些了！涼快些了！」並要求后羿繼續施展身手，「再射一個！再射一個！」后羿受此鼓勵，一時豪興大發，便彎弓搭箭，射個不停，每射下一個太陽，人們就歡呼叫好，還幫著計數：「——兩個——三個——四個——五個——六個——七個——八個，好哇！」

等到射完第九個時，村中一名老者警覺事態不對，趕快大聲勸阻：「不能再射啦！再射下去，太陽絕跡，大地就會一片黑暗，人間就會失去光明啦！」后羿這才停止。他收好箭袋背好弓，高興地走下山來，村民歡呼簇擁，對他讚不絕口。後來，一傳十，十傳百，后羿的英雄行為，受到全國人民極大的崇敬和擁戴，於是他當上了國王，把美麗賢淑的妻子嫦娥接到王宮中來住，生活過得舒服極了。一、兩年後，國王當久了，后羿的心性變得驕傲任性，殘暴無道。他不關愛人民，反而天天責罵打殺他們，嫦娥勸他不要這樣亂來，但后羿不聽，夫妻倆感情日漸疏離，人民也開始討厭后羿，嫦娥心裡很難過。有一天晚上，后羿從外面拿回來一個瓶子，嫦娥問：「這是什麼？」后羿道：「這是我命方士從西天王母娘娘那兒偷來的靈藥，吃了可長生不老。明天一大早吉時，我就要吃下去，從此就可長生不老，哈！哈！哈！」說完就去睡覺，還把瓶子緊緊抱在懷裡。嫦娥聽得此言，卻在燭光下一夜難眠。她想，像后羿這樣的暴君，要是長生不老的話，天下百姓豈不更加受苦？她決心不讓后羿得逞。到了隔天黎明拂曉的時候，她從熟睡的后羿的懷裡把瓶子偷來，趕快把藥倒出，自己全部服下去。剎那間，她的身體變得輕飄飄起來，飄出窗外，飄上樹梢，再飄向天空，最後到達無人的月亮。在那裡，她建了一座廣寒宮，從此孤獨地住著。這就是中國民間有名的「嫦娥奔月」神話。後世的唐朝詩人李商隱，寫了一首有關嫦娥的詩：

雲母屏風燭影深，長河漸落曉星沉；嫦娥應悔偷靈藥，碧海青天夜夜心。

——〈嫦娥〉

萬里江山

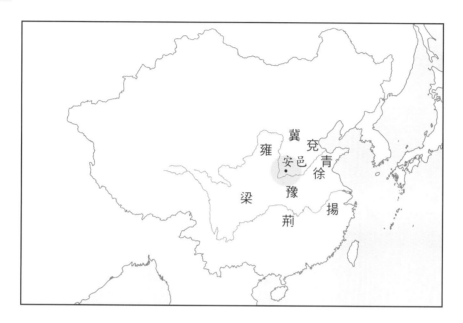

 萬世一系

1.禹	・以疏導法治平洪水 ・征服三苗，使其逐漸與華夏民族融合
2.啟	・確立世襲的夏王朝 ・伐有扈氏，啟的地位更加確立
3.太　康	・為有窮氏君主后羿驅逐
4.中　康	
5.相	

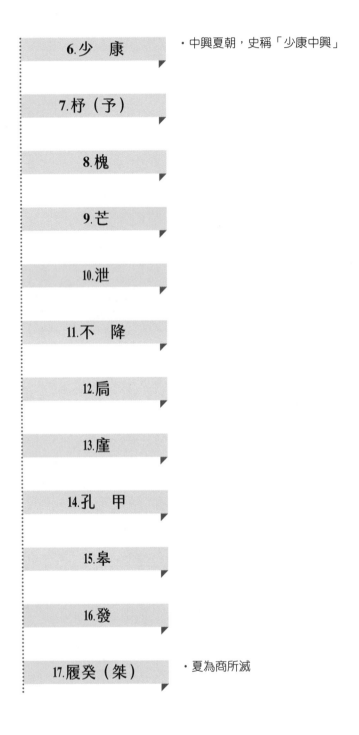

6.少　康　　・中興夏朝，史稱「少康中興」

7.杼（予）

8.槐

9.芒

10.泄

11.不　降

12.扃

13.厪

14.孔　甲

15.皋

16.發

17.履癸（桀）　　・夏為商所滅

商

西元前1600年～前1111年

　　商的始祖名叫「契」，世居在一小塊叫做「商」的土地上，自成一個部落，與其他很多部落一樣，臣服於夏。當商部落的首領傳到湯這個人的時候，夏朝的王位傳到桀。桀無道，受苦的百姓都盼望有人可以把桀趕走。另一方面，湯則早已在商這塊土地上，任用賢能的伊尹為相，勵精圖治，富庶強盛，再逐步向外發展，討伐併吞其他部落。最後，商湯的勢力夠強大了，便順應民心，起義討伐夏桀。夏桀被打敗，夏亡。湯登帝位，國號「商」，建都於亳（今安徽亳縣），是中國歷史上第二個朝代。自商朝起，中國的歷史進入文字史階段。

　　商朝在湯及其後繼幾位帝王的領導下，文化方面有很多成就，最重要的是「甲骨文」和「天文曆法」。

1. 甲骨文：商朝人敬畏鬼神，鬼神包括「天神」、「地祇」和「人鬼」。天神是主宰世間的神；地祇是附屬於大自然萬物的土地神；人鬼就是祖先的靈魂。商朝人認為，人的禍福都操縱在鬼神手上，所以凡事都要向鬼神求告，也就是「占卜」。占卜的工具是龜甲和獸骨，對占卜結果的解釋，也就是「卜辭」，就用小刀刻寫在龜甲和獸骨上。後世考古學家稱這種文字為「甲骨文」。甲骨文是現存可見最古的中國文字（倉頡的造字只有傳說，無實存證物）。

2. 天文曆法：商朝人有很豐富的天文知識，他們已經知道一些恆星與行星，也會推算日蝕及月蝕。他們發明的曆法，是以月亮的圓缺為根據，定出一年有十二個月，大月三十天，小月二十九天，一年有三百六十五又四分之一天。他們用天干（甲、乙、丙、丁、戊、己、庚、辛、壬、癸）及地支（子、丑、寅、卯、辰、巳、午、未、申、酉、戌、

三皇五帝			
夏			
商			
周	西周		
	東周	春秋	
		戰國	
秦			
漢	西漢		
	東漢		
三國	魏	蜀漢	吳
晉	西晉		
	東晉		
南北朝	北朝	南朝	
	北魏	宋	
	東魏	西魏	齊
	北齊	北周	梁
			陳
隋			
唐			
五代	後梁		
	後唐		
	後晉		
	後漢		
	後周		
宋	北宋		
	南宋		
元			
明			
清			
民國			

亥）來標記日期或年份。以甲子、乙丑、丙寅、丁卯、……交互配對，可得六十種組合，所以以六十為一週期，周而復始，每過一週期，稱為「一甲子」。此曆法稱「太陰曆」、「陰曆」、「農曆」。

商朝人已經有「錢」的觀念。他們首創使用貝殼當錢，來改進「以物易物」的原始交易方式，促成社會上商業貿易行為的進步發達。商朝人很會做生意，所以後世都稱生意人為商人。

商朝歷任君王一共遷都五次，最後遷都到殷（今河南安陽）。最後一任國君紂王則又喜歡另住在朝歌（今河南淇縣附近）。紂王殘暴驕縱，寵愛美女妲己，建造宮殿，在宮中挖池塘放酒，又種了很多矮樹，用來懸掛烤好的肉，供妲己享受，這就是成語「酒池肉林」的由來。他的惡行引起民怨，最後被屬下「周」的部落首領姬發所推翻，商亡。

史書之外

《封神榜》是一本神怪幻想小說，在中國民俗文學中占有重要地位。它的作者不太確定是何人，有人說是陸西星，有人說是許仲琳，這兩個人都是明朝時代的人。故事的背景是描寫周文王、周武王如何推翻商紂王，其中穿插了許多神仙下凡，運用法力改變世事命運的情節，茲介紹幾個精彩片段：

女媧與紂王：

紂王到女媧神廟祭祀，發現女媧神的雕像很美，就說出「如果能讓她服侍，該多好」之類的不敬之語，還在廟的牆壁上題字表示傾慕。女媧神回來，看了很生氣，加上她已預知紂王是商朝最後一位帝王，就派千年狐狸精、九頭雉雞精和玉石琵琶精去迷惑紂王，讓紂王身心墮落，以便周來把他滅掉。妲己原來是一個善良的美女，正要被送入宮中。狐狸精在半路上把她害死，化成她的人形，就入了宮。

妲己與伯邑考：

周文王姬昌被商紂王囚在羑里達七年。期間，他的大兒子伯邑考遠到朝歌向紂王求情。狐狸精妲己看上英俊的伯邑考，請求紂王讓伯邑考教她彈琴，在

學琴時，妲己趁機誘惑伯邑考，但是反被他罵「無恥」。惱羞成怒的妲己就對紂王說伯邑考欺負她。紂王大怒，將伯邑考殺死、剁成肉醬，還做成肉羹給文王吃。文王會卜卦，知道此為愛子的肉，忍痛吃下，心中立志伺機復仇。

周文王與姜子牙：

　　姜子牙（姜太公）又名呂尚，他入山拜仙人學藝，七十二歲才下山。他在溪邊垂釣，釣竿上沒有魚鉤，旁人問他，他說他「只釣天子與諸侯，願者才上鉤。」果然，周文王聞名來請他，他要文王為他拉車，拉了八百多步，文王停下，姜子牙道：「你拉的步數，就是周朝的年數。」文王想再拉，已無機會。所以周朝有八百多年基業（西周加上東周）。姜子牙輔佐文王及其子武王建立周朝，是有名的良相。

比干剖心：

　　姜子牙會卜卦。他預知忠臣比干會有性命之難，就送比干一套符咒來保命。不久，果然妲己想陷害比干，她對紂王說自己心絞痛，必須吃玲瓏心才能痊癒，而全朝文武百官中，只有比干有玲瓏心。紂王對妲己百依百順，就真的要挖比干的心。比干趕緊吃了姜子牙留下的符咒，在殿上挖心給紂王，不但沒死，也沒流半滴血。他走出大殿，按照姜子牙所留的囑咐，不敢回頭，也不敢說半句話，只管回到家，捱過一天就沒事。快到家時，身後突然有婦人叫賣：「賣沒有心的包心菜喲！」比干一時好奇，沒留意，回頭問道：「怎麼有沒心的菜呢？」婦人道：「是呀！菜不能沒心，那麼人沒有心怎麼活得成呢？」比干大叫一聲，倒地而死。原來這婦人是琵琶精變的，姜子牙終究救不了比干。

　　《封神榜》裡還有許多其他有趣的人物，如：哪吒、二郎神、托塔天王、土行孫、鄧九公、申公豹、聞太師、黃飛虎、元始天尊等，關於他們的故事，都精彩絕倫，充滿活潑浪漫的想像力。

萬里江山

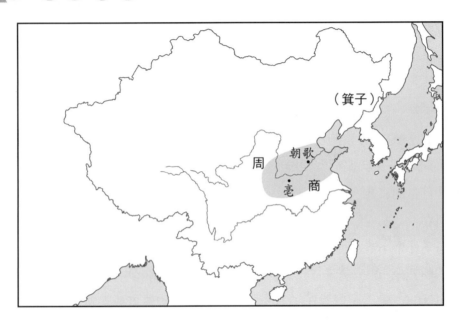

萬世一系

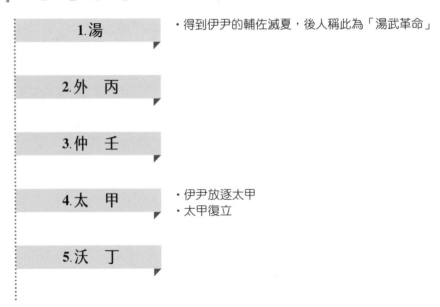

1.湯	・得到伊尹的輔佐滅夏，後人稱此為「湯武革命」
2.外 丙	
3.仲 壬	
4.太 甲	・伊尹放逐太甲 ・太甲復立
5.沃 丁	

6.太　庚

7.小　甲

8.雍　己

9.太　戊

10.仲　丁　　　　・自亳遷隞

11.外　壬

12.河亶甲　　　・自隞遷相

13.祖　乙　　　・自相遷邢

14.祖　辛

15.沃　甲

16.祖　丁

17.南　庚　　　・自邢遷奄

18.陽　甲

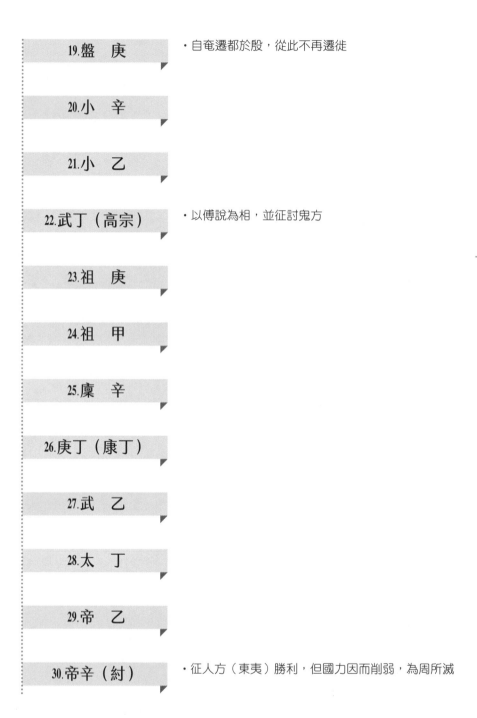

19. 盤　庚　　　　・自奄遷都於殷，從此不再遷徙

20. 小　辛

21. 小　乙

22. 武丁（高宗）　　・以傅說為相，並征討鬼方

23. 祖　庚

24. 祖　甲

25. 廩　辛

26. 庚丁（康丁）

27. 武　乙

28. 太　丁

29. 帝　乙

30. 帝辛（紂）　　　・征人方（東夷）勝利，但國力因而削弱，為周所滅

西周（一）

西元前1111年～前771年

周的始祖，姓「姬」。世居在「邰」（今陝西武功）這塊土地上。姬氏部落刻苦經營多年，傳到了姬昌。他勤政愛民，很受人民的尊敬擁戴，其他部落的人民對他也很崇拜。相反的，這時候商朝的君主卻是暴虐的紂王，為人民所厭恨，民心都盼望姬昌來推翻商紂。但當時商紂的軍隊勢力仍然強大，所以姬昌不敢發起行動。一直到姬昌死了，他的兒子姬發即位，才起兵伐紂。雙方在牧野（今河南淇縣南）這個地方大戰，商朝的軍隊大敗而逃，紂就在朝歌自焚而死，商亡。

當朝歌城破之日，商朝一位名叫箕子的忠臣，不願看見姬發入城來當統治者，便率領一群族人，遠走他鄉。他們向東北方向長途流浪，進入朝鮮半島。最後，他們在那兒定居下來，成為今天韓國人的祖先。

姬發登基為王，建立了「周」朝，定都在鎬（今陝西西安市附近），並尊稱他的父親姬昌為「文王」。這種對死去的人加以尊稱的作法，叫做「諡」，是中國文化重要的特色。姬發死後被後人諡為「武王」。

武王登基後，國內仍有殘餘的殷商勢力存在。他採用「安撫」的方法，將紂王之子武庚封在舊都（殷），繼續統治商的遺民。他又封自己的弟弟——管叔、蔡叔和霍叔在殷的附近，就近監視武庚，號稱三監。武王死，成王即位。因為成王年紀太小，所以由武王的另一個弟弟周公姬旦幫忙處理政務。這種作法，叫做「攝政」。管叔和蔡叔對於周公都不服，聯合武庚叛變。周公領軍討伐，歷經三年，將叛亂平定。

周公東征獲勝，回到鎬京。他認為，夏朝和商朝之所以滅亡，都是由於偏遠地方的部落發起叛亂所致。為鞏固並永保周

	三皇五帝		
	夏		
	商		
周	西周		
	東周	春秋	
		戰國	
	秦		
漢	西漢		
	東漢		
三國	魏	蜀漢	吳
晉	西晉		
	東晉		
南北朝	北朝		南朝
	北魏		宋
	東魏	西魏	齊
	北齊	北周	梁
			陳
	隋		
	唐		
五代	後梁		
	後唐		
	後晉		
	後漢		
	後周		
宋	北宋		
	南宋		
	元		
	明		
	清		
	民國		

朝王位及統治，必須消除各部落的意識型態，他於是採取下列措施：

1. 封建制度：用全國一致的階級組織，取代舊式盤踞各地的部落，再用禮樂和宗法教化百姓、安撫人心，因而穩定社會的秩序。
2. 重定封國：把周朝王室的子弟、親戚和功臣，分封到黃河下游和淮水流域，擴大姬氏家族及親姬氏者的勢力範圍，減少反叛的可能。
3. 建立東都：在雒邑（今洛陽）建東都，以此作為控制東方的根據地。

　　周公的措施，奠定了良好的統治基礎。周朝政權延續得很久，太平無事約三百年，一直到周幽王時，才因受野蠻民族犬戎的侵犯，而首度面臨亡國危機。歷史學家稱這一段時期的周朝為「西周」，因為其國都鎬京是位於中國的西方。

史書之外

烽火戲諸侯：

　　周宣王在位時，有一天，王后向他稟告，說有一個五十幾歲的老宮女，懷孕了四十年，昨天產下一個女嬰。宣王覺得好奇，召老宮女來，問其得孕原因。宮女道：「當年夏桀王在位時，有神變化成二龍，降於王宮內，流著口水。桀王召史官來占卜，結果是大吉之兆。桀王大喜，乃對著龍作一番祭拜，將龍的口水收在一個紅盒子中，突然狂風大作，二龍飛走了。紅盒子就一直留下來，藏在王宮庫房中。四十年前的某一天，那紅盒子突然發出亮光，照得滿室生輝，宮中人於是命我前去處理。我正要把它打開，不小心掉到地上，我踩到盒內流出的龍涎，從此肚子大了起來，好像懷孕般。如此過了四十年，直到昨晚才生。」宣王及周圍人聽了之後，無不嘖嘖稱奇。宣王問女嬰現在何處，王后說，因認為此女不祥，已命人將她丟入河裡。

　　另一方面，受命丟棄女嬰的年輕宮女，見女嬰可憐，就用一個木桶裝住女嬰，再把木桶放到王宮後面的小河中，讓木桶隨河水飄流遠去。這宮女暗自禱告，希望女嬰能平安無事，遇到好心人撿拾。說也湊巧，王宮外不遠處，有一對鄉下老夫婦，偶然來到河邊，聽到嬰兒的哭聲，看到一個木桶內有一名白胖可愛的女嬰，就撿起她，帶回家餵養，取名為「褒姒」。褒姒在這對夫婦的養育

下，一天一天長大，而且出落得花容月貌，美豔絕倫。

　　過了十四年，周宣王死，周幽王即位。此人性好女色，宮中姬妾成群，還不斷向全國徵召美女進宮。地方官洪德為逢迎幽王之所好，就在自己管區內努力搜尋美女。有一天，他發現了美麗的褒姒，就將她強押進宮獻給幽王。幽王一見褒姒，大喜過望，非常寵愛，整天和她在一起，以致幽王的王后及太子宜臼都很妒恨她。不久，褒姒生下一個男孩，取名為伯服。太子心情大壞，派人去把褒姒打了一頓。褒姒受傷後，幽王大怒，將王后打入冷宮，將太子放逐到申國，改立褒姒為后，立伯服為太子。

　　褒姒雖然美，但很冷漠，從來不笑。幽王下令，誰能提出方法博取她一笑，就賞千金。有位大臣獻計：「點燒烽火臺。」烽火臺是周朝國防軍的警報通信設施，本來的使用規定是：當某一地點遇到敵人入侵，需要友軍支援時，就到烽火臺去，把火點起來，讓濃煙衝上天空。幾十里外的友軍看到了濃煙，就一定會立刻跑來救援。幽王帶褒姒旅行到靠近國境的驪山地方，命士兵將烽火臺的煙火點燃起來。火點燃後濃煙直衝天空。其他的諸侯見了濃煙，以為驪山遭到敵人入侵，就都趕緊率兵來救。等他們氣喘吁吁到了驪山，才發現根本沒有敵人，是國王和王后在開玩笑。褒姒看到各路兵士們因長途趕路而疲倦狼狽的樣子，不禁哈哈大笑。幽王見褒姒終於笑了，很是開心，也陪她一起大笑。然而，諸侯和兵士們不甘被愚弄，個個怨恨不已。這就是「烽火戲諸侯」。

　　申國的首領，也就是太子宜臼的外公，對幽王非常不滿，於是向外族犬戎借兵，引他們越過國防線，進攻鎬京。這時幽王急忙再點燃烽火，向諸侯求援。但是諸侯們以為他又在開玩笑，就都不理他、不發兵。犬戎軍隊最後順利攻入鎬京宮殿中，將幽王亂箭射死。

三皇五帝		
夏		
商		
周	西周	
	東周	春秋
		戰國
秦		
漢	西漢	
	東漢	
三國	魏　蜀漢	吳
晉	西晉	
	東晉	
南北朝	北朝	南朝
	北魏	宋
	東魏　西魏	齊
	北齊　北周	梁
		陳
隋		
唐		
五代	後梁	
	後唐	
	後晉	
	後漢	
	後周	
宋	北宋	
	南宋	
元		
明		
清		
民國		

西周（二）

西元前1111年～前771年

　　周朝建國後，為統治方便而創立的封建制度，對後世王朝有深遠的影響。所謂封建制度，就是嚴明的階級架構，再配以宗法、禮樂、井田等運作制度，使周朝的統治非常成功。

　　所謂階級架構，就是將全國人分成貴族（統治者）和平民（被統治者）二大類。階級地位是世襲的，一個人若是貴族，則其子孫世世代代都是貴族；而一個人若是平民，則其子孫世世代代都只能當平民。在貴族這一類中，再分四個階級：天子、諸侯、卿及大夫、士。

　　天子就是帝王、國君，擁有最高的統治權，管理全國，可任命諸侯，並可將國土分封賞賜給諸侯，這種土地叫做「封國」。他又直接任命高級官吏，處理國事。他住在國都京城內，有御林軍來保護自己和京城的安全，定時外出巡視各諸侯的封國。天子的世襲就是「家天下」。

　　諸侯的權力比天子小，只能管封國，可選用卿及大夫來辦事，並可將封國內的土地賞賜給卿及大夫，這種土地叫做「采邑」。諸侯可以組織訓練軍隊，基本上是用來捍衛國防、抵禦蠻族入侵的，但是當國內有糾紛時，也會變成內鬥的工具。諸侯分五等：公、侯、伯、子、男。

　　卿及大夫都是諸侯的屬下，他們協助諸侯，策劃封國內的施政方針。卿和大夫都可將「采邑」分封給士，這種土地叫「公田」。士則是大夫的屬下，他們是實際執行施政命令、接觸平民的人。

　　平民是勞動力的來源，他們沒有權利決定事情，只能聽從貴族的命令，盡義務辦事，例如：耕作收割、出征打仗、造橋築路、修建宮殿等。平民也很難搬家移居，因為可耕地都被貴

族劃成了井田，平民只能固定向某一貴族租田來耕種，勉強溫飽過活，談不上
前途的開拓發展。

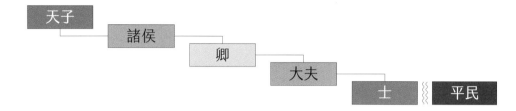

 **史書之外**

　　配合階級架構而運作的制度，為宗法、禮樂、井田。宗法制度及禮樂制度
都是為維護階級架構，井田制度則是為解決經濟問題而設計的。

1. 宗法制度：

　⑴嫡子和庶子：大老婆所生的兒子稱為嫡子；小老婆所生的兒子稱為庶子。
　　基本上，父親死後，由嫡長子（大老婆所生的長子）繼承父親的階級。
　　如無嫡長子，就由嫡次子繼承。如無嫡次子，就由嫡三子繼承。如無任
　　何嫡子，就由庶子繼承。

　⑵大宗和小宗：天子由姬姓嫡長子繼承，是為
　　大宗；天子其餘的兒子分封為諸侯，是小
　　宗。在封國內，諸侯的嫡長子是大宗，諸侯
　　其餘的兒子封為卿大夫，是小宗。

　⑶大宗只有一個名額，是該階級的中心，固定在原地，百世不遷；小宗人
　　多，五世後可以遷到別處，另謀發展。

2. 禮樂制度：周朝人和商朝人一樣，重視祭祀，周朝人又特別重視祖先崇拜。
　　此觀念影響深遠，深植於後代中國人內心。周朝禮法隨貴族（公、侯、伯、
　　子、男）之不同而分五種，用以彰顯階級的尊卑。禮法有樂舞相配。每一
　　階級在婚喪喜慶年節祝典時，都要跳相配的樂舞，以求祖先靈魂諒解庇佑。
　　天子宮廷中跳的樂舞，叫做八佾舞，舞者分八行，每行八人，共六十四人。

諸侯宅中跳六佾舞，卿大夫家中跳四佾舞。禮樂制度經由繁瑣的儀式，陶冶人民的心性，使社會祥和，減少階級對立。

3.井田制度：貴族把土地劃成井字形，有九個單位，每個單位面積是百畝，分給八家平民，每家配給外圍的一個單位，稱為「私田」，中間剩下一個單位稱為「公田」，公田由八家共同耕種，收穫交給貴族，私田並不屬於平民所有，平民可以享有私田的收穫，但須繳納一部分的生產品作為租稅。

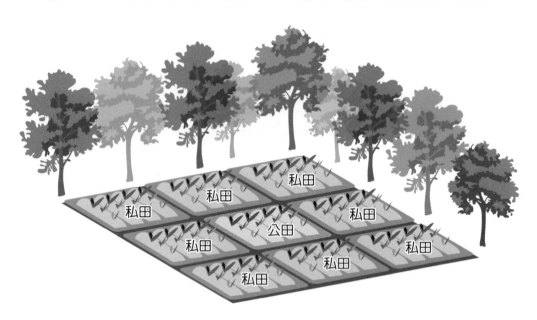

萬里江山

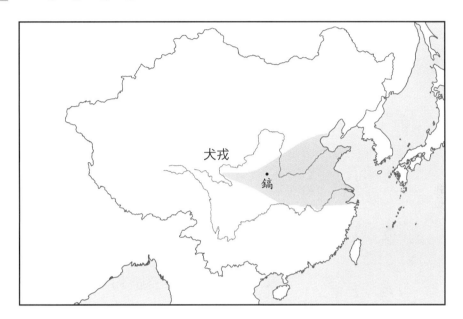

 ## 萬世一系

1.武　王	·武王伐紂，定都於鎬，封紂之子於商舊都以安撫商遺民 ·封管叔、霍叔、蔡叔監視商遺民，號為「三監」 ·大行封建
2.成　王	·由武王弟周公旦攝政，引起管蔡之亂 ·周公東征平亂，亂平後建東都雒邑，又大行封建，遷散商遺民
3.康　王	
4.昭　王	
5.穆　王	

6.共　王	
7.懿　王	
8.孝　王	
9.夷　王	
10.厲　王	・厲王貪暴，為諸侯及人民所逐，由大臣掌政，號曰「共和」
11.宣　王	・伐西戎 ・伐玁狁及荊蠻
12.幽　王	・寵愛褒姒，廢后與太子，破壞封建傳統，引起犬戎之禍

東周前期——春秋

西元前770年～前403年

　　犬戎入侵，周幽王被殺。周朝王室放棄鎬京，慌忙向東方奔逃，直到東都雒邑（今河南洛陽市）才停止。王室宗親擁立周平王為天子，繼續維持統治的局面，把雒邑改為國都，史稱其為「東周」（因雒邑在東方）。而經此巨變，諸侯看不起周天子，不再誠心服從他。諸侯各據一方，發展勢力。東周前期（西元前770年～前403年）為各諸侯爭奪霸主地位的時代，孔子曾作《春秋》一書以記述這段時期的歷史事件，史稱這時期為「春秋」。東周後期（西元前403年～前221年），各國間的戰爭越來越激烈，史稱為「戰國」。東周就是包含春秋與戰國二段時期。

　　春秋時期，諸侯基本上還尊重周天子。私下有衝突時，以戰爭來解決。諸侯之強弱，以軍事實力為憑。每隔一段時間，就會出現一個最有軍事實力者，被眾諸侯稱為霸主。中國變成「名義上是統一的周朝，有天子；實際上是諸侯分立相爭，大家只服從霸主」的局面。

　　春秋時期，產生過五個霸主，依時間順序來排列，他們是：齊桓公、宋襄公、晉文公、秦穆公、楚莊王。到了春秋末期，有吳越相爭。其後，諸侯間的戰爭併吞日益慘烈。

齊桓公：

　　齊桓公用管仲為卿，領內大治，兵強民富。打過幾次勝仗，證明自己的實力後，他指定了一個地方，通知各諸侯來見面集會，稱為「會盟」。會中，諸侯共同推舉他為盟主，承認他的霸主地位。齊桓公提倡「尊王攘夷」，要諸侯們隨著他共尊周天子為國王，抵抗夷狄（外族）的入侵。

三皇五帝		
夏		
商		
周	西周	
	東周	春秋
		戰國
秦		
漢	西漢	
	東漢	
三國	魏 蜀漢	吳
晉	西晉	
	東晉	
南北朝	北朝	南朝
	北魏	宋
	東魏 西魏	齊
	北齊 北周	梁 陳
隋		
唐		
五代	後梁	
	後唐	
	後晉	
	後漢	
	後周	
宋	北宋	
	南宋	
元		
明		
清		
民國		

宋襄公：

　　宋襄公在齊桓公死後，也曾通邀諸侯會盟，做過霸主。但後來他被楚軍打敗，鬱鬱以終，是最不風光的霸主。

晉文公：

　　晉文公名重耳，年輕時被政敵逼得流亡在外十九年，有家歸不得，至六十一歲才回到晉而掌權。他勵精圖治，是稱霸最久的霸主。他也重視「尊王攘夷」，曾極力阻止楚的北上和秦的東進。

秦穆公：

　　秦的封國偏在中國西部，即今陝西一帶，長期與西戎混居。秦穆公以百里奚為卿相，融合西戎民族的戰力，使秦強盛。

楚莊王：

　　楚的封地在長江以南。楚莊王很驕傲，自比為神話中的大鳥，他說：「此鳥不鳴則已，一鳴驚人；不飛則已，一飛沖天。」登基八年後，他進兵中原，一展鴻圖大志。進兵時，他故意向人問周朝傳國大鼎的輕重大小，想要仿造一個，顯露他想推翻周王朝的野心。成語「問鼎中原」就是比喻想取得王位之意。

 **史書之外**

管仲與鮑叔牙：

　　管仲是幫齊桓公成就霸業的功臣，但如果沒有好友鮑叔牙的慧眼識英雄，他是無法出頭的。管仲是齊國人，字夷吾，他從小就有個好友鮑叔牙。兩人曾一起做生意，管仲總會在結帳時，偷偷多拿些，鮑叔牙知他窮，也不介意。管仲三次做官都被趕走，鮑叔牙認為只是他時運不濟。管仲三次打仗敗逃，鮑叔牙沒有瞧不起他，因他知道管仲有老母須奉養。後來，管仲追隨齊襄公的一個兒子公子糾，鮑叔牙追隨齊襄公的另一個兒子公子小白。齊襄公死，公子糾與公子小白搶著回國即位，管仲為阻止公子小白先回齊國，事先埋伏在半路，等公子小白走近，就向他一箭射去。但未射準，只射中其腰帶，公子小白倒地假死，騙過管仲。在管仲迎公子糾回齊國時，公子小白早已抄小路回國登上王位，

是為齊桓公。齊桓公要殺管仲，以報一箭之仇，但被鮑叔牙阻止，他說管仲雄才大略，桓公如想成就大業，就須用他。齊桓公心胸寬大，不記前嫌而任用管仲，在其輔佐下造就日後的霸業。孔子曾稱讚管仲對維護中華文化的貢獻。他說：「微管仲，吾其被髮左衽矣！」意思是，如沒有管仲，我們早被外族入侵統治，而必須披散頭髮，衣服向左邊扣（外族的穿著方式）了。管仲寫過《管子》一書。今天我們常說的「禮義廉恥」，就是出自這本書。

晉文公與介之推：

　　晉文公在十九年的流亡期間，曾經窮途潦倒，無東西可吃。隨從們去採野菜煮給他吃，晉文公卻食不下嚥。此時隨從人員之一的介之推，突然一拐一拐地捧著一碗肉湯獻給他喝，晉文公覺得很好喝，問是何料理，介之推說是他的腿肉。晉文公聽了非常感動。不過，晉文公即位後，分封功臣時竟忘了介之推，後經人提醒，才發現他已和其母隱居在綿山。晉文公親自上山請他，他都躲著不見，晉文公只好燒山，想逼他下來，沒想到火勢失控，把介之推母子燒死。晉文公大悲，於是規定清明節前一日不得用火，吃東西都吃冷的，以示不忘介之推。這就是「寒食節」的由來。

伍子胥過昭關：

　　春秋末期時的楚國，楚平王在位，暴虐無道。大臣伍奢向他勸諫，觸怒楚平王，被關起來等待問斬。伍奢有二個兒子，大兒子叫伍尚，二兒子叫伍員（亦名伍子胥），都很能幹。楚平王唯恐伍奢的這兩個兒子為父報仇，就詔他們來朝，打算一併誘殺之，永絕後患。伍尚和伍員二人接到楚平王的詔令，互相商量了一下。伍尚雖明知此去必是死路一條，仍決定前往，以全忠義；伍子胥決定逃走，伺機將來回來報仇。果然，伍奢和伍尚皆在京城被殺。伍子胥一路逃向吳國，但通往吳國的昭關有衛兵把守，他們正根據通緝圖像要抓伍子胥。伍子胥不敢走近關卡，只能躲藏在一間小屋裡發愁，遠遠看著衛兵們圍在告示牌畫像前指指點點。夜裡，伍子胥心急如焚，無法入眠，繞室徬徨，不知不覺間，鬚髮全部變白。次晨，伍子胥看到鏡中的自己，先是嚇了一跳，繼而大喜過望，因為他的容貌已與通緝圖像中的黑髮人完全不同，可以騙過衛兵了。伍子胥堂而皇之通過關卡，進入吳國。這就是「伍子胥過昭關，一夜白頭」的故事。伍

子胥後來果然在吳國施展其抱負，使吳國兵強馬壯，再率吳軍進攻楚國，殺入楚都。可惜楚平王已死，伍子胥於是挖開楚平王的墳，用鞭子抽打其屍體，為父兄報仇。

萬里江山

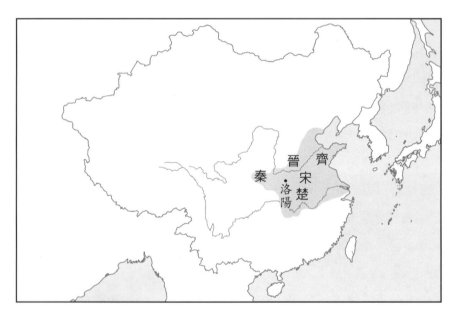

東周後期——戰國（一）

西元前403年～前221年

東周後期，諸侯都自動升格稱王，其領土也都稱為國。經過優勝劣敗的淘汰，國家數目剩下很少。齊國的王位被田氏家族所篡奪。韓、趙、魏三家分晉。整個中原有韓、趙、魏、齊、楚、燕、秦七國爭強。各國互相攻伐，征戰連年，史稱「戰國時代」，而這七國就被稱為「戰國七雄」。周天子在戰國中期（西元前 256 年）黯然退位，東周亡。

吳越春秋：

春秋末戰國初，在長江下游的吳國與越國崛起。吳王闔閭用伍子胥為相，得以強國，但在和越國的戰爭中，中箭傷重而亡。闔閭之子夫差為父報仇，大敗越國。越國國君句踐被俘，囚居吳國，受盡屈辱後才被釋放回國。回國後的句踐，重用謀臣范蠡和文種，勵精圖治。自己更是以「臥薪嚐膽」（躺在滿是刺的薪柴上，又從屋樑上垂掛一個苦膽下來，常常嚐一嚐）的方式，提醒自己不要貪圖舒服，莫忘亡國之辱。另一方面尋得美女西施，獻給吳國，以美色迷惑夫差，使其荒廢政務。吳國衰敗，越國重新發兵，對吳開戰，終於消滅吳國，復了前仇。范蠡後來退出政壇，經商成功，人稱「陶朱公」。西施是中國四大美人之一，她後來嫁給范蠡，過著幸福的生活。

韓國：

韓昭侯用申不害為相，依「刑名之學」革新吏治，要求官吏必須盡職，韓國因而強盛。

趙國：

趙武靈王要求全民尚武，模仿北方胡人，改穿窄褲窄袖的胡服，勤練騎馬弓箭。結果，和各國傳統步兵相較，趙國騎兵又靈活又機動，再配合名將廉頗的兵法運用，成為最能抗衡秦

國的國家。

魏國：

　　魏文侯以名將吳起整軍，使魏國大為強盛。直到魏惠王時，其大將龐涓被齊國所敗，魏國才勢衰。

齊國：

　　齊威王用孫臏為軍師，大敗魏軍，稱霸東方。但到齊湣王時，燕國軍隊攻下齊國七十幾個城池，齊湣王逃到莒城，整個齊國只剩莒城和即墨未被攻下。在即墨的田單，運用火牛陣大敗燕軍，並且趁勝追擊，一舉收復所有齊國城池。戰後，齊湣王勉勵國民，不要忘記在莒城時大家堅決抗敵的精神，「毋忘在莒」的成語就是從此而來的。

燕國：

　　燕昭王禮聘樂毅為將，訓練軍隊，使燕國變成強國，討伐齊國，國土大增。直至燕惠王時，改以騎劫為將，士氣下降，被齊所敗。

楚國：

　　楚悼王任用從魏國投靠過來的吳起，實行軍國主義，使楚國變強。

秦國：

　　秦孝公用商鞅為相，改變法律，實施嚴刑峻罰，獎勵軍功，使秦國兵士個個奮勇善戰，打得其他六國節節敗退。秦國成為戰國末期最強大的國家。

 **史書之外**

　　戰國時代，各國國君為了贏得天下，很需要優秀的人才，來幫自己籌畫軍國大事，因此紛紛四處求才，唯才是用，即使是平民，只要有學識、有才能，也可能受到國君賞識，當上一國之宰相。換言之，宰相不一定非貴族出身不可。就這樣，全民平等，人人皆可憑學識出人頭地，因此學術風氣大盛，教育普及，人才輩出。一個人才不但可為本國效力，也可為他國效力，因而有「楚材晉用」的說法。「楚材晉用」並非狹隘的指楚國的人才被晉國所用而已，而是泛指人才在各國間流通的現象。以下介紹幾個故事：

孫龐鬥法：

　　精通兵法及相命的鬼谷子，在山裡開了一間學校，專門招收有志青年。孫臏與龐涓同是鬼谷子的徒弟，孫臏是齊國人，龐涓是魏國人，二人本是好友。龐涓先畢業下山，回到魏國，當了大將軍，打了幾場勝仗，很受魏惠王寵信。孫臏在鬼谷子身邊多留兩年，多學了一些兵法的奧妙才畢業。下山後，一時找不到賞識他的國王，只好去魏國投靠龐涓，幫龐涓策畫作戰計謀。經過幾次戰役，精通兵法奧妙的孫臏表現比龐涓好，更有大將之風，開始得到魏惠王的賞識。龐涓感覺自己的名聲、地位可能被孫臏超越，過去的好友如今已快要變成敵人，內心極為怨恨，決定先下手除去孫臏。他表面上幫孫臏回齊國探親，暗地裡派人檢舉誣陷孫臏通敵。魏惠王大怒，把孫臏關入大牢，砍斷雙腳。龐涓假裝探獄，慰問孫臏，並說若孫臏把鬼谷子最後兩年所教的兵法默寫給他，他就可在魏惠王面前說好話，放了孫臏。聰明的孫臏一聽這番話，就看穿了龐涓的真面目及其奸計，遂假裝發瘋，兵法一個字也不寫。不久，孫臏買通獄卒，逃獄成功，奔回東方的齊國，得齊宣王任用，當上齊國的軍師。一年後，龐涓率魏國軍隊攻打西方的韓國，東方的齊國就派孫臏領軍，由背後攻打空虛的魏國。正在攻韓的龐涓得知孫臏領軍來襲的消息，急忙轉頭，日夜趕路回國。一晚，龐涓率軍到了馬陵。在黑暗中，他發現一棵樹，樹皮被剝掉，樹幹上還刻了字。他叫隨從點起火把，以便把字看清楚。火點著後，他湊近一看，樹上刻的竟是「龐涓死於此」。龐涓大吃一驚，正不知所措，此時埋伏的齊軍突然萬箭齊發，將他射死。

蘇秦：

　　蘇秦和張儀皆拜鬼谷子為師。蘇秦畢業後，遊說秦惠王，未獲理睬，路費花光了，只好回家。家人都瞧不起他、不理他。於是蘇秦關起門來，以「頭懸樑錐刺股」（長繩一端綁住頭髮，另一端掛在樑柱上，打瞌睡時頭一低，頭髮被長繩一拉，人就會醒來，然後用錐子刺痛大腿以驅除睡意）的方式苦讀。一年後，學識見解大進，便再出發遊說六國，以合縱方式聯合六國以抗秦。此法被六國國君所接受，一舉成功，而成為六國宰相。回家時，家人跪拜迎接。這種先前傲慢後來恭敬的態度，就是成語「前倨後恭」的由來。

張儀：

　　張儀見蘇秦得志，遂前往拜訪。蘇秦傲慢以待，張儀憤而離去。後來張儀對蘇秦的朋友賈舍人談起這段遭遇，賈舍人也為他不平，就勸他往秦國遊說，並送他旅費。張儀入秦，以連橫（聯合六國以尊秦）策略贏得秦王的賞識，官拜秦國宰相。張儀要答謝賈舍人，賈舍人才告訴他，其實一切都是蘇秦的安排，因為只有如此，張儀才能有更大的發展空間，張儀又感激又欽佩。

東周後期——戰國（二）

　　春秋戰國時代，封建制度解體，下級貴族中的「士」和「大夫」流落民間，傳授學問知識以謀生。由此使得一般平民得受教育，民智大開，產生很多有學問的人，出現「百家爭鳴」的盛況。大家所關注的主題都是「如何消除戰爭，使天下太平」。當時的學說派別有：

1. 儒家：儒家主張「統治者施出仁德，被治者效忠獻義」。代表者為：

   (1)孔子：名丘，字仲尼，春秋時的魯國人，是儒家的創始者，曾周遊列國，宣揚理念，可惜未受重用。他推展平民教育，強調「有教無類」。其弟子記載其生平言行，成為《論語》一書。

   (2)孟子：名軻，戰國時的鄒國人，主張「性善說」，認為人性本善，只要鼓勵人為善，人人皆可成為堯舜，仁德廣佈天下，則天下太平。

   (3)荀子：戰國時的趙國人，主張「性惡說」，認為人性本惡，人人皆須受禮教的矯治，才會知道忠孝節義，天下才會太平。

2. 道家：道家主張「抽走名與利的誘因」。代表者為：

   (1)老子：姓李名耳，楚國人，是道家的創始者，主張無為而治，國君不求稱王稱霸，自然就不會挑起戰爭，則天下太平。

   (2)莊子：名周，戰國時的宋國人，主張人人放寬心胸，逍遙豁達，不被禮法、制度束縛，保持天真純潔，不爭名奪利，則天下太平。

   (3)楊朱：主張絕對自私，一切為自己，「拔一毛以利天下，

三皇五帝		
夏		
商		
周	西周	
	東周	春秋
		戰國
秦		
漢	西漢	
	東漢	
三國	魏	蜀漢 / 吳
晉	西晉	
	東晉	
南北朝	北朝	南朝
	北魏	宋
	東魏 / 西魏	齊
	北齊 / 北周	梁 / 陳
隋		
唐		
五代	後梁	
	後唐	
	後晉	
	後漢	
	後周	
宋	北宋	
	南宋	
元		
明		
清		
民國		

不為也」。認為人人照顧好自己，名與利就不重要，自然不必去爭奪，則天下太平。

3. 墨家：墨家提倡「一切為別人，人人都為別人服務，則天下太平」。代表者為墨子，名翟，春秋時的魯國人，他主張「兼愛」、「非攻」、「節用」、「摩頂放踵以利天下」。

4. 法家：法家提倡「一切為國君，幫助國君治國，則天下太平」。創始者為管仲，他比較重視經濟開發政策，法家後來分成三派：
  (1)重法派：注重條文的訂定和執行，以在秦國的商鞅為代表。
  (2)重術派：注重君王駕馭臣子之手段，以在韓國的申不害為代表。
  (3)重勢派：主張君王要崇高其權位、鞏固其勢力，才能讓臣民服從，以在趙國的慎到為代表。
  法家的最後集大成者是韓非子。

5. 陰陽家：主張以金、木、水、火、土說明天道與人事。代表者為鄒衍。

6. 縱橫家：以結盟或分化的謀略，遊說各國，認為用外交手段才能安定天下。代表者為蘇秦與張儀。

7. 名家：發展哲學思考方法及辯論邏輯。代表者為公孫龍及惠施。

8. 農家：主張君民一起耕作謀食，認為農業是國本。代表者為許行。

9. 雜家：兼併各家學說。代表者為呂不韋（著有《呂氏春秋》一書）。

10. 小說家：以寓言、歷史、故事勸人。代表者為宋鈃。

 史書之外

戰國時期，除了國君拔擢人才外，貴族也招募人才，稱為食客，把食客養在府中供其吃住，以便其隨時獻計，幫助主人成就功業或度過難關，史稱「養士之風」。其中最著名者為戰國四公子：

齊國：孟嘗君（田文）

魏國：信陵君（魏無忌）

趙國：平原君（趙勝）

楚國：春申君（黃歇）

孟嘗君：

　　孟嘗君為齊國的宰相。因為政績很好，引起秦王的注意，秦王竟然突發奇想，要請孟嘗君擔任秦國的宰相，還致函邀他先去秦國看一看。齊國和孟嘗君都不敢拒絕強悍的秦國，只好前往，隨行的還有幾十名食客。孟嘗君拜見秦王，送秦王一件白狐皮衣，但對任宰相一事，不立刻答應，只說先看看。居住月餘後，秦國臣子向秦王進言道，孟嘗君始終是齊人，恐不利於秦，不如殺之。孟嘗君知道消息後很害怕，想早早逃離秦國。他找秦王寵妾燕姬幫忙，燕姬答應了，但條件是要那件白狐皮衣。孟嘗君很苦惱，因為那件皮衣舉世無雙，卻已獻給秦王。此時，有一食客道：「臣可得之！」原來他很會偷東西。於是他偷入宮中，盜得白狐皮衣，給了燕姬。燕姬依約勸說秦王。秦王聽言就准了。孟嘗君得令，連夜逃走。一行人來到函谷關時，天還未亮，秦國守兵不肯開門。大家正在著急時，忽然有一食客學雞叫，叫聲很像，全城的雞竟然跟著叫了起來。守兵以為天亮的時刻了，就開門讓一行人出關，進入齊國國境，孟嘗君終於平安回到家。這就是成語「雞鳴狗盜」的由來。

平原君：

　　秦國圍攻趙國，趙國派平原君到楚國求救，希望能合作抗秦。平原君要選食客二十人同去，但選來選去，只選得十九人。有一位叫毛遂的，自己推薦自己，平原君無奈，就接受他。到了楚國，平原君遊說楚王一整天，仍打不動楚王的心，毫無結果。毛遂上前說道：「楚國有五千哩，兵力百萬，很可能成就霸業，但那秦將白起帶了幾萬兵，先攻您鄢、郢二城，再燒您先王墳墓，三辱您祖宗。趙國替您難為情，想和您合同抗秦，怎麼您還猶豫呢？」楚王大受感動，就同意合作。平原君事後讚嘆：「毛遂之舌，可抵百萬雄兵。」後人以成語「毛遂自薦」來比喻自告奮勇的行為。

信陵君：

　　魏國信陵君有食客三千多人。有位七十多歲的守門人侯嬴，敬佩信陵君，介紹勇士朱亥給他當食客。後來秦國攻打趙國，趙國平原君向魏國求救，魏王不肯發兵。因平原君是信陵君的姐夫，信陵君基於私情必須去救，於是自率門

下食客們出發。經城門時，侯嬴勸阻他，並建議他求魏王寵妾如姬偷盜兵符，那樣即可堂而皇之出兵了。信陵君依其言去求如姬。如姬因感念信陵君過去曾替她報父仇，就偷得兵符。信陵君拿了兵符要將軍晉鄙發兵。晉鄙懷疑，不肯聽令。隨同信陵君的朱亥便殺了晉鄙，信陵君得以率軍救了趙國。

東周後期——戰國（三）

西元前403年～前221年

　　戰國七雄中，秦國最強盛。秦國之強，主要歸功於兩件事，一是「變法」，二是採取「遠交近攻」的策略。

變法：

　　在春秋時代實施。秦孝公用商鞅為相，變法圖強，重點有：

　　1.倡軍功：定十二爵位，依照戰功封爵位，使人人不願私鬥，而全力為國而戰，以爭戰功。

　　2.授田：廢井田；再按爵位授田給戰士，鼓勵耕織，使全國投入戰事與農事。

　　3.連坐法：一家有罪，鄰居不舉發者，一律也獲罪，如此一來，人人守法，遵從命令，國策能夠順利貫徹實現。

　　但，商鞅執法太嚴，得罪了太子。秦孝公一死，太子即位，就要殺商鞅。商鞅想逃走，但在投宿旅館時被捕，後受「五馬分屍」之刑而死。死前他慨嘆「作法自斃」，也就是自己制定嚴刑峻法害死自己。

　　秦孝公以後，秦國日漸強大。六國畏懼強秦，就採用蘇秦的「合縱」政策，成立六國聯盟，互相支援以抗秦國。秦國則採用張儀的「連橫」政策，就是要各國分別與秦修好，共尊秦國為大。合縱的局面維持沒多久，便因六國互相猜忌而分崩，蘇秦被各國所棄，最後死於齊國。連橫的作法則因張儀與秦王失和，也宣告停止，張儀辭職奔魏。一時間，七雄又陷入混戰的局面。

遠交近攻：

　　後來，秦國採用范雎的「遠交近攻」政策。這是一種有系統的作法，對離秦國較遠的國家表示友好，以減少其敵意戒心；對距秦國較近的國家，則毫不客氣出兵攻占併吞之。范雎本是

三皇五帝		
夏		
商		
周	西周	
	東周	春秋
		戰國
秦		
漢	西漢	
	東漢	
三國	魏 蜀漢	吳
晉	西晉	
	東晉	
南北朝	北朝	南朝
	北魏	宋
	東魏 西魏	齊
		梁
	北齊 北周	陳
隋		
唐		
五代	後梁	
	後唐	
	後晉	
	後漢	
	後周	
宋	北宋	
	南宋	
元		
明		
清		
民國		

魏國人，很富才學。他在本國被上司嫉妒惡害，慘遭私刑，幾乎被打死。傷癒後，輾轉潛逃到秦國。他在秦國很快獲得昭襄王賞識，平步青雲，榮登宰相大位，並且幫助秦國順利消滅六國。

　　本來，六國中唯一足以對抗秦國的是尚武善戰的趙國。但趙王中了秦國的反間計，將大將廉頗撤職。秦將白起率軍來攻，趙王命趙括為將，起兵抗敵。趙括之母求趙王收回成命，因為趙括之父名將趙奢，多年前臨終時曾囑咐家人，絕不能讓趙括帶兵，因他觀察這兒子只會「紙上談兵」，無實際作戰的能力。但趙王信任趙括，還是派他出征。趙軍與秦軍在「長平」之地大戰，趙軍果然大敗，四十萬人向秦軍投降。隨後，全體被秦軍坑殺。趙國元氣大傷，一蹶不振。秦國從此無對手，就一步步依序滅了韓、魏、楚、燕、趙，最後滅齊，一統天下，時為西元前 221 年。一統天下的秦王是嬴政，就是秦始皇。

史書之外

完璧歸趙：

　　一位姓和的楚國人，在山中發現了一塊玉，獻給楚厲王。宮中的玉匠不識貨，卻說那是石頭。厲王大怒，砍了他左腳。楚武王即位後，和氏捧玉獻上，玉匠仍鑑定為石頭，武王大怒，砍了他右腳。楚文王繼任，和氏抱著玉到山下，哭了三天三夜。文王得訊，召全國玉匠再仔細鑑定，才知它確實是舉世無雙的寶玉，遂給和氏重賞，並把這塊玉取名為「和氏璧」。此玉後來輾轉到了趙惠王手中。秦王想得此玉，知會趙王，願以秦國十五座城交換之，請其派使臣來交涉。趙王召群臣開會，滿朝文武知秦國不可能守信，此去交涉極為凶險，故無人敢去。最後聽說小吏藺相如口才好，就派他前往。藺相如來到秦王前，將璧獻上。只見秦王開心地與群臣輪流傳觀，卻完全不提換城，顯然毫無誠意。藺相如於是說：「大王，此璧有小小瑕疵，讓我指給你看！」秦王不疑有他，將璧交還藺相如。藺相如拿著和氏璧，突然退到大柱旁，道：「除非大王齋戒五天，再以城池交換，否則我就把這璧和自己的頭一齊撞柱，與璧共存亡！」秦王怕他弄壞了璧，就答應了要求。在秦王齋戒期間，藺相如令隨員偷偷將璧送回趙

國。到第六天，藺相如上殿，告訴秦王，璧已送回趙國。並說，若要璧，先割城，否則免談。秦王大怒，本想殺了他，但又欣賞他的機智勇氣，終於還是放他回趙國。這故事即「完璧歸趙」。

將相和：

藺相如完璧歸趙後，秦王又要求與趙王在澠池開個雙方高峰會。會中，秦王要趙王鼓瑟助興。趙王彈完，秦國史官便寫道：「某年某月某日，秦王命趙王鼓瑟。」藺相如立刻捧著盛酒的瓦盆上前，請秦王敲擊，秦王不肯。藺相如威脅說：「你若不肯，我便要拔劍殺人，讓你血濺五步。」秦王不得已，用指頭碰一下盆子。藺相如命趙國史官寫下：「某年某月某日，秦王為趙王擊盆。」趙王回國後，認為藺相如為國爭光，便封他為宰相。大將廉頗不服，認為藺相如爬升得太快，很不公平，就放話說，要是路上遇到藺相如，一定要羞辱他。藺相如得知，便處處躲開廉頗。其隨員覺得很丟臉。藺相如解釋道：「以秦王之威，我都不懼，怎會怕廉頗？但秦國之所以尚不入侵我國，全因顧忌我們二人。若我們二人不合，秦國立刻入侵，那時國家就完了。」這番話傳到廉頗耳中，廉頗很感動，對自己先前的魯莽言行很後悔，於是脫光上衣，背著一枝藤條，去向藺相如請罪，此即「負荊請罪」。藺相如連忙請他起來，二人從此和好，一為將，一為相，為國盡力。這個故事就是「將相和」。

荊軻刺秦王：

秦國大將樊於期因家人被秦王冤枉處死，憤而叛秦投效燕國。秦王派大軍攻燕，燕軍大敗。燕太子丹想以刺殺秦王來解救亡國危機，就找一位江湖俠客荊軻來執行刺殺計畫。因秦王說要取得樊於期的頭，再加燕國一塊土地，才肯退兵，荊軻就請樊於期自殺，割其頭，再帶一份燕國地圖而啟程。太子丹送他至國界的易水，荊軻悲壯地唱歌：「風蕭蕭兮，易水寒！壯士一去兮，不復還！」至秦宮，荊軻藏匕首於捲著的地圖內，登殿後，先呈上樊於期的頭，秦王看過，接著要看地圖。荊軻靠近秦王身邊，把捲著的地圖慢慢展開，展到最後時，抓住露出的匕首，向秦王刺去，可惜未中。這就是成語「圖窮匕現」的由來。秦王離座而逃，荊軻再把匕首擲向秦王，但只擊中殿柱。最後荊軻被殺，功敗垂成。

萬里江山

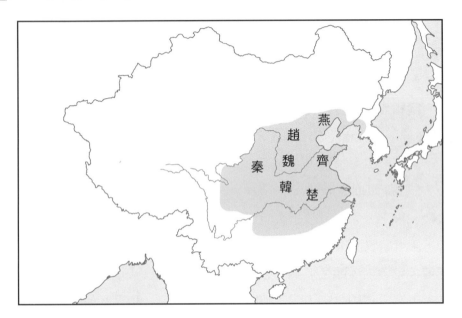

萬世一系

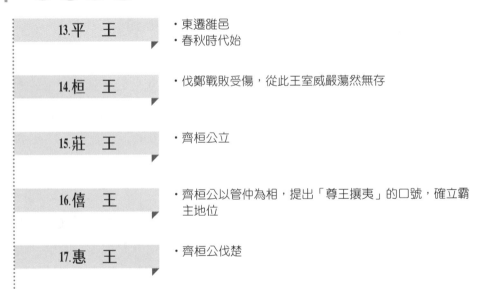

13. 平 王	・東遷雒邑 ・春秋時代始
14. 桓 王	・伐鄭戰敗受傷，從此王室威嚴蕩然無存
15. 莊 王	・齊桓公立
16. 僖 王	・齊桓公以管仲為相，提出「尊王攘夷」的口號，確立霸主地位
17. 惠 王	・齊桓公伐楚

18.襄　王	・齊桓公死，宋襄公欲繼之為霸，但與楚之戰敗死 ・晉文公與楚戰於城濮勝，大會諸侯於踐土，成為霸主 ・秦穆公進窺中原為晉所阻，轉而稱霸西戎
19.頃　王	
20.匡　王	
21.定　王	・楚莊王問鼎中原，意欲代周天子為天下共主 ・楚敗晉軍，楚莊王取得霸主地位
22.簡　王	
23.靈　王	・宋大夫向戌提倡弭兵運動，此後四十年間各國維持暫時 　和平
24.景　王	
25.悼　王	
26.敬　王	・吳王夫差伐越，越王句踐被迫乞和
27.元　王	・越復國滅吳，句踐稱霸 ・吳越的稱霸象徵長江下游地區的興起
28.貞定王	・晉國韓、趙、魏三家滅知氏
29.哀　王	
30.思　王	

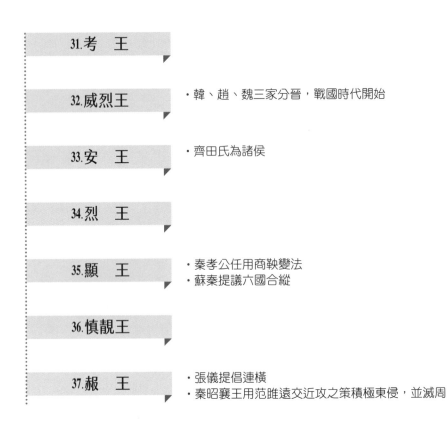

31. 考　王

32. 威烈王　　・韓、趙、魏三家分晉，戰國時代開始

33. 安　王　　・齊田氏為諸侯

34. 烈　王

35. 顯　王　　・秦孝公任用商鞅變法
　　　　　　　・蘇秦提議六國合縱

36. 慎靚王

37. 赧　王　　・張儀提倡連橫
　　　　　　　・秦昭襄王用范雎遠交近攻之策積極東侵，並滅周

秦

　　秦王嬴政結束戰國分裂的局面，統一全中國，命國號為「秦」，定國都於咸陽（今陝西西安市附近）。他自認功業超過三皇五帝，所以自稱為「皇帝」；又希望這皇帝之位，能傳延給嬴氏子孫萬世不絕，所以就從他開始，自稱為「始皇帝」。後世的人簡稱他為秦始皇。

秦始皇的重要施政有：

1. 廢封建，行郡縣：廢除周朝的封建制度，改採郡縣制，分全國為三十六郡，郡下設縣。實施中央集權，廢除諸侯。

2. 統一文字：全國「書同文、車同軌」。「書同文」是規定全國官民用統一的「小篆」字體寫報公文。「車同軌」是規定全國製造馬車的工匠必須把二個車輪的間隔製成同一寬度。如此一來，全國人民互相溝通往來就少了障礙，在外表上有助於維持一個統一的國家。

3. 修馳道：修寬道路，條條大路通往首都咸陽，馬車可在大路上奔馳，促進物資及訊息流通的速度，使國家經濟發達。

4. 築長城：戰國時代，燕趙秦各國都築有長城，以防北方匈奴南下。秦始皇將這些片片段段的長城連起來，成為西起臨洮，東到遼東的萬里長城，保障國防安全。

秦始皇雖有以上的重大建設，但失政之處也不少：

1. 秦以法家思想立國，為了鞏固國本及消滅反法家的各種思想，就下令「焚書」，把所有民間藏書一律焚毀，只留下醫藥、卜筮、種樹之類的書。他又曾活埋四百多位讀書人，以防他們批評時政，史稱「坑儒」。焚書坑儒對中國文化產生很大的傷害。

2. 建驪山陵和阿房宮，工程浩大，浪費資源，加重人民的勞

三皇五帝		
夏		
商		
周	西周	
	東周	春秋
		戰國
秦		
漢	西漢	
	東漢	
三國	魏 蜀漢	吳
晉	西晉	
	東晉	
南北朝	北朝	南朝
	北魏	宋
	東魏 西魏	齊
	北齊 北周	梁 陳
隋		
唐		
五代	後梁	
	後唐	
	後晉	
	後漢	
	後周	
宋	北宋	
	南宋	
元		
明		
清		
民國		

役與賦稅。（驪山陵於 1974 年被考古學家挖出許多兵馬俑，現為著名古蹟。）

3.專制獨裁、嚴刑峻法，造成人民精神的緊張與痛苦。

　　秦始皇常出巡全國各地。最後一次出巡至「平原津」，突生重病。他命太監趙高寫信給長子扶蘇，令其回咸陽接位。他在「沙丘」病死後，趙高卻和丞相李斯假傳聖旨，賜死扶蘇，讓次子胡亥即位。史稱「沙丘之謀」。

　　胡亥即位，是為秦二世。他昏庸無能，花天酒地，把政事都交給趙高去處理。朝政混亂，民怨四起。不久，有一小隊南方的民伕受命趕往北方築長城，半路遇大雨，耽誤了行程。領隊的陳勝和吳廣怕被秦國嚴酷法律所罰，乾脆拿起竹竿當武器，宣布叛變，史稱「揭竿起義」。後來，又有劉邦、項羽等人馬，群雄四起，國家開始動盪不安。胡亥責怪趙高，趙高反而逼胡亥自刎，再立胡亥的姪兒子嬰繼任。子嬰一登基，立刻就殺了趙高。不久，劉邦攻入咸陽，子嬰投降，秦亡。

 史書之外

奇貨可居：

　　秦昭襄王的太子安國君，有子二十餘人，其中之一名叫嬴異人。嬴異人因生母早死，故不得安國君寵愛，年紀輕輕就被送往趙國首都邯鄲，名義上是促進秦趙友好，實際上是當人質，終日悶悶不樂。富商呂不韋到邯鄲做生意時，結識了他。呂不韋很有眼光，他認為嬴異人是個可利用的人，現在雖像不值錢的貨物一般，但只要屯積著，將來一定非常有價值，這就是成語「奇貨可居」的由來。呂不韋送錢給嬴異人享受，嬴異人愛上呂不韋家中的一名歌舞女郎，呂不韋就把女郎送給他為妻。此女後來生下一名男孩，被命名為「嬴政」。另一方面，呂不韋用金銀珠寶賄賂安國君的寵妾華陽夫人，使她收嬴異人為義子，並接他回國。不久，昭襄王死，安國君繼任，是為秦孝文王，嬴異人成為太子。孝文王暴斃，嬴異人繼位，是為秦莊襄王。他任命呂不韋為宰相，呂不韋大權在握，呼風喚雨，他當年的投資至此獲得回報，可謂一本萬利。後來莊襄王死，

嬴政登基，呂不韋行為更加驕狂，不知節制，鬧出許多醜聞，時人甚至稱他為「尚父」。嬴政為防呂不韋侵害自己的帝國大業，就把他逐出秦國，財產充公，呂不韋後自殺而死。

徐福：

秦始皇擁有天下後，貪得無厭，希望能長生不老。他聽方士徐福說東方大海中有一個蓬萊仙島，島上有仙人，還有長生不老的仙藥，於是命徐福帶三千童男童女，前去尋仙求藥。徐福一行人的船隊，從山東海邊出發，卻並沒有回來。他們到了日本，就在那兒定居，成為日本人的祖先，更有一說主張徐福為神武天皇，是日本的開國者，不過目前尚有爭議。

孟姜女哭倒長城：

秦朝為了修築長城，大量徵調民伕，造成很多民間家庭悲劇。萬喜良新婚不久，就被調去北方修築長城。冬天到了，其妻孟姜女送寒衣至工地，不見萬喜良，卻被告知萬喜良已病死，埋在長城底下。孟姜女傷心欲絕，在工地連哭幾晝夜。上天被感動，就讓這段已建好的長城突然崩塌，露出萬喜良的遺體。孟姜女含淚將萬喜良好好安葬。

指鹿為馬：

趙高是一個野心家，他先和丞相李斯合作，將胡亥捧上皇位，然後又用一連串陰謀詭計，害得李斯被斬。趙高獨攬大權後，積極招納願順從他的人。有一天，他牽了一隻鹿上大殿，獻給胡亥，說道：「臣獻馬給皇上。」胡亥看了，哈哈大笑道：「你弄錯了，這是鹿，不是馬！」趙高嚴肅地道：「是馬，不是鹿。皇上如不信，可問他們。」說著，指著滿殿群臣。群臣譁然，有的說是鹿，有的說是馬。趙高將說是鹿的人記了下來，日後將他們殺害；又將那些說是馬的人，收為心腹同黨。這就是「指鹿為馬」成語的由來。

李冰父子：

李冰擔任蜀郡太守時，與其子發起都江堰水利工程的興建計畫。完工後，成都平原從此成為富庶的農產地。由秦至今，人民永遠感念其恩澤。

秦朝的劍：

考古學家從西安兵馬俑的地下土坑中，找到十幾支秦朝的劍。這些古劍雖

然埋了二千年，但劍身鋒芒畢露，毫無生鏽現象。經化驗，赫然發現原來秦朝工匠在劍身上鍍了一層鉻鹽薄膜，厚度只有十微米。這種防鏽技術，和德國人在 1937 年申請的發明專利一模一樣。

 萬里江山

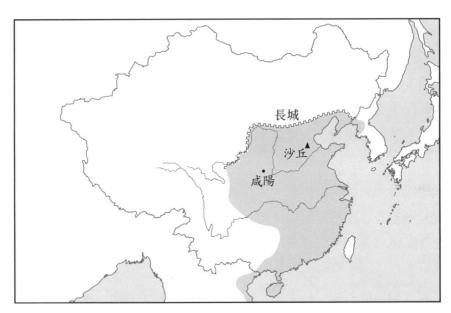

 萬世一系

1. 始皇帝	・滅六國統一天下，始稱皇帝，定都咸陽，改行郡縣制，不再行封建 ・北伐匈奴，並築長城，以防匈奴入侵 ・焚書坑儒
2. 二世皇帝	・陳勝、吳廣、項羽、劉邦起兵抗秦
3. 王子嬰	・劉邦入咸陽，子嬰出降，秦亡，項羽稱西楚霸王

楚漢相爭

西元前206年～前202年

　　秦朝，從始皇即位至子嬰投降，立國只有短短的十五年。秦亡後，又有長達五年的「楚漢相爭」期間。楚是指項羽，漢是指劉邦。

　　秦末天下大亂，很多以前六國的遺民趁勢起兵，希望滅秦自立，其中以楚軍的勢力最大。楚軍首領叫做楚王，下有劉邦和項羽二名大將。劉邦是沛（今江蘇沛縣）地方的平民，有領導天分；項羽祖先世代為楚國的大將軍，家世尊貴顯赫，其本人則勇武有餘，智謀不足。楚王為鼓舞屬下二支部隊加速對秦軍的打擊，就發令：「誰先入關中，進咸陽城，就立誰為王。」關中是傳統秦國的精華心臟地區。

　　劉邦善取巧，從碭出發後，一路躲開秦軍主力，急急行軍直抵咸陽，攻城，一戰成功。入城後，劉邦發令，與秦國人民約法三章：殺人者判死刑；傷人者抵罪；偷盜財物者抵罪。因為法令又簡單又仁厚，秦國百姓皆樂意歸順，劉邦聲名大著。

　　另一方面，項羽從彭城出發後，一路與秦軍辛苦作戰。將近咸陽時，卻見城樓上早已插著劉邦的旗號，心中嫉妒不服，惱羞成怒，就揚言視劉邦為敵人，把司令部設在咸陽城外的鴻門，積極準備攻城。

　　兵力薄弱的劉邦，不敢與項羽對抗，就帶著張良等隨員，低聲下氣地去拜見項羽。項羽設宴款待他們。席間，項羽的族人項莊，藉表演舞劍之名，想趁機殺死劉邦。項羽的叔叔項伯，因曾被張良救過，趕忙來阻擋。劉邦藉口上廁所逃走。這就是「鴻門宴」。後世的人稱不懷好意的請客為鴻門宴。劉邦回營後，幾經思考，忍痛將咸陽獻出，就讓項羽入城。項羽入城後，放火燒掉阿房宮，大火燒了三個月才熄。此舉雖滿足楚人的報

三皇五帝		
夏		
商		
周	西周	
	東周	春秋
		戰國
秦		
漢	西漢	
	東漢	
三國	魏 蜀漢 吳	
晉	西晉	
	東晉	
南北朝	北朝	南朝
	北魏	宋
	東魏 西魏	齊
	北齊 北周	梁 陳
隋		
唐		
五代	後梁	
	後唐	
	後晉	
	後漢	
	後周	
宋	北宋	
	南宋	
元		
明		
清		
民國		

仇心理，卻也造成中國建築史上的一大損失。

　　項羽推楚王為義帝，自封為西楚霸王，挾義帝自重，威風得意。他封劉邦為漢王，封地在偏遠的漢中（今陝西南鄭），與關中之間有高山阻隔，交通極為不便。他以為趕走了劉邦，自己便可放心地掃蕩華北。但劉邦趁項羽遠去，卻「明修棧道，暗渡陳倉」，一面公開修通對外的山中棧道，一面暗令大軍繞道陳倉（今陝西寶雞），終於重回關中，正式與項羽翻臉。楚漢兩軍打了五年，最後在垓下會戰，漢軍包圍楚軍。入夜，漢軍故意高唱楚國的民謠。征戰多年的楚軍，聞歌聲而思鄉，淚如雨下，鬥志全消，一個個偷溜，此即「四面楚歌」成語的由來。天亮後，項羽突圍到烏江，本要渡江，但想到自己帶了八千江東弟子出外打天下，今無一人生還，真是「無顏見江東父老」，遂自刎而死。

 史書之外

　　楚漢相爭時期，項羽喜歡獨斷獨行，手下雖有少數幾個人才，例如范增、黥布等，但都不予重用，故不能成大業。劉邦則能重用賢才，尤其對張良、韓信、蕭何三人信任倚重，故得以打敗項羽。史稱此三人為「漢初三傑」。

張良：

　　張良是韓國的貴族。韓國亡後，張良流浪四方，立志滅秦復國。他先是收買大力士滄海君。二人一起來到博浪沙，埋伏在秦始皇巡遊車隊預定通過的路旁。車隊一來，滄海君就衝出去，將一隻大鐵錘擲向秦始皇的馬車，打死了裡面的人，但沒想到天性多疑的秦始皇早就有防範，他跟一名隨從人員互換車坐，所以結果被打死的是那名隨從，始皇本人則因在另一輛車中而逃過一劫。事後，秦軍四出抓人，張良只好跑到邳下藏身。有一天，他路過一座橋，橋上有一位白髮白鬚老人，把靴子弄丟到橋下了，叫他去撿。張良撿來靴子，老人坐在橋欄杆上，要張良幫他穿上，張良很恭謹的為他穿上。老人很高興，約他第二天清早在橋上見。次晨當張良到達時，老人已在橋上了，他怒責張良愛睡懶覺，沒有上進心，於是將約定日延後一天。次日張良起了個大早，趕到橋頭，沒想到老人還是比他早到，又把他罵一頓。受到老人二次訓斥後，第三次張良半夜

就到橋上等，果然天將亮時，老人來了。他見了張良，很高興，就送張良一本書，並自稱是「黃石老人」。他給張良的是一本絕佳的兵法書，張良熟讀此書後，成為兵法戰略專家，後來幫助劉邦訂定戰略大計，奪得天下。

韓信：

　　韓信家境不好，一直都遊手好閒。有一次他因為沒東西吃，跑到河邊釣魚，卻釣不到半條。旁邊一位洗衣服的婦人（當時人稱為漂母）見他可憐，給他飯吃。韓信很感激，對漂母說，等他成功，當報捨飯之恩。漂母反而生氣地說，她絕非貪圖日後的回報才幫他，只是希望他當個有用之人。有一回，韓信腰佩長劍在市集上閒逛，一個流氓看他不順眼，拿刀挑釁，要求決鬥，否則就要韓信從他胯下（褲襠下）爬過去。韓信不願作無謂的私鬥，就寧願從他胯下爬過去，眾人都恥笑他沒骨氣，這就是「胯下之辱」。韓信後來投軍，他先投靠項羽，但不被重用。後經蕭何引薦，改投劉邦。劉邦起先也未加以重用，韓信於是在一個夜晚掛冠離去。蕭何得知後，在月夜中策馬急奔，將韓信追回，這就是「蕭何月下追韓信」。劉邦經此事件後，這才看重韓信，拜他為大將軍。韓信果然展現其領兵的才能，勇敢善戰，為劉邦衝鋒殺敵，立下汗馬功勞。

蕭何：

　　蕭何是劉邦的同鄉。楚漢相爭時，他為劉邦推舉賢才，又負責糧食武器的後勤補給，使漢軍無後顧之憂，順利向前節節進攻。劉邦攻入咸陽城後，劉軍官兵都在興奮慶祝，搶奪財寶，只有蕭何冷靜地跑遍秦國政府的各辦公室，收集秦朝的圖籍文件檔案。漢朝建立後，蕭何被封為宰相，他參考這些前秦的資料，清楚了解全國的土地、戶口狀況，訂了一套漢朝的典章制度。這套制度很切合實際而容易實施，因此在漢朝的治理下，全中國能迅速恢復秩序，漢初幾任皇帝也都很受人民的愛戴，可見蕭何的行政管理功不可沒。他死後，繼任的宰相曹參照章行事，完全不作更改，也能把國家治理得很好，後世稱此為「蕭規曹隨」。

1.爭入關中

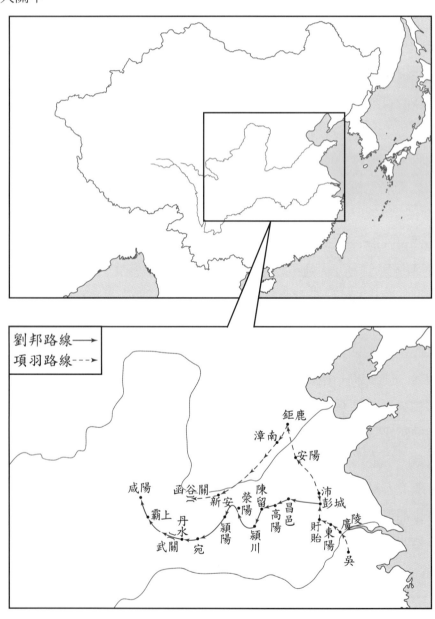

2.漢勝楚敗

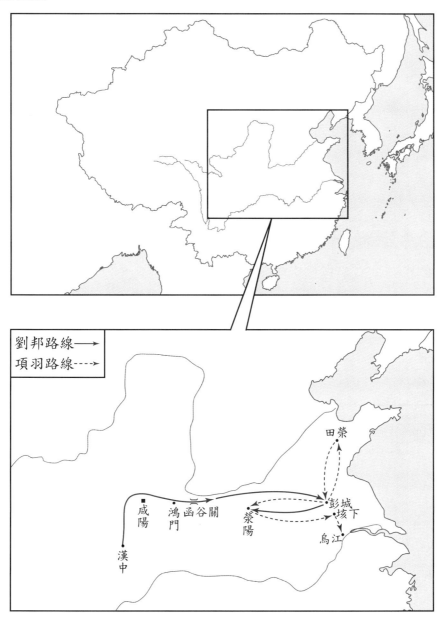

三皇五帝		
夏		
商		
周	西周	
	東周	春秋
		戰國
秦		
漢	西漢	
	東漢	
三國	魏	蜀漢 吳
晉	西晉	
	東晉	
南北朝	北朝	南朝
	北魏	宋
	東魏 西魏	齊
	北齊 北周	梁 陳
隋		
唐		
五代	後 梁	
	後 唐	
	後 晉	
	後 漢	
	後 周	
宋	北 宋	
	南 宋	
元		
明		
清		
民國		

西漢（一）

西元前206年～西元8年

　　劉邦即位，建都長安，國號「漢」，史稱「西漢」。他是歷史上第一位平民皇帝，在位八年，死後被諡為「高祖」。漢初的幾任皇帝是：漢高祖、漢惠帝、漢文帝、漢景帝。他們的施政得失，有下述幾個重點：

1. 從封王到削藩：漢初採取「郡國制度」，一方面仿秦朝的郡縣制度，分天下為四十一郡，一方面又仿周朝，設置諸侯，稱為「王」，俱都領有封國。諸侯與郡皆屬於中央。起初，高祖時所封的諸侯，多為打天下有功的臣子，他們大都不姓劉（與劉邦為異姓）。劉邦暗想，萬一這些人叛變，將影響政局，所以後來劉邦就逐一將這些非劉姓的王（例如：齊王韓信、東海王彭越）殺掉，改立自己劉氏家族的人（同姓）為諸侯，他說：「非劉氏而王者，天下共擊之。」文帝時，諸侯雖同姓劉，但宗親之情日淡，爭奪之勢日烈，於是文帝採用賈誼的建議：「眾建諸侯而少其力」，將諸侯國分成許多小國，增加諸侯的名額，削弱其勢力，以防其作亂。景帝時，採取晁錯建議的「削藩」，直接免除諸侯的名分，結果造成反彈。以吳王劉濞為首的吳、楚、趙、膠東、膠西、濟南、淄川等七王，起兵叛亂，史稱「七國之亂」。景帝見反抗勢力大，心中害怕，就把晁錯殺死，希望以此換取七王的息怒，但七王仍繼續進攻京城。景帝起用周亞夫組軍出征，才終於將他們平定。從漢景帝以後，漢朝實施中央集權，郡國制度消失，實際仍回復秦朝式的郡縣制度。

2. 與民休息：中國經戰國、秦朝、楚漢相爭，整個社會都已經到了民窮財盡的地步。文帝與景帝於是開始崇尚道家老莊哲學，減少政府對人民的要求及干擾，輕徭薄役，讓人

民得以休養生息，恢復元氣。於是百姓生活漸漸富有，國庫開始充足，史稱此為「文景之治」。

3.匈奴和親：匈奴為中國北方的游牧民族，主要活動於今之外蒙古一帶，常南下侵擾中國，秦始皇修築長城就是為防匈奴。漢朝初期，匈奴勢力越來越強大，常攻破長城，進入中國搶劫，成為大患。劉邦曾親征匈奴，反被困於平城，幸好靠陳平施計，才得以脫困。無力抵抗匈奴的漢朝，只好卑屈地將漢室宗女（具有王室血統的女子）送給匈奴王當妻妾，這就是漢初採用的「和親政策」。

4.外戚干政：外戚就是與劉氏家族有婚姻關係的親戚。漢高祖死後，惠帝在位期間，皇太后呂雉干政，把許多呂家的人安插到政府中當官，使得朝政大亂。惠帝死後，呂雉繼續把持朝政八年，一直到漢文帝被忠臣擁立登基，國家才恢復正常。但外戚的影響力從此無法根除，以後甚至導致西漢的滅亡。

 # 史書之外

真假齊王：

　　韓信攻打齊地獲勝，遣使向劉邦報捷，並求封「假齊王」。劉邦對於韓信這種打了勝仗就要脅主上的作風很生氣，就不耐煩地對使者說：「呔！封什麼假齊王，……」張良在旁，聽劉邦口氣不妙，他深怕劉邦因此和韓信鬧翻，影響大局，就急忙在桌下踢劉邦一腳。劉邦也算機警，立刻會意，便順口接下去說：「要封就封個真齊王吧！」巧妙地避免了君臣的不和。

白登之圍：

　　漢朝初年，匈奴王冒頓單于進攻晉陽（現今太原），漢高祖劉邦親率三十萬大軍迎戰，想一勞永逸將匈奴趕出邊塞。但因輕敵中計，反而被困於平城的白登山。漢軍糧草不足，兵士紛紛凍死、餓死。正在一籌莫展時，陳平獻上一計。劉邦聽從他的計策，派遣使者帶著金銀珠寶和美女畫像給匈奴王的王后閼氏。起先，閼氏拿到珠寶，很高興。但接著，她看到美女畫像，一問才知漢軍是想將畫中美女獻給單于為妾。閼氏心中大感不妙，深怕漢人美女會來奪寵。漢使

走後，冒頓一回來，閼氏便極力勸他退兵，速回漠北。冒頓單于本來是想會合其他二部落的匈奴兵，發起下一波攻擊的，但見他們遲遲沒來，心裡也是很煩，現被妻子一說，遂放鬆包圍圈，故意讓漢軍容易衝出。劉邦衝出了白登之圍，回到中國，匈奴兵也撤回漠北。

陰狠的呂后：

　　呂后是劉邦的結髮妻子，她為劉邦生一子，名叫劉盈。劉邦當皇帝，封劉盈為太子。但後來劉邦寵幸一位名叫戚姬的貴妃。戚姬也為劉邦生一子，名叫劉如意。劉邦想改立如意為太子，但因群臣反對而作罷。呂后從此懷恨戚姬。劉邦死後，劉盈登基，是為惠帝，呂后也升為太后。呂后虐待戚姬，將她頭髮拔光，關在小房間，要她天天舂米。戚姬盼望兒子如意能來救她。呂后得知後，打算乾脆將如意也殺了。惠帝劉盈是個好人，他知道母親的存心不良，就決心保護如意，叫如意整天跟在自己身旁。有一天，惠帝要去打獵，而如意正在睡午覺，惠帝不忍叫醒他，遂獨自出去。回來時，卻見如意已死在床上，惠帝因此傷心不已。最後，呂后終於將戚姬殺死，還叫惠帝去看屍體。惠帝看了，精神深受刺激，就此一病不起。

軍令嚴明的周亞夫：

　　漢文帝時，匈奴大舉來犯，文帝派三位將軍率軍駐守國防邊界：徐厲駐於棘門、劉禮駐於灞上、周亞夫駐於細柳。一段時間後，文帝親自出京，去邊界勞軍。到棘門和灞上時，不必預先通報，都能直接進入軍營。徐厲和劉禮都是接到部下通知，才趕到文帝的車前，跪拜相迎。但到細柳營時，守大營門的兵士以未奉將軍命令為由，不准文帝的車隊進入，文帝只好拿出代表皇帝的信物，請兵士轉呈周亞夫確認。一行人就在門外默默等待。直到裡面傳令出來說可以開門時，文帝的車隊才進入。進入後，只見周亞夫站在帥旗前，全副盔甲，以軍禮相迎，並不跪拜，四面兵士則列隊整齊，鴉雀無聲，戈戟如林，軍紀森嚴。文帝離去時，車子剛走，大營門立即關上。文帝因此對周亞夫的治軍成果，有深刻印象。文帝臨死時，特別囑咐其子景帝，國家若有難，不要忘了周亞夫。果然，「七國之亂」發生後，景帝想起父皇的遺言，遂重用周亞夫，周亞夫只花了三個月就將叛亂平定。

西漢（二）

景帝死後，其子劉徹繼任，是為漢武帝，他是一位雄才大略的君王，在他的領導下，文治武功鼎盛，國勢蒸蒸日上，四方蠻夷都來朝貢。漢武帝的文治措施主要有下列三大項：

1. 建年號：武帝即位第二年，頒行年號，稱為建元元年，從此創立了年號制度。年號制度延續了二千多年，直到滿清被推翻為止。

2. 尊崇儒家：武帝採用董仲舒的建議，罷黜百家，獨尊儒術。置太學（也就是官辦大學），招收太學生，設五經博士，專門講授儒家學說，儒家從此成為中國學術的主流。政府所任用的官吏，都是儒家子弟，其來源有二：一是太學生；二是孝廉，也就是由地方推舉的有孝行、有品德的讀書人。官吏素質從此提升，國政的推行很順利。

3. 改革財政：

   (1)統一貨幣，發行五銖錢。

   (2)將鹽、鐵、酒等三項物資收歸國有，只許官賣。

   (3)實施「均輸法」和「平準法」。均輸法是將各地進貢給朝廷的珍稀物品運至國內其他各缺少此物之地出售。平準法是貨物在市場上過多時，政府收購儲存之，不足時，政府拿出來賣。

西漢人民在漢武帝的領導下，產生了很多偉大的文化成就：

1. 經學：武帝獨尊儒術。戰國以前儒家的典籍，即：《詩經》、《易經》、《書經》、《禮記》、《春秋》，為士人所必讀。漢儒對五經作詳細的詮釋及研究。

2. 史記：司馬遷從小聰明過人，曾隨董仲舒學《春秋》。其父司馬談為史官，搜集很多資料，訪查各處古蹟，並對司馬

三皇五帝				
夏				
商				
周	西周			
	東周	春秋		
		戰國		
秦				
漢	西漢			
	東漢			
三國	魏	蜀漢	吳	
晉	西晉			
	東晉			
南北朝	北朝	南朝		
	北魏	宋		
	東魏	西魏	齊	
	北齊	北周	梁	
			陳	
隋				
唐				
五代	後梁			
	後唐			
	後晉			
	後漢			
	後周			
宋	北宋			
	南宋			
元				
明				
清				
民國				

遷講了很多故事。司馬遷繼承父業，也任史官。不久，發生了李陵投降匈奴的事件。武帝怒，要殺李陵全家，司馬遷勸阻武帝，武帝竟又怒罰司馬遷。司馬遷化悲憤為力量，閉門寫書，將所知道的史事全部寫下，成《史記》一書。這是一部通史，以人物傳記為主，從黃帝起，到漢朝初年止，首創紀傳體史書的體例（註：另一史書體例是編年體，如《春秋》）。全書共一百三十卷，分〈本紀〉、〈表〉、〈書〉、〈世家〉、〈列傳〉。在書中，司馬遷自稱為太史公，對許多史事發表個人評論，文筆雄健、正氣凜然。

3. 漢賦：漢朝發展出一種文體，稱為「賦」，講究形式對稱的造句和華麗誇張的修辭。漢賦大師有作〈子虛賦〉與〈長門賦〉的司馬相如、作〈羽獵賦〉的揚雄，及東方朔等人。

4. 中醫：中國醫學中的病理學及藥理學知識，在秦時已很豐富，到西漢時更為發達。中醫注重體能調養、與病妥協的哲學，能自圓其說，不同於西醫的精鑽細微解剖、強力克病的哲學。全世界只有中醫可與西洋醫學分庭抗禮。淳于意為當時名醫，他發明用針灸治病。

5. 數學：民間不知名人士著成《周髀算經》，後又出現《九章算經》。

史書之外

緹縈救父：

　　漢文帝時，名醫淳于意育有五個女兒。因他醫術精湛，所以上門求診的病人很多。他很有醫德，常照顧病人而忙得無法休息。有一次，他決定遠行，給自己放幾天假。沒想到，竟有人此時遠來求診，且因未能獲得治療而死。其家屬很惡劣，控告淳于意。縣官昏庸，竟判他肉刑。漢朝時的肉刑有三種：一為臉上刺字，二為割掉鼻子，三為割掉足趾。淳于意很傷心，不禁感嘆，自己只有五個女兒，沒有兒子，無力出去上訴申冤。他最小的女兒緹縈聽了，很難過，遂鼓起勇氣，上書向漢文帝陳情。漢文帝被緹縈的孝行所感動，不但赦免了淳于意，還廢除肉刑。「緹縈救父」遂成為美談。

司馬相如：

　　司馬相如因其好友臨邛縣令王吉的介紹，成為臨邛首富卓王孫的座上嘉賓。宴會中，司馬相如彈琴，引來卓王孫的女兒卓文君跑到屏風後偷聽。卓文君年方十七，才貌雙全，但不幸的是新婚不久，丈夫便逝世，現正守寡住在娘家。司馬相如一眼瞧見卓文君，便喜歡上她，藉著一曲〈鳳求凰〉，向她表達愛意。卓文君也心動了，就在當天夜晚，兩人相會，互訴傾慕之意後，私奔而去。卓王孫聞訊大怒，聲言與他們這二個違反禮教的人斷絕關係。司馬相如當時很窮，實在無力負擔兩人的生活，勉強撐了一段時間，快要餓死。無計可施之下，兩人乾脆搬回臨邛，到卓王孫家的對面開一家小酒鋪，司馬相如作店小二，卓文君當爐賣酒。因他們二人先前發生的韻事，盡人皆知，所以很多人好奇上門，一面喝酒，一面看卓文君的美貌。每天，卓家門前閒雜人來來去去，風言風語，讓卓王孫聽了覺得很丟臉。最後，卓王孫實在受不了了，就拜託他們把小酒鋪關掉，寧願承認他們的婚姻關係，並支助他們生活費。後來，漢武帝讀到〈子虛賦〉，很欣賞司馬相如的文才，召他入京，封為郎官。司馬相如從此發達，而卓王孫也不再看不起這位女婿。

三皇五帝		
夏		
商		
周	西周	
	東周	春秋
		戰國
秦		
漢	西漢	
	東漢	
三國	魏 蜀漢	吳
晉	西晉	
	東晉	
南北朝	北朝	南朝
	北魏	宋
	東魏 西魏	齊
	北齊 北周	梁 陳
隋		
唐		
五代	後梁	
	後唐	
	後晉	
	後漢	
	後周	
宋	北宋	
	南宋	
元		
明		
清		
民國		

西漢（三）

西元前206年～西元8年

　　漢朝經文景之治的休養生息，到了武帝時，國庫充盈，人口夠多，於是武帝對匈奴採取主動出擊的政策，發起多次出擊。重要的有四次：

　　1.以衛青為將領的河南戰役，獲勝，收復河南地。

　　2.以霍去病為將領的河西戰役，獲勝，收復河西地。

　　3.以衛青和霍去病為將領的漠北戰役，獲大勝，匈奴向北方遠逃，漠南從此不見匈奴的勢力，匈奴人感嘆「從此漠南無王庭」。

　　4.以李廣利和李陵為將領，北伐匈奴，可惜失敗。

　　在漢匈爭戰期間，有一次，匈奴願意談和，漢朝派使臣蘇武及副使張勝一起去匈奴。張勝自作聰明，私下勾結匈奴小兵，想發動兵變殺死單于，不料事機敗露。單于惱恨，遷怒於蘇武，把他押送到北海（今俄羅斯的貝加爾湖）湖邊去牧羊。匈奴屢次勸蘇武投降，蘇武總是不答應，就這樣一拖十九年。後來，蘇武抓到一隻大雁，他把一封求救信綁在大雁的腳上，再放雁。大雁是候鳥，冬季時會飛向南方避寒。這隻大雁隨著雁群飛到了中國，被一個獵人射下來。獵人發現牠腳上的信，就拿給官府處理。官員們將此信呈上朝廷，武帝得信，派人向匈奴質問，匈奴只好放蘇武回國。蘇武的忠貞不屈，受到後人的讚揚。

　　漢朝時所稱的西域，即今之新疆一帶。武帝曾派張騫出使西域二次，希望說服西域的大月氏、烏孫、鄯善等國一齊結盟，共擊匈奴。張騫的外交任務雖未達成，但其旅行經驗卻打通了漢朝和西域之間的交通路徑。從長安經敦煌到西域，更遠到大秦（羅馬帝國）的商路，從此暢通。中國的絲織品經由此路輸出，運往西方，故此路被稱為「絲路」。西域的蔬果（胡瓜、葡

萄）、樂器（胡琴），乃至於後來西亞的宗教（基督教、伊斯蘭教）和南亞的宗教（佛教），則都由絲路傳入中國。

武帝對西北匈奴用兵的結果，在河西設武威、張掖、酒泉、敦煌四郡。他又曾對東北朝鮮用兵，結果設樂浪、玄菟、臨屯、真番四郡。他又曾對南方安南用兵，結果設交趾、日南、九真三郡。

武帝死，數傳至元帝。匈奴王呼韓邪單于三度入朝，請求和親。元帝將宮女王嬙賜給他為妻。王嬙就是王昭君，她是中國史上四大美女之一。此後，漢匈相安無事六十餘年。

元帝之後，外戚勢力逐漸抬頭，成帝、哀帝和平帝皆被外戚把持朝政，國勢日衰。平帝死後，平帝的岳父王莽立兩歲的劉嬰為皇帝，自己攝政。初期的王莽勤政愛民，禮賢下士，像一個好人。但後來他露出真面目，篡位自立，改國號為「新」，西漢亡。

史書之外

漢武帝北伐匈奴，使得大漢天威遠播，當時著名的武將有：
李廣：

李廣是漢初的猛將，歷經文帝、景帝和武帝。他勇敢善戰，武藝高強。有一回，李廣巡邏時，遠遠望見草叢中有一隻老虎蹲在那兒，他急忙拉弓射去，果然一箭即中。等手下兵士趨前查看時，沒見老虎，卻只見一塊石頭，而箭則直直插在石上，怎麼也拔不下來，這就是著名的「穿箭入石」。李廣因為個性耿直，不屑巴結王公大臣，所以軍職一直升不上去。他最大的榮耀，來自敵人的讚譽。李廣戍守邊關龍城時，匈奴不僅因懼怕他而不敢犯境，還幫他取了一個綽號叫「飛將軍」，表示他行動迅速、來去如飛。後來，唐朝詩人王昌齡曾寫詩懷念他，詩云：

秦時明月漢時關，萬里長征人未還；但使龍城飛將在，不教胡馬渡陰山。
——〈出塞〉

衛青：

　　漢武帝的姐姐平陽公主有一婢女姓衛，生有二女一子。小女兒美貌非凡，歌藝動人。漢武帝看中了她，娶她為妃，是為衛夫人。衛夫人的弟弟名叫衛青，身材高壯，相貌英俊，精通武藝，而且志向遠大。在平陽公主手下當管馬人時，就不只管馬，還常研讀兵法，周圍人都稱奇。後來，衛青被武帝提拔，率軍遠征匈奴，果然，他不負倚重，大敗匈奴，收復河南地（今綏遠），建立赫赫戰功。其後，他以大將軍身分和平陽公主成婚。

霍去病：

　　霍去病的母親是衛夫人與衛青的姐姐，武帝是他的姨丈。有這些皇親國戚，霍去病十八歲就進御林軍任職。但他一點也不驕狂，反而更潛心練武，以備報國。後來，霍去病獲准隨衛青大軍出征匈奴，初次上陣，就表現出過人的勇氣和戰技。他帶八百勇士，一路向北打去，跋涉幾百里路，深入匈奴營帳。匈奴簡直不敢置信，在措手不及情形下，兩大頭目被俘。霍去病因而被武帝封為「冠軍侯」。之後，他獨當一面，以「驃騎將軍」名義率軍北征，大敗匈奴，解除西北國境的威脅。匈奴因畏懼他，編了一首歌謠：

　　　　亡我祁連山，使我六畜不蕃息；失我胭脂山，使我婦女無顏色。

意思是說，霍去病攻下祁連山，使匈奴無水草地，牲畜無法生存、繁衍；又攻下胭脂（焉支）山，使匈奴婦女無胭脂可塗，臉色慘淡不再美麗。武帝勸霍去病娶妻成家，霍去病笑著拒絕了。他說：「匈奴未滅，何以家為？」意思是：匈奴都還未滅，怎麼能成家立業呢？這句話後來常被引用來稱讚具有報國為先、公而忘私精神之人。

李陵：

　　李陵是李廣的孫子，他也是武藝高強，在經歷許多戰役、建立許多戰功後當了將軍。但最後一次，他與李廣利（武帝愛妃李夫人的哥哥）共同出征時，他奉李廣利之命，率五千勇士，深入敵境巡邏，不幸被圍。李廣利不來救，李陵與部下奮力衝刺，殺敵萬餘人，最後力盡被俘。李陵心中本想先行詐降，等

日後有機會，在匈奴後方搗亂，以建戰功。可是，武帝聽說李陵投降的消息，一怒之下，就下令把李陵全家滿門抄斬。司馬遷曾出面勸阻武帝，但沒用。行刑後，消息傳至匈奴，李陵大悲，痛不欲生。匈奴同情李陵的遭遇，把公主嫁給他為妻，讓他終老北國。李陵晚年曾遇到蘇武，蘇武勸他回國，他拒絕了，並且寫了一封信，訴說自己的情懷，那就是〈李陵答蘇武書〉。

萬里江山

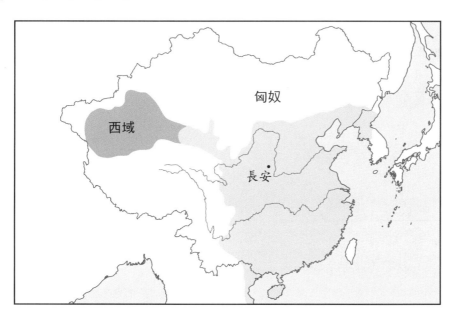

萬世一系

1.高　祖	・楚漢相爭，項羽敗死，劉邦即位，建國號漢，定都長安 ・被匈奴圍於平城，採劉敬之議用和親換取邊境的安定
2.惠　帝	・呂后稱制，大封諸呂為王

3.文　帝	・呂后卒，諸呂被誅 ・採用賈誼的建議「眾建諸侯而少其力」削弱諸侯勢力
4.景　帝	・採晁錯建議削諸侯封地，引發七國之亂
5.武帝（建元）	・首先建立年號，此後歷代帝王皆以年號記年，直至清末 ・多次征伐匈奴，使匈奴受到極大的打擊 ・張騫通西域
6.昭帝（始元）	・霍光攝政
7.宣帝（本始）	・匈奴呼韓邪單于來朝 ・聯合烏孫破匈奴
8.元帝（初元）	
9.成帝（建始）	・外戚王氏專政
10.哀帝（建平）	
11.平帝（元始）	
12.孺子嬰（居攝）	・王莽篡漢，西漢亡

東漢（一）

西元25年～220年

　　西元 8 年王莽篡漢，改國號為「新」。他以儒家「不患寡，而患不均」的理念為基礎推行新法，改變漢朝的舊經濟制度：

1. 土地政策：土地全都收歸國有，名為王田，不許人民買賣。
2. 人權政策：禁止富商大官販賣奴婢。
3. 產業政策：鹽、鐵、銅、酒、錢、布全歸國有。
4. 貨幣政策：廢除漢朝的五銖錢，新定金銀龜貝錢布等六種貨幣。

　　王莽的施政立意雖好，但操之過急、不切實際，結果招致民怨，多股勢力造反，其中以「綠林兵」與「赤眉兵」較強。有一次，綠林軍八千人在昆陽（今河南葉縣）被王莽四十萬大軍圍困。綠林軍中一名具有皇家劉氏血統的軍官劉秀，冒險突圍，奔至鄰縣請得救兵一萬人，奔回，與城內守軍配合，內外夾攻，以一萬八千人擊潰王莽軍四十萬，是為「昆陽之戰」。劉秀一戰成功，名揚天下。最後，他削平群雄，於西元 25 年時即位稱帝，是為漢光武帝，仍定國號為「漢」，定都洛陽，史稱「東漢」。漢朝繼續恢復，史稱「光武中興」。

　　光武帝起自民間，深知民間疾苦，故生活簡樸，勤政愛民。又由於他本是西漢末年的太學生，所以崇尚儒術、尊重讀書人、表彰氣節，養成東漢一代剛正的士風。東漢人在文化方面的成就有：

1. 史學：班固模仿《史記》的體例，寫成《漢書》，記載西漢的歷史。這種只寫一代的歷史，稱為「斷代史」。《漢書》是中國第一部斷代史。
2. 文學：東漢的賦，格式漸趨嚴謹，班固的〈兩都賦〉是名作。許慎所作的《說文解字》，則是中國文字學的始祖。

三皇五帝		
夏		
商		
周	西周	
	東周	春秋
		戰國
秦		
漢	西漢	
	東漢	
三國	魏 蜀漢	吳
晉	西晉	
	東晉	
南北朝	北朝	南朝
	北魏	宋
	東魏 西魏	齊
	北齊 北周	梁
		陳
隋		
唐		
五代	後梁	
	後唐	
	後晉	
	後漢	
	後周	
宋	北宋	
	南宋	
元		
明		
清		
民國		

3. 科技：張衡做「候風地動儀」，可測地震。又做「渾天儀」，模擬星象。

4. 醫學：張機有「醫聖」之稱。華陀更是醫術出神入化，名滿天下。

5. 造紙術：宦官蔡倫發明造紙術。他用樹皮、破布等材料，溶成紙漿，刷平吹乾後，造成紙張。紙是中國四大發明之一。

對匈奴方面，光武帝採取消極的固守防衛措施。匈奴因天災及單于繼位問題而內訌，分成南匈奴、北匈奴。南匈奴降漢，留在河西。

光武帝死後，明帝繼任，北匈奴南侵。明帝派竇固北伐，竇固把軍隊轉為墾荒隊，屯田在伊吾廬，阻斷匈奴進取河西之路。明帝又派班超出使西域，降服西域五十餘國。明帝後的章帝在位期間，北匈奴遭南匈奴及西域等國合擊，勢力大衰。章帝死後，和帝繼任，派竇憲、耿秉聯合南匈奴，大敗北匈奴。漢軍追擊至「燕然山」（今外蒙古杭愛山）而返。竇憲第二次出擊，大敗北匈奴於「金微山」（今外蒙古阿爾泰山）。北匈奴向西遠逃，去至東歐。西北邊境的國防問題，至此解決。

 史書之外

嚴光：

漢光武帝劉秀年輕時作太學生，曾與一位名叫嚴光的人結為好友。嚴光又名嚴子陵或莊光，人品高尚，學識淵博，而且當時有一個美麗的女朋友，名叫陰麗華，人人都誇讚他們是郎才女貌。劉秀和他們二人作朋友，漸漸也發展和陰麗華的感情。嚴光發現女友的感情生變，就決定慧劍斬情絲，成全劉秀，自己悄然遠去。劉秀當上皇帝後，如願娶得陰麗華，冊立她為皇后。不久，劉秀想起了老友嚴光，想召他來，賜給他一個官位，但嚴光行蹤飄忽，避不見面。光武帝只好憑記憶把他的外貌特徵說給畫工，請畫工畫出肖像圖，分給各州、縣，尋訪他的下落。果然，有人報告在富春江畔（在今浙江省內）看到他在垂釣。光武帝立刻派人接他來洛陽。光武帝聽到嚴光已到洛陽後，就在第二天一大早，趕往嚴光住宿的客棧。嚴光知道光武帝到了，仍賴在床上不起來。光武帝走到床邊，摸著嚴光的肚子說道：「都是老朋友了，怎麼不願意幫我治天下

呢？」嚴光起身道：「以前唐堯之時，堯帝請許由出來為官，許由聽到後，急忙跑到水邊洗耳朵，怕這種話污染了自己，人各有志，你又何苦為難我呢？」光武帝帶他入宮，把臂敘舊，相談甚歡。晚上，光武帝留嚴光在宮中同床共眠。半夜時，嚴光鼾聲如雷，還把腳壓到光武帝的肚子上，光武帝也不介意。最後光武帝還是放嚴光回去過自由自在的生活。光武帝雖貴為天子，但能顧念舊情，並且有尊重他人的氣度，是值得稱讚的。

孔融：

孔融是孔子的第二十世子孫，從小就很聰明懂事。他四歲時，曾有人送幾個名貴香甜的梨到他家。他的父母叫他們兄弟七人挑來吃。排行第六的孔融先挑，卻挑了個最小的。他的父母很訝異，問他原因，孔融回答道：「我年紀小，當然應該拿小的，大的留給哥哥吃才對。」充分展現謙讓的美德，這就是「孔融讓梨」的故事。孔融十歲時，隨父親到京城玩，他想去拜見名學者李膺。小小的孔融來到李府門口，請門吏通報求見，門吏問他是誰，有何身分，孔融說：「我是李大人的通家之好。」門吏只好放他進去。李膺見到孔融後，訝異的問道：「我們是通家之好嗎？我認識你家大人嗎？我怎麼沒印象。」孔融答道：「我的先祖孔子，和你的先祖老子李耳，曾互相討論過學問，結為好友，所以我們兩家是通家之好。」李膺聽了，很欣賞他的機智辯才，就對一旁的朝中大臣陳煒盛讚孔融。陳煒想挫一挫孔融這小孩的銳氣，就說道：「小時了了，大未必佳。」意思是，有些人小時候雖然聰明，長大後不一定有成就，也就是警告孔融現在不必太得意。孔融接口道：「如此說來，想必先生您小時候是很了了的吧！」言外之意就是，陳煒如今正是一個大未必佳的大人。陳煒沒料到會被一個小孩所修理，窘得啞口無言。李膺在一旁聽了哈哈大笑。孔融長大後，寫得一手好文章，官至北海太守，為官清廉正直，後來因言論招禍，被曹操所殺。

銅鏡：

東漢工匠會作銅鏡。鏡子正面平滑光亮，可照物，是冶金技術的高度成就；反面刻寫頌詞，邊緣雕花，可作辟邪吉祥物，兼具實用及藝術、宗教價值。東漢銅鏡不但在中國有，在日本也出土過很多，是考古學上一大趣題。

三皇五帝		
夏		
商		
周	西周	
	東周	春秋
		戰國
秦		
漢	西漢	
	東漢	
三國	魏　蜀漢	吳
晉	西晉	
	東晉	
南北朝	北朝	南朝
	北魏	宋
	東魏　西魏	齊
	北齊　北周	梁
		陳
隋		
唐		
五代	後梁	
	後唐	
	後晉	
	後漢	
	後周	
宋	北宋	
	南宋	
元		
明		
清		
民國		

東漢（二）

西元25年～220年

　　東漢中期，自和帝起，歷代皇帝都是年幼即位，心智都不成熟，只知縱慾享受，因此健康受損，很容易早死。凡皇帝早死者，其子繼任為帝必然就更年輕，心智更不成熟，更縱慾，結果更早死。如此一代一代惡化下去，終於出現由幼童登基作皇帝的荒謬局面。幼童不能裁決國家大事，必須有人輔助，於是皇帝的母親，也就是太后，就來臨朝，躲在皇帝座位後面，垂簾聽政。太后提拔自己娘家的親戚（外戚）當官掌權，是為外戚干政。及至皇帝年長，為了奪回政權，就和宦官合謀，誅滅外戚。宦官是割去生殖器的男人，原只是皇宮中的奴僕，因日夜在皇帝身邊，很容易受皇帝的信任而得以參與國政。宦官干政這件事，一直受到讀書人的強烈批評。皇帝一死，新皇帝登基，新太后聽政，新外戚就聯合一些在朝為官的讀書人誅殺宦官，掌握政權。外戚與宦官逐漸形成兩大黨派，就這樣輪流起落，殺來殺去。自桓帝至靈帝的三十年間，一共發生兩次「黨錮之禍」：

1. 第一次：桓帝時，宦官干政，胡作非為，被京城裡的讀書人痛加批評，宦官便誣陷讀書人毀謗朝廷，將李膺等兩百多人逮捕入獄。次年雖將他們釋放，但罰以黨錮，即終生被「錮」（軟禁），不得做官。

2. 第二次：靈帝時，竇太后垂簾聽政，外戚竇武聯合陳蕃等人欲誅宦官，但失敗了，反為宦官集團反撲，陳蕃遇害，相關牽連者達六、七百人，其中包括李膺。結果李膺被殺，其他人也被殺或被罰黨錮。

　　在黨爭中，讀書人與外戚站在同一邊。但，外戚其實也不是好東西，他們大都是一群為富不仁的花花公子，只是善於籠

絡讀書人，利用讀書人當作政治鬥爭的工具。例如，和帝時的外戚竇憲，官至車騎大將軍，出征平定匈奴，自恃功勞很大，回京後，奪人房產，縱僕殺人，驕傲猖狂，無惡不作，但是他對文豪班固很禮遇，常邀班固談文論史。

東漢末期，靈帝寵信十位宦官，號稱「十常侍」。他們擅權亂政，人民苦不堪言。於是，鉅鹿人張角打著「太平道」的旗號起兵反抗。他的部下都以黃布包頭，所以史稱其為「黃巾之亂」。黃巾之亂雖被皇甫嵩平定，但東漢從此元氣大傷。

靈帝死，少帝即位，何太后聽政，外戚何進掌權。何進與御林軍司隸校尉袁紹合作，祕招涼州（今陝西）將軍董卓率兵進京，擬將十常侍一網打盡。董卓軍發，十常侍們得到消息，先發制人，假借太后名義發令，誘何進深夜入宮而殺之。袁紹得訊，指揮御林軍攻入皇宮中，大殺宦官。十常侍帶著少帝和陳留王逃出皇宮，在野外遇到董卓的大軍。董卓殺了十常侍，將少帝和陳留王帶在身邊，回到洛陽城內。六個月後，董卓廢了少帝，改立陳留王為帝，是為漢獻帝，他是東漢最後一個皇帝。東漢至此名存實亡，天下群雄並起，進入三國時代。

史書之外

馬援：

馬援是戰國時代趙國名將趙奢的後代，其祖父在搬遷到陝西時，改姓馬。馬援年輕時經營畜牧業，是一位成功的企業家，以幹才聞名。王莽垮臺後，天下大亂，陝西軍事強人隗囂，常向馬援請教政經大計。他請馬援拜訪西蜀的公孫述，探其虛實。馬援回來後，評論公孫述沒眼光，像「井底之蛙」，不值得重視。劉秀在洛陽稱帝後，隗囂請馬援送信到洛陽。馬援見了光武帝，暢談國事，賓主甚歡。光武帝留住馬援，從此重用之。不久，馬援被派任隴西太守，平定了羌人的作亂。後來，交趾（今越南河內）叛亂，馬援被封為「伏波將軍」，率軍南征，在熱帶蠻荒叢林中作戰，艱苦獲勝。馬援把當地人的金屬製品統統收來，熔鑄成二個銅柱，立在交趾城門，樹立大漢天威。馬援後半生不斷南征北

討，為東漢王朝平定過許多叛亂事件，功在國家。他曾鼓勵年輕人說：「男兒當死於邊野，以馬革裹屍還葬。」這就是成語「馬革裹屍」的由來，後世男兒以此作為志願從軍報國的豪情壯語。

班家兄妹：

　　班固、班超、班昭三兄妹，都有很好的才學，在東漢歷史上留下美名。大哥班固文筆很好，寫過一篇優美的〈兩都賦〉，又花費畢生心血，寫作歷史巨著《漢書》。小妹班昭也是有名的文學家，寫過《女誡》。二哥班超則是行動派人物，經歷多彩多姿的冒險家式的一生，英名長留青史。班超本來是在官府裡做文書謄寫工作的小公務員。有一天，他突然對此單調的工作感到十分厭煩，便嘆道：「大丈夫應該效法張騫，揚名於外，怎麼可以在此終老一生呢？」同事們笑他自不量力，竟然和張騫比。班超道：「小子安知壯士志哉！」於是把筆往地上一丟，就從軍去了，這就是「投筆從戎」成語的由來。班超隨大將軍竇固征匈奴，竇固很賞識他，派他帶三十六名隨員出使西域，與西域國家達成建交協議。班超先到鄯善國（今新疆），鄯善國向來與漢朝友好，鄯善國王很高興地款待班超一行人。但過了幾天，鄯善國王態度突然變得冷淡。班超覺得事有蹊蹺，暗中調查，原來匈奴使者也來了，而且正和鄯善國談合作之事。班超立即召集屬下，對大家道：「不入虎穴，焉得虎子！」決定將匈奴使者格殺。於是緊急擬定作戰計畫，連夜行動，發起奇襲，攻入匈奴使者營帳，一舉殺死一百多人。鄯善國王被班超的勇猛所懾服，不得不簽下盟約，向漢朝臣服。以後，班超總共降服西域五十多個國家，將漢朝經西域通往波斯、阿拉伯的絲路再度打通，促進中西貿易文化流通，其功績可與西漢的張騫相媲美。

〈孔雀東南飛〉：

　　這是一首哀悽纏綿的愛情長詩，作者不詳，自東漢末年獻帝時代起，開始在民間流傳。內容是敘述焦仲卿和劉蘭芝夫婦，本來恩愛幸福，但焦府家道中落，焦母逼兒子與妻離婚，另外巴結豪門小姐，準備再婚。劉蘭芝回娘家後，思夫心切，投水自殺。焦仲卿聞訊，也上吊自殺。

建安七子：

　　建安是漢獻帝的年號。獻帝時，有七個文學才子，他們以文會友，常相往

來，互相激勵，寫出很好的文章作品，很為時人所稱道。他們是：孔融、陳琳、應瑒、阮瑀、劉楨、王粲、徐幹。

 萬里江山

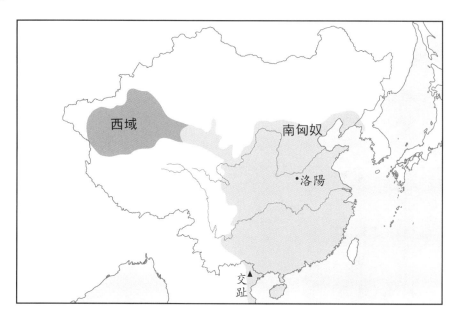

 萬世一系

王莽（始建國）	・王莽篡漢，建國號新
1.光武帝（建武）	・光武帝劉秀起兵滅新，中興漢室 ・馬援平交趾 ・倭奴國遣使朝貢
2.明帝（永平）	・派人於西域求佛法 ・班超出使西域
3.章帝（章和）	・班超定西域

4. 和帝（永元）
- 竇憲伐北匈奴
- 蔡倫造紙

5. 殤帝（延平）

6. 安帝（永初）

7. （前）少帝

8. 順帝（陽嘉）
- 張衡造候風地動儀

9. 沖帝（永嘉）

10. 質帝（本初）

11. 桓帝（延熹）
- 發生第一次黨錮之禍

12. 靈帝（中平）
- 爆發黃巾之亂
- 發生第二次黨錮之禍

13. 少帝（廢帝）
- 何進與袁紹合謀誅滅宦官，反被宦官所殺

14. 獻帝（建安）
- 董卓入京，把持朝政，東漢名存實亡
- 發生赤壁之戰，形成三分天下的形勢
- 曹丕篡漢，東漢亡

三國（一）

西元220年～280年

　　東漢末年，漢獻帝在位三十二年，都是被強勢大臣挾持，當作傀儡玩弄。此一時期，名義上東漢仍在，實際上全國是群雄割據的局面。

　　董卓在洛陽立漢獻帝為皇帝後，目無天子，猖狂野蠻，招致很多人對他不滿。青年軍官曹操，在故鄉山東號召天下英雄，合組義勇軍討董。劉備、孫堅、袁紹、袁術、公孫瓚、孔融、劉表等英雄響應而來。義勇軍向洛陽進軍，董卓派手下大將呂布應戰。雙方在汜水關和虎牢關二度大戰，呂布敗退。董卓見情勢不妙，就挾持著獻帝，遷都至長安，並放火燒掉洛陽。義勇軍進入洛陽後，發生內訌，不歡而散。董卓到了長安後，被王允和呂布所殺，政局大亂。漢獻帝趁亂逃回洛陽。曹操以保皇為名，率軍進入洛陽，獻帝大喜，封他為丞相。然而，經歷過許多世事的曹操，心性變得奸詐起來，他也想學董卓的模式，來個挾天子以令諸侯。但群雄不服，曹操就四出討伐。曹操手下，文臣有郭嘉、荀彧、楊脩等，武將有典韋、許褚、張遼、張郃、徐晃、夏侯淵、曹洪、曹仁等。在消滅了袁紹、袁術等人，底定了長江以北之後，他把矛頭指向江東的孫氏政權及荊州的劉表。

　　孫堅是一位驍勇善戰的將領，他占有長江下游以南的「江東」地區，建立了一個頗具實力的政權。他因作戰而死，傳位給孫策。孫策又因作戰而死，傳位給孫權。孫權手下，文臣有魯肅、諸葛謹、張昭等，武將有周瑜、太史慈、韓當、周泰、黃蓋、甘寧等。

　　劉備是漢景帝的後代，家貧，以賣草鞋為生，後來認識了關羽和張飛，結為好友，三人在張飛家後院的桃樹果園中，結

三皇五帝		
夏		
商		
周	西周	
	東周	春秋
		戰國
秦		
漢	西漢	
	東漢	
三國	魏　蜀漢　吳	
晉	西晉	
	東晉	
南北朝	北朝	南朝
	北魏	宋
	東魏　西魏	齊
	北齊　北周	梁
		陳
隋		
唐		
五代	後梁	
	後唐	
	後晉	
	後漢	
	後周	
宋	北宋	
	南宋	
元		
明		
清		
民國		

拜為義兄弟，這就是「桃園三結義」。他們投入曹操的討董義勇軍中。後又投奔荊州（今湖北襄陽）的劉表，寄居新野。劉備聽說有一奇士，名叫諸葛亮，字孔明，智計卓群，正隱居附近山中，於是去拜訪求見。第一次去，未見到；第二次去，仍未見到；第三次去，終於見到了，相談甚歡。諸葛亮被劉備的誠意所感動，就答應作劉備的軍師，下山幫他打天下，此即「三顧茅廬」。劉備手下的武將很少，當時只有關羽、張飛、趙雲。

　　曹操揮軍南下時，劉表去世。其子劉琮降曹。劉備不肯降曹，領人馬南逃。曹操以精兵追擊，長阪坡一役，趙雲獨戰曹軍眾將，曹軍受挫，劉備得以暫居夏口。此時，孫權感到曹操的威脅，便派魯肅探問劉備。魯肅和諸葛亮相談後，決定向孫權建言，與劉備共同抗曹。隨後，諸葛亮到江東「舌戰群儒」，說服了江東的一班文臣，加上周瑜也力主抗曹，使孫權更堅定了抗曹的決心。孫劉抗曹的形式就此形成。

 史書之外

呂布與貂蟬：

　　王允隨董卓遷都長安後，眼見國事紛亂，心急憂煩，對董卓很不滿，常在自宅院子中踱步嘆息。家中的婢女貂蟬見了，便自告奮勇，願替主人分憂。王允見貂蟬年輕貌美，便心生一條美人計，請貂蟬配合實行，貂蟬慨然答應。王允先把貂蟬介紹給英俊勇武的青年將軍呂布作女朋友，隨後又把貂蟬介紹給董卓當侍妾。呂布被董卓搶走了女友，心有不甘，就偷進董府，在花園中的鳳儀亭與貂蟬私會。不料，董卓突然回家，撞見二人親密之狀，一時大怒，隨手抓起一枝長矛，向呂布擲去。呂布躲開，逃出府外，從此痛恨董卓。不久，呂布找到機會殺了董卓，王允的計謀終於成功。

長阪坡之役：

　　趙雲，字子龍，常山（今河北真定）人，武藝高強。原在公孫瓚軍中任職，參加討董卓的義勇軍時認識劉備，一見如故，相逢恨晚。後來公孫瓚被袁紹所滅，趙雲便投奔駐在荊州新野的劉備。建安十三年，曹操發兵南下，荊州太守

劉表遽逝，其幼子劉琮繼位，立即向曹操投降。曹操受其降，但對劉備的不降很不滿，下令追殺劉備。劉備離開新野向南逃。新野城的許多老百姓也跟隨劉備的軍隊行動，總數達十幾萬人，行動緩慢，而曹軍則在後加緊追趕。到了當陽（今湖北當陽）的長阪坡時，曹軍追上。趙雲此時大展神威，以一當十，曹軍十幾個有名的猛將輪番出陣，都不是他的對手。亂軍中，趙子龍看到劉備的妻子甘夫人抱著初生的兒子劉禪，正不知所措，便拍馬過去，接過嬰兒，抱在懷中，殺出重圍，將嬰兒送交劉備手中，一轉身又拍馬殺進曹軍，再去救甘夫人。整個長阪坡戰役中，趙子龍七進七出，殺遍曹營無敵手。後人以「趙子龍一身是膽」來稱讚他的英勇。

草船借箭：

　　孔明從荊州來到東吳，說服孫權出兵共同抵抗曹操。東吳大將水軍都督周瑜雖然贊同抗曹，但是對孔明卻非常不友善，常想除去他。曹軍來到長江北岸，積極準備渡江。周瑜和孔明在南岸巡視防務。周瑜想刁難孔明，就突然問道：「要打敗曹軍，以何種兵器最好？」孔明答：「大江之上，以箭為先。」周瑜道：「請先生監督製造十萬支箭。」孔明問：「何時需要？」周瑜答：「十日之後。」孔明道：「曹軍即日將發動攻擊，軍情緊急，十日之期太久，不如改為三日比較好。」周瑜道：「請先生立下軍令狀，如果到時候無法交出箭來，就依軍法殺頭。」孔明答道：「沒問題。」周瑜道：「軍中無戲言。」孔明道：「怎敢戲都督。」就此立下軍令狀。孔明回營後，每天喝酒、睡覺，並沒有積極找軍匠造箭，他只在暗中請東吳的大夫魯肅，準備二十艘小船，各船上只載很少幾位軍士，但卻載了鑼鼓喇叭和幾千個綁紮好的稻草束，用青布蓋起來。第三天深夜，孔明帶魯肅上船，命船隊往江北岸開去。那夜正巧大霧漫天，船靠近北岸的曹軍營地時，孔明命各船上的軍士把稻草束推出來，沿船邊擺好，人躲在船內敲鑼打鼓、吹喇叭、大聲吶喊。曹營聞聲，以為東吳水軍攻來，情急之下，不管三七二十一，只要鑼鼓喇叭聲從大霧中傳來，就向那裡射箭。一時萬箭齊發，箭如雨點，紛紛射向孔明的船隊。等到日高霧散，孔明船隊轉頭回航，各船船邊的稻草束上插滿了箭。回到南岸，孔明命軍士將箭取下，點交給周瑜，結果竟然比十萬支還多。

三皇五帝		
夏		
商		
周	西周	
	東周	春秋
		戰國
秦		
漢	西漢	
	東漢	
三國	魏　蜀漢　吳	
晉	西晉	
	東晉	
南北朝	北朝	南朝
	北魏	宋
	東魏　西魏	齊
	北齊　北周	梁
		陳
隋		
唐		
五代	後梁	
	後唐	
	後晉	
	後漢	
	後周	
宋	北宋	
	南宋	
元		
明		
清		
民國		

三國（二）

西元220年～280年

　　曹操在赤壁（今湖北嘉魚）準備渡江，因見其士兵都來自北方，不擅長操作搖晃的戰船，便發奇想，把多艘戰船以鐵鍊相連，上面再鋪以大片木板，固定之，果然平穩。曹操很得意，打算要以此種船隊渡江。

　　周瑜接到情報後，和部將黃蓋密商一條「苦肉計」。黃蓋故意和周瑜頂嘴吵架，被當眾責打。這便是俗語「周瑜打黃蓋，一個願打，一個願挨」的出處。傷痕累累的黃蓋托人傳信給曹操，表示很怨恨周瑜，希望改投曹操，帶領曹軍南下。曹操欣然接受。於是，約好某日清晨，黃蓋自駕小船過江來降。到了那日清晨，曹軍見薄霧中有十艘小船從南岸駛來，為首小船的船頭上，站的正是黃蓋。曹軍毫不防備，讓小船駛到曹軍船隊旁，黃蓋突然下令投出火把，並立刻掉頭而回。曹軍戰船著火後，因是艘艘相連，故熊熊烈火一發不可收拾。這時，周瑜又率東吳的水軍殺來，曹操水軍死傷殆盡。此即「赤壁之戰」。

　　赤壁之戰後，三國鼎立的局勢確立。曹操占江北，孫權居江東，劉備則以荊州為根據地，向西進占四川。不久，曹操死，其子曹丕即位，廢漢獻帝，於西元220年自立為帝，國號「魏」，定都許昌。東漢亡。劉備見東漢已亡，就於西元221年在四川稱帝，定都成都，國號「（蜀）漢」。孫權接著也於西元229年即位稱帝，定都建業（今南京），國號「吳」。

　　吳與蜀為了荊州的所有權發生爭執，守荊州的蜀將關羽中了東吳小將呂蒙之計，戰敗被殺，這就是成語「大意失荊州」的由來。劉備和張飛為了替關羽報仇，舉兵伐吳。張飛出發前，要後勤人員三日間備好幾十萬份白盔白甲，讓全軍穿戴，以示是哀軍出征。後勤人員自知不可能辦到，就在夜裡殺死張飛叛

逃。劉備聞訊，更加傷心悲憤，遂率軍親征。東吳派陸遜率軍迎戰。蜀軍行至
猇亭，因天熱，紮營在樹林裡。陸遜趁機偷襲，放火燒樹林，蜀軍大亂，劉備
敗逃至白帝城，憂憤而死。其子劉禪（阿斗）繼位，是為蜀後主。諸葛亮輔佐
後主，先平定南方貴州雲南一帶的南蠻，然後趁魏文帝曹丕一死，便出祈山伐
魏。魏派司馬懿在漢中迎戰阻擋。諸葛亮一共六次伐魏，可惜均失敗，最後病
死於五丈原。司馬懿在魏國嶄露頭角，官至太傅，數任魏帝皆畏服。司馬懿死
後，其子司馬昭繼續掌握大權，派軍伐蜀。蜀後主投降，蜀亡。司馬昭死，其
子司馬炎繼位，立刻逼魏元帝曹奐退位，於西元 265 年自立為帝，改國號為
「晉」，魏亡。吳方面，孫權死後，經數代傳到孫皓。司馬炎派杜預率陸軍，王
濬率水軍，同時並進伐吳。孫皓投降，吳亡。三國時代結束，天下歸晉，時為
西元 280 年。

 ## 史書之外

曹氏父子：

　　曹操字孟德，小名阿瞞。他生性多疑。他行刺董卓失敗後，被董卓下令在
全國各地通緝捉拿，他逃出洛陽，要回山東故鄉。經過中牟縣時，得到縣令陳
宮的同情幫助，一齊逃亡。數日後，二人來到一戶人家，屋主叫呂伯奢，是曹
操父親的朋友。呂伯奢很高興地接納他們，說要請他們吃晚餐，然後就出門去。
二人在坐等期間，曹操疑心病發作，擔心呂伯奢是去官府通風報信，於是偷偷
到屋後查看。忽然，他聽到磨刀的聲音，還有呂家人正在說話：「要怎麼殺
呢？」「綁起來比較好殺！」曹操聽了，以為呂家人是要謀殺自己，驚怒之下，
提劍衝到屋後，見人就殺，一連殺死八口。殺到廚房時一看，一頭豬綁在那兒
待宰，才知是誤會。陳宮見此結果，大罵曹操。闖下大禍的曹操，拉著陳宮就
逃。走到半路，呂伯奢笑嘻嘻迎面而來，手裡還提著一壺酒。曹操怕他回去後
發現家人被殺而報官，乾脆一不做二不休，一揮劍把呂伯奢也殺了。陳宮見曹
操連殺無辜，毫無人性，便對曹操寒了心。次日晚上，陳宮不告而別，從此浪
跡天涯。以後他只要一有機會遇到曹操，必定痛加辱罵。後人也因為曹操德行

不佳，故對其評價不高，稱他為「一代奸雄」。曹操的處世哲學是「寧使我負天下人，莫使天下人負我」。他會作詩，例如〈短歌行〉、〈碣石篇〉，都是佳作。

　　對酒當歌，人生幾何？譬如朝露，去日苦多。慨當以慷，憂思難忘。何以解憂？惟有杜康。

——〈短歌行〉

　　曹丕是曹操的長子。曹操生前雖然權勢很大，但還尊漢獻帝為國君，自居為臣。曹操一死，曹丕可沒有耐性，立刻逼漢獻帝退位，終結了東漢，改國號為「魏」，追諡曹操為魏武帝。曹丕的文學修養不錯，他與「建安七子」交遊，作品有〈典論論文〉。

　　曹操有另一個兒子，名叫曹植，也很有文學才華，但是曹丕很嫉妒他，常想害他。有一次在大殿上，曹丕要曹植在一支蠟燭燒完時間內作出一首詩，否則就要殺他。曹植在殿上來回走了七步，就作成了下面這首詩：

　　煮豆燃豆箕，豆在釜中泣；本是同根生，相煎何太急？

意思是說，用豆梗做點火的材料來煮豆子，豆子在鍋內哭著說，我們本是同一個根生長的，你何必急著害死我呢？其實就是提醒曹丕，彼此既是兄弟，就不該相殘。曹丕聽了，就此放了曹植。曹植所作的〈銅雀臺賦〉、〈洛神賦〉，都是古典文學中的精品。

空城計：

　　孔明運送糧草到西城，突然探子來報：魏國司馬懿率大軍十五萬直撲西城而來。此時孔明身邊除了運糧兵之外，沒有其他戰鬥部隊，情勢危急。足智多謀的孔明，知道司馬懿謹慎多疑，於是下令大開四處城門，每個門前派二名老兵打掃街道，展現一座空城模樣，自己坐在城樓上，悠閒彈琴。司馬懿率軍來到城門前，繞城三匝，他見孔明神色自若的樣子，認為必有詐，城內或城郊必有機關埋伏，為了安全起見，最好退兵。他果然中計。

《三國志》與《三國演義》：

　　《三國志》是晉朝人陳壽所作，是正統的歷史書。《三國演義》是明朝人羅貫中所作，是通俗小說。演義雖然精彩，但並不完全符合歷史。

劉徽：

　　劉徽是三國時代魏國的臨淄人，精通數學，他求得圓周率為 3.1416。

 萬里江山

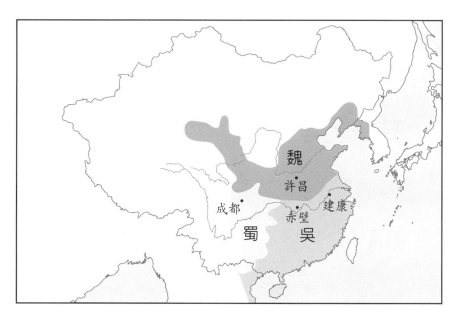

 萬世一系

魏

武帝曹操	・董卓之亂後奉迎獻帝，遷都於許，「挾天子以令諸侯」 ・擊敗袁術與袁紹，占有華北 ・赤壁之戰為蜀吳聯軍所敗，決定了三國鼎立的局面

1.文帝（黃初）	・曹丕篡漢，建國號魏，都洛陽，史稱曹魏（西元 220 年） ・劉備稱帝，建國號漢，都成都，史稱蜀漢（西元 221 年）
2.明帝（太和）	・孫權稱帝，建國號吳，都建業，史稱孫吳（西元 229 年） ・日本女王遣使入貢，受封為「親魏倭王」
3.廢帝（正始）	・伐高句麗，曹魏的勢力到達朝鮮半島北部
4.廢帝（正元）	
5.元帝（景元）	・曹魏滅蜀漢 ・司馬炎篡位，曹魏亡

蜀

1.昭烈帝（章武）	・劉備稱帝，建國號漢
2.後主（建興）	・孫權稱帝，建國號吳 ・曹魏滅蜀漢

吳

武烈帝孫堅	
1.大帝（黃武）	・孫權稱帝，建國號吳 ・遣甲士萬人出海求夷洲
2.廢帝（建興）	
3.景帝（永安）	
4.帝皓（元興）	・晉滅孫吳

西晉

西元265年～317年

三國末期，魏國的大將司馬懿有勇有謀，能征慣戰，連蜀漢的諸葛亮都不得不敬畏他三分。司馬懿後來因戰功彪炳，升任太傅，位高權重。司馬懿死後，其子司馬昭繼任，更是獨攬大權。魏主懦弱，毫無尊嚴可言，就和過去的漢獻帝一樣。司馬昭派鄧艾和鍾會伐蜀。鄧艾率兵悄悄翻越甘肅與四川之間的群山，衝下成都平原，蜀後主劉禪急急投降，蜀漢亡。劉備和諸葛亮辛苦建立的一點基業，就此終結消失。

司馬昭滅蜀後升為晉王，野心更大，想篡魏自立，日常言行愈發狂妄，一般人民看了，都知道他心裡在想什麼，因此有「司馬昭之心，路人皆知」的說法。不過，司馬昭死得早，其野心並未親身實現。

司馬昭死後，其子司馬炎繼位，於西元 265 年廢去魏元帝曹奐，魏亡。司馬炎自立為帝，是為晉武帝，改國號為「晉」，定都洛陽，史稱「西晉」。十五年後，晉軍大將杜預率陸軍、王濬率水軍，揮師沿長江東下，吳主孫皓舉白旗投降，吳亡。三國分裂的局面結束，天下一統歸於晉。

司馬炎認為，魏朝的滅亡乃因皇室宗親無勢而臣子強勢所致，因此他大封司馬氏宗親為王，以強固皇室。沒想到，諸王擁有封地及重兵之後，反而蠢蠢欲動，都想伺機自立為帝。司馬炎死後，其子即位，是為惠帝。此人昏庸低能，其智力比普通人還不如。有一回，屬下向他報告說「天下荒饉，百姓餓死」。百姓都沒飯吃了。他竟反問：「何不食肉糜？」（沒飯吃，為何不吃瘦肉粥呢？）

由於皇帝無能，所以皇后賈南風趁機弄權，引起八個宗親王互相攻伐，史稱「八王之亂」。「八王之亂」整整鬧了十六年，

三皇五帝			
夏			
商			
周	西周		
	東周	春秋	
		戰國	
秦			
漢	西漢		
	東漢		
三國	魏	蜀漢	吳
晉	西晉		
	東晉		
南北朝	北朝	南朝	
	北魏	宋	
	東魏 西魏	齊	
	北齊 北周	梁	
		陳	
隋			
唐			
五代	後梁		
	後唐		
	後晉		
	後漢		
	後周		
宋	北宋		
	南宋		
元			
明			
清			
民國			

其間趙王司馬倫殺了賈后，最後東海王司馬越殺了惠帝，立司馬熾為帝，是為晉懷帝。這場長期的動亂使西晉的政治秩序及經濟成長大受破壞。住在長城以外的匈奴、鮮卑、氐、羌、羯等五個胡人民族，見中國政治腐敗，就趁機起兵，攻入中國境內作亂。晉懷帝永嘉五年，匈奴王劉聰攻破洛陽，俘虜懷帝，史稱「永嘉之禍」。之後，晉朝臣子在長安擁立司馬鄴，劉聰立刻又攻陷長安，司馬鄴投降，西晉亡。之後，中原大亂，五胡在長江以北地區建國，先後共建立許多國家。中國淪入長達一百多年的戰亂期，史稱「五胡亂華」。

西晉時代，因為政治腐敗，所以社會人心也受到影響而低迷消沉。居上位的高官王族花天酒地，讀書人則流行清談玄學。清談的內容話題多出於被稱為「三玄」的三部書：《老子》、《易經》、《莊子》。西晉以前各代的中國人，多多少少都知道要尋求富國強兵之道，西晉的人則完全不作此想，社會瀰漫一片萎靡之風。

 **史書之外**

樂不思蜀：

　　蜀後主劉禪（阿斗），投降亡國後，被抓到洛陽，送給司馬昭發落。司馬昭不想立刻殺他，就先封他為安樂公。有一天，司馬昭請劉禪到府裡吃飯，劉禪就帶了幾名蜀漢舊臣一同赴宴。吃到一半，司馬昭命僕人演奏蜀漢的音樂助興。蜀漢舊臣聽了，都觸景生情，難過得低頭不語。但是，劉禪卻隨音樂節拍輕哼淺唱，狀甚愉快。司馬昭就問劉禪說：「還想念蜀漢嗎？」劉禪說：「此間樂，不思蜀。」司馬昭聽了，哈哈大笑。他由此知道劉禪是一個胸無大志的窩囊廢，不可能造反，就不殺他了，這就是成語「樂不思蜀」的由來。後世用此成語來諷刺胸無大志、貪圖享樂的人，或說「扶不起的阿斗」。

日食萬錢：

　　晉武帝統一天下後，生活奢侈浮華，宮中養了一萬名妃子，吃穿享受都力求鋪張浪費，如此帶動臣民有樣學樣，也以鋪張浪費為榮。大臣中以何曾、石崇、王愷等三人最會浪費。何曾家中每天花一萬塊錢買菜作料理，嫌山珍海味

端上桌時，何曾故意說：「唉！這些菜不好吃，害我都沒地方可下筷子。」表示自己了不起。

洛陽紙貴：

晉代文學沿襲漢魏之風，以賦為主。晉賦的格式及音韻比漢賦更為嚴謹，辭藻更為華麗，重要的作家有：左思、陸機、潘岳等。左思立志寫〈三都賦〉時，在屋內到處置紙筆，一有靈感佳句就記下來，歷時十年才寫成。〈三都賦〉寫好印成書後，讀過的人都誇讚，眾人搶購，造成洛陽城內的書以及製書需要的紙都缺貨而價格變貴。後人常用「洛陽紙貴」來稱讚好文章。

竹林七賢：

魏晉文人愛清談。有七個文人特別標榜遠離俗世，崇尚隱居。他們是：山濤、向秀、阮籍、劉伶、嵇康、阮咸、王戎，通稱「竹林七賢」。清談其實是文人對混亂政治的一種消極抗議或避免捲入的行為。

荀灌：

西晉末年，朝綱敗壞，加上連年旱災，因而盜匪在各州縣之間橫行。襄陽城是中原大城，盜匪攻來，把城團團圍住。襄陽太守荀崧，守城數月，眼看城內糧食將盡，必須派一個人向外求援，就向下屬徵求志願者，但大家都不作聲。這時，突然從後廳竄出一個人，說道：「我去！」原來是荀崧十三歲的女兒荀灌。大家一陣錯愕，有人反對道：「一個小女孩，怎麼可能讓她去完成這項重大任務呢？」荀灌道：「你們大人沒膽，我可不怕。我雖年紀小，但學過多年武藝，對城外地形也很熟，我有信心一定能衝出去。」大家知道荀灌確實從小習武，有一身好功夫，在派不出別人的情形下，終於同意派她一試。荀灌身懷求救信，趁夜從城牆攀繩而出，有驚無險地突出重圍，再急奔一百里到鄰郡請來了救兵，解了襄陽之圍，贏得世人稱讚佩服。

聞雞起舞：

祖逖和劉琨二人是西晉末年的人，都胸有大志，在當時算是難得一見有責任感的熱血青年。二人志同道合，結為好友，住在一起。每天清早，一聽到雞叫，就從床上爬起來，到屋外院中，相對舞劍，為的是使武術精進，把身體練強壯，以便將來為國效命。這就是成語「聞雞起舞」的由來。

萬里江山

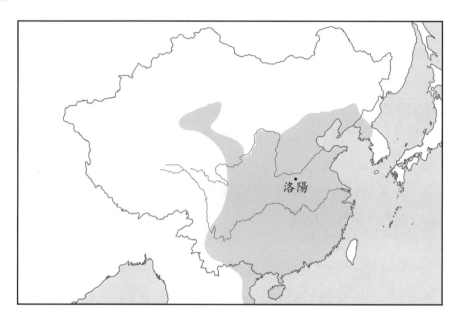

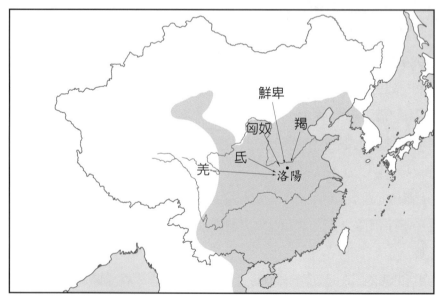

萬世一系

宣帝司馬懿	・平定遼東公孫淵，因而威望日盛
文帝司馬昭	・專擅曹魏政權
1.武帝（太康）	・司馬炎篡位，建國號晉，定都洛陽 ・晉滅孫吳
2.惠帝（永康）	・發生八王之亂，司馬氏自相殘殺，導致西晉國勢轉衰
3.懷帝（永嘉）	・五胡亂華，匈奴陷洛陽，懷帝被俘，史稱「永嘉之亂」
4.愍帝（建興）	・晉為漢（匈奴）所滅，西晉亡

三皇五帝		
夏		
商		
周	西周	
	東周	春秋
		戰國
秦		
漢	西漢	
	東漢	
三國	魏 蜀漢	吳
晉	西晉	
	東晉	
南北朝	北朝	南朝
	北魏	宋
	東魏 西魏	齊
	北齊 北周	梁
		陳
隋		
唐		
五代	後梁	
	後唐	
	後晉	
	後漢	
	後周	
宋	北宋	
	南宋	
元		
明		
清		
民國		

東晉

西元317年～420年

　　西晉亡後，大批皇族和權貴逃離中原，舉家南遷，渡長江，到江南定居。史稱這一場貴族遷移為「衣冠南渡」。西元317年，瑯琊王司馬睿在建康（今南京）即帝位，是為晉元帝，史稱此後的晉朝為「東晉」。

　　晉元帝登基後，一般官民都看不起他，以為他不久就會垮臺。宰相王導眼見民心士氣如此低落，就煞費苦心地在建康城內安排一場盛大遊行，由晉元帝領隊，後面帶一群藝人敲鑼打鼓，最後由王導的弟弟大將軍王敦騎馬佩刀壓陣，一行人繞行大街小巷，讓官民看看皇帝。經過了這場遊行，民心士氣稍振，確立了東晉政權的正當性。東晉的國土大部在長江以南，少部在長江以北。南渡貴族把持政府中的人事權，形成頑強的「門閥政治」，主要的門閥是王氏與謝氏二大家族。

　　這時，長江的北方任由匈奴、鮮卑、氐、羌、羯等五胡進出，他們先後建立了主要的十六個國家，即：前秦、後秦、西秦、前趙、後趙、前涼、後涼、北涼、南涼、西涼、前燕、後燕、北燕、南燕、成漢、夏。

　　東晉的軍事強人起初是王敦，但他驕傲跋扈，曾經二度起兵叛變，第一次被王導勸止，第二次他自己半途病死。之後，又經幾任轉折，軍權落入大將軍桓溫手中。桓溫很能幹，曾發動過三次北伐：

1. 第一次：擊敗前秦，收復長安，惜因軍糧不繼而退兵。
2. 第二次：擊敗羌人首領姚襄，收復洛陽。桓溫上書晉穆帝請還都洛陽，但被朝中大臣反對而作罷。
3. 第三次：討伐前燕，打到山東，惜因軍糧不繼而退兵。

桓溫因北伐而個人威望大增，桓氏後來也成為一大門閥。

　　北方十六國則多年混戰。前秦的苻堅任用漢人王猛為宰相，國內大治，戰勝各國，統一北方，與江南的東晉對峙。王猛不願南下伐晉，故雙方相安多年。後來王猛死了，苻堅便於東晉孝武帝太元八年時，率領八十萬大軍南侵，先頭部隊來到淝水（在長江之北，是淮河的一道支流），屯兵淝水西岸。東晉方面，則由謝玄和劉牢之率兵迎敵，屯兵淝水東岸。謝玄派使者對苻堅說，請秦軍稍微退後半里，讓晉軍好渡江登岸決戰，苻堅答應了。當秦軍退後時，突然，埋伏在秦軍中的晉朝降將朱序大叫：「秦軍敗了！」秦軍後部的兵士信以為真，就轉頭逃跑。晉兵趁勢登岸，發起攻擊。秦軍潰敗，逃兵們聽見風聲及鶴叫，都以為是晉軍追來，這就是成語「風聲鶴唳」的由來。這場「淝水之戰」由晉軍獲勝，以八萬人擊潰前秦大軍。苻堅敗回北方，且被反叛的部將所殺，前秦因此瓦解，北方再度陷入割據分裂的局面，南方繼續維持偏安。

 # 史書之外

擊楫渡江：

　　「永嘉之禍」時，祖逖隨族人南渡。到了江南之後，祖逖得到機會，當面見到晉元帝，他請求率兵北伐中原，收復國土。但晉元帝只想偏安江南，並不想採取積極作為，就隨便任命祖逖為豫州刺史，只撥給他一千人份的糧餉，但不發給他一兵一卒，由他自己招募兵員。祖逖一點也不氣餒，自行招足了兵丁，就渡江北上。船行至江中，熱血沸騰的他，揮起手中的船槳，用力扣擊船舷，敲擊之聲，在滔滔的江流聲中，格外響亮。接著他大聲道：「今天我祖逖，就猶如此江水，一去不返，絕不再回江南！此去一定要掃蕩群魔，收復中原！」雄壯的豪情，隨著撲面的江風，震撼了每個人的心，這就是「擊楫渡江」成語的由來。祖逖到了北方，屢建奇功，值得稱頌。

陶侃與陶淵明：

　　陶侃是潯陽（今江西九江）人，他和晉朝一般頹廢無能的官員不同，是能幹盡責的好人。他曾任武昌太守，當時武昌郊外土匪橫行，搶奪商旅，人都不敢來，武昌市面蕭條。陶侃到任後，多方努力，將土匪消滅，並且整建市集，

安頓流民，使武昌地方繁榮大治。以後，陶侃因戰功封侯，尊榮優閒。這時的他，每晨從房裡搬出一百塊磚頭，放到院子裡，到了傍晚，又將這些磚頭，搬進房裡，目的就是為了鍛鍊身體以及培養恆心。陶侃無論擔當什麼職位時，都是孜孜不倦地工作。有人勸他休息，他答道：「古時候的大禹，品德好又有智慧，尚且愛惜光陰，何況是平凡的我們！」陶侃的曾孫，名叫陶淵明，是著名的文學家。他的文章，例如〈桃花源記〉、〈歸去來辭〉、〈五柳先生傳〉等，都主張回歸自然，超脫名利，是昏沉濁世中的清涼劑。他寫的詩多描寫農村生活，人稱「田園詩人」。

王羲之：

王羲之是東晉宰相王導的姪子，他的書法名揚天下，有「書聖」之譽，他創造的永字八法，亦即「永」字包涵的八種書法基本筆法，為書法立下基本典範。除了書法好之外，他也寫過一篇好文章〈蘭亭集序〉。當太尉郗鑒想從王家中挑女婿時，王家各子弟都穿戴整齊，正襟危坐，只有王羲之在東廂房的一張空床上，袒開肚子，呼呼大睡。郗鑒來到王府，嫌一般王家子弟都很庸俗，卻只對行徑豪爽的王羲之最欣賞，就將女兒嫁給他，這就是「東床快婿」成語的由來。有一次，王羲之在市集上，見一賣竹扇子的老婆婆，生意清淡。王羲之向她要了全部的竹扇子，在上面寫了字後，又全部還給她。老婆婆見扇子被弄髒，非常生氣。王羲之笑著說，妳趕快叫喊「賣王羲之題字的扇子」，就行了。果然，扇子很快被搶購一空，老婆婆大賺一筆。

梁祝情史：

東晉時，浙江上虞富翁祝氏有個名為英台的女兒，她愛讀書，還女扮男裝赴杭州私塾學習，與會稽來的同學梁山伯結為好友。後來，英台返家，被迫嫁給馬文才。山伯聞知英台是女身，趕來求婚，不成，傷心而死。英台出嫁時路過梁山伯之墳，下轎痛哭，墳忽裂開，英台跳入，墳中飄出二隻蝴蝶，翩然飛入空中不見。這個故事曾於 1960 年代被香港人拍成黃梅調電影，風靡一時。

法顯：

山西人，後秦長安和尚。六十歲時，取道西域至印度取經。後乘船，經錫蘭、爪哇、南海，最後在山東登陸歸國，定居建康譯經。著有《佛國記》。

顧愷之：

　　江蘇無錫人，名畫家。名作有《女史箴圖》。

萬里江山

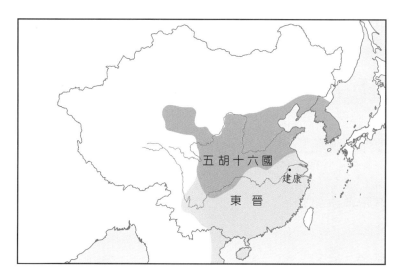

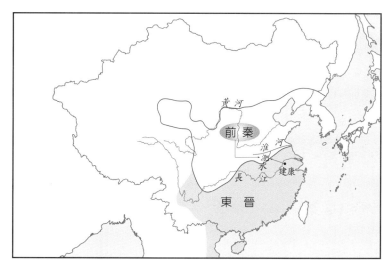

萬世一系

| 1.元帝（大興） | ・司馬睿即位於建康，東晉建國
・王導安撫南渡人士，東晉立國賴以基礎穩固
・祖逖北伐 |

| 2.明帝（太寧） | |

| 3.成帝（咸和） | ・拓跋氏建代國 |

| 4.康帝（建元） | |

| 5.穆帝（永和） | ・桓溫北伐，一度收復洛陽
・前秦建國 |

| 6.哀帝（隆和） | |

| 7.廢帝（太和） | ・桓溫伐前燕兵敗 |

| 8.簡文帝（咸安） | |

| 9.孝武帝（太元） | ・前秦苻堅統一北方
・淝水之戰前秦大敗，北方再度分裂，南北繼續對立 |

| 10.安帝（隆安） | ・法顯赴天竺取經，前後歷經十五年 |

| 11.恭帝（元熙） | ・劉裕篡晉，東晉亡 |

南北朝（一）

西元420年～589年

　　淝水之戰後，東晉政權得以苟延殘喘多活幾年。到了晉安帝時，大臣桓玄叛變，廢了晉安帝，很快地，大將劉裕平定叛亂，桓玄則死於逃亡途中，此後劉裕掌握大權。不久，劉裕殺死晉安帝，另立晉恭帝，最後，劉裕廢了晉恭帝，東晉亡。從此中國歷史進入了「南北朝」。南北朝分為南朝和北朝二部分。

　　南朝方面，是從東晉之亡開始。劉裕自立為帝，國號「宋」，史稱「劉宋」，是南朝之始。劉裕是為宋武帝，定都建康。傳至宋順帝，被大臣蕭道成所廢，劉宋亡。

　　蕭道成篡宋，自立為帝，國號「齊」，史稱「蕭齊」，仍定都建康，是為齊高祖。後來傳位至齊和帝，被大臣蕭衍所廢，南齊亡。

　　蕭衍篡齊，自立為帝，國號「梁」，仍定都建康，是為梁武帝。後來傳位至梁敬帝，被大臣陳霸先所廢，梁亡。

　　陳霸先篡梁，自立為帝，國號「陳」，仍定都建康，是為陳武帝。後來傳位至陳後主。

　　宋、齊、梁、陳四朝，合稱為「南朝」，國土主要皆在長江以南。南朝諸帝，大多荒淫無道，宮中不斷進行殘酷的帝位爭奪，表現人性的醜惡面，中國傳統的文明教化幾乎被毀壞殆盡。此時，宗教勢力迅速滋長，佛教與道教盛行。

　　佛教源於印度（古稱天竺），西漢時傳入中國。東漢時，洛陽城外的白馬寺，是佛教在中國最早的根據地。南北朝時，佛教盛行，原因是：

　　1.世局動盪：人民歷經生離死別，希望藉信佛得到安慰。

　　2.帝王提倡：諸帝經由殘殺鬥爭而登位，故希藉禮佛以消其罪孽。

三皇五帝		
夏		
商		
周	西周	
	東周	春秋
		戰國
秦		
漢	西漢	
	東漢	
三國	魏	蜀漢
		吳
晉	西晉	
	東晉	
南北朝	北朝	南朝
	北魏	宋
	東魏	西魏
		齊
	北齊	北周
		梁
		陳
隋		
唐		
五代	後梁	
	後唐	
	後晉	
	後漢	
	後周	
宋	北宋	
	南宋	
元		
明		
清		
民國		

3.文人贊同：佛教中有「戒殺生、勿奢靡」的良好教義，獲得中國文人的贊同，有助佛經翻譯的普及和佛教與中國文化的融合。

　　道教源於中國古代的「自然神」觀念，後結合春秋百家中道家的「順應自然」學說及陰陽家的「五行」（金、木、水、火、土）學說，漸具初等物理、化學觀念，後受民族性之影響，未走上實證科學之路，反而走上神祕宗教之路。秦及西漢時，方士尋仙之風頗盛。東漢時，張陵創道教，要求信教者捐米五斗，故名「五斗米道」，又名「天師道」，教主被尊為天師。東晉時，葛洪著《抱朴子》宣揚道教教義。北魏時，寇謙之改革道教。南北朝時，世事無常，人民為了趨吉避凶，故信道教者增多。道教內分符籙派（求神驅鬼）及丹鼎派（服藥養生）。

史書之外

梁武帝好佛：

　　梁武帝是南朝在位最久的君主，他統治的時候是南朝最盛的時期。梁武帝律己甚嚴，穿著簡樸，仁民愛物，基本上是一位好皇帝。即位初期，武力強盛，曾擊敗過北魏；文治方面也很上軌道，民生樂利，史稱「天監之治」。他晚年開始熱中於禮佛，先是在朝堂上穿僧衣、講佛經，後來則離開皇帝的職守，到佛寺中出家為僧。由於皇帝不在其位，很多民生及國防大事無人裁決，國政因而荒弛。群臣去寺中勸他回朝，他不為所動。最後，群臣只得以巨額金錢付給寺方，讓他還俗，他才不甘不願地回宮。這種事情重複發生，前後一共四次。他又以奉行「不殺生」為由，廢除死刑，對犯人也改採極為仁慈寬厚的處理態度，結果犯罪事件激增，國家社會陷入混亂狀態。最後，侯景起兵作亂，將他禁閉在宮中，活活餓死。

昭明太子：

　　南朝梁武帝的長子，即昭明太子蕭統，人很聰明，讀書過目不忘，五歲就通曉五經，長大後更是博覽群書，好學不倦。此外，他個性仁慈，待人寬厚，事母至孝，關心民間疾苦。他畢生最大的成就為，搜集了從周朝到梁朝的許多

好文章，集結成一本書，名為《文選》，共三十卷，後人稱之為《昭明文選》。昭明太子三十一歲就死了，並未當上皇帝。

九品官人法：

　　漢朝時，政府官員的選拔進用，採取由各地郡縣地方官推舉人才的「察舉孝廉」制，因地方官心胸眼光小，多無識才之明，故實施效果很差。魏文帝曹丕有鑑於此，特新創「九品官人法」，由中央朝廷派中正官至國內各地尋訪人才，評定人才為九品，上報後，由朝廷適才適任派用。這九品是：「上上、上中、上下、中上、中中、中下、下上、下中、下下」。此法立意雖佳，但實際執行後，中正官很少勤於下鄉訪才，反而藉此機會與朝中權貴世家勾結。京城裡權貴世家的子孫，即使無才無德，仍被評為上品，日後可出任高官；一般貧寒百姓的子孫，即使有才有德，也被評為下品，日後官運坎坷，這就是「上品無寒門，下品無世族」。東晉時，王謝二大家族的子孫，世世代代包辦政府中的高官職位。南北朝時，社會上門第觀念更是極度深重，寒門與權貴世家之間，彼此不通婚，甚至不同席吃飯。

詩文感懷：

　　建康又稱金陵或南京，位於長江下游之南岸，地勢險要，交通便捷，是江南的名都。從三國時代開始，吳國就以建康作首都。後來晉室衣冠南渡，也以建康作首都。加上南朝的四朝，總計有：吳、晉、宋、齊、梁、陳等六個朝代以建康作首都，統稱為「六朝」。六朝人生活奢侈、浪費、浮華、頹廢，成為後世文學家感嘆緬懷、借古諷今的對象。例如下列二首名詩：

　　江雨霏霏江草齊，六朝如夢鳥空啼；無情最是臺城柳，依舊煙籠十里堤。
　　　　　　　　　　　　　　　　　　　　　——韋莊〈金陵圖〉
　　朱雀橋邊野草花，烏衣巷口夕陽斜；舊時王謝堂前燕，飛入尋常百姓家。
　　　　　　　　　　　　　　　　　　　　　——劉禹錫〈烏衣巷〉

三皇五帝		
夏		
商		
周	西周	
	東周	春秋
		戰國
秦		
漢	西漢	
	東漢	
三國	魏 蜀漢	吳
晉	西晉	
	東晉	
南北朝	北朝	南朝
	北魏	宋
	東魏 西魏	齊
	北齊 北周	梁
		陳
隋		
唐		
五代	後梁	
	後唐	
	後晉	
	後漢	
	後周	
宋	北宋	
	南宋	
元		
明		
清		
民國		

南北朝（二）

西元420年～589年

　　淝水之戰後，苻堅敗回北方，被其部下姚萇所殺，前秦亡。又經過多年混戰，最後由鮮卑族的拓跋珪所統一，是為北朝的開始。

　　拓跋珪自立為帝，國號「魏」，史稱「北魏」，定都平城（今山西大同），是為魏太武帝。他在位時提倡道教，並極力消滅佛教。太武帝死後，文成帝即位，佛教重新盛行。後來傳至魏孝文帝拓跋宏，遷都洛陽，並極力提倡漢化。孝文帝死，孝明帝即位，駐守北方邊界的六個軍事重鎮內的鮮卑族人，因不滿中央的遷都及漢化，起兵作亂，史稱「六鎮之亂」。六鎮之亂被大將爾朱榮所平定。孝明帝死，爾朱榮被繼任的孝莊帝所殺，爾朱榮之妻率兵叛變，殺孝莊帝。爾朱榮的另一名部下高歡平定叛變，扶立孝武帝登基，並把持國政大權。孝武帝與高歡不和，逃往長安，依附大將宇文泰，北魏亡。

　　高歡另再扶立孝靜帝即位，並將國都由洛陽遷至鄴城（今河南臨漳），史稱「東魏」。高歡死後，其子高洋掌權，逼孝靜帝退位，東魏亡。高洋篡東魏，自立為帝，國號「齊」，史稱「北齊」，仍定都鄴城，是為齊文宣帝，後來傳位至幼主高恆。

　　另一方面，孝武帝在長安惹惱宇文泰，遭害死。宇文泰扶立魏文帝即位，定都長安，史稱「西魏」。西魏國政一直被宇文家族所把持，傳至魏恭帝，被宇文覺所廢，西魏亡。宇文覺篡西魏，自立為帝，國號「周」，史稱「北周」，仍定都長安，是為周孝閔帝。後來傳至周武帝，他勤政建軍並大舉滅佛，然後發兵東征北齊，攻入鄴城，北齊亡。

　　北周武帝死後，傳到周靜帝時，國政被大臣楊堅所把持。楊堅逼周靜帝退位，北周亡。這時為西元 581 年。楊堅篡北周，

自立為帝，國號「隋」，仍定都長安，是為隋文帝。楊堅命高熲率兵渡過長江，攻入建康，俘虜南朝的陳後主，陳亡。南北朝結束，天下一統歸於隋。這時為西元 589 年。

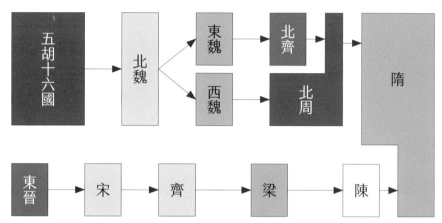

史書之外

南朝文學：

　　南朝順著魏晉的文風，繼續發展賦。南朝賦的特色是重對仗，一篇賦大約由三百至五百個「雙句小組」構成，以二句為一小組，每句又分前句及後句，前句四個字，後句六個字，這些字在二句之間要展現對仗呼應的張力。例如：

　　……騰蛟起鳳，孟學士之詞宗；紫電青霜，王將軍之武庫。……

這樣的格式，稱為「駢體文」。此外，用字的音韻、典故及華麗程度，都比以前更加講究。南朝文學，技巧華麗而內容空虛，只能說是文字遊戲。著名的作品有鮑照的〈蕪城賦〉、江淹的〈恨賦〉、〈別賦〉。

北朝文學：

　　北朝文學，賦的技巧學南朝，例如北周庾信的〈哀江南賦〉，其他作品則很樸實，例如北魏的鮮卑民歌〈木蘭詩〉。〈木蘭詩〉經民間翻譯成漢文後，流傳全中國，成為花木蘭的故事。

三武之禍：

　　長江以北地區，由於天竺高僧佛圖澄及鳩摩智的努力，佛教的傳播也像在南朝一樣，極為成功。北朝共建佛寺三萬多座，在山西雲岡及洛陽龍門等二處的山壁上，由不知名的善男信女雕成了無數的石佛，工藝出神入化，令後世嘆為觀止，今已成為世界級的文化古蹟。然而，當年佛教在北朝的傳播，並非全然一帆風順。在中國歷史上，佛教曾經遭遇三場浩劫，分別是北朝時代的「北魏太武帝」、「北周武帝」以及唐朝的「唐武宗」。這三個皇帝都曾下令滅佛，史稱「三武之禍」。佛教招禍的原因有二，一是寺廟占地太多，侵占可耕地的面積，影響農業生產；二是僧侶人口眾多，不耕田、不納稅，也不服兵役，影響徵兵建軍。凡是想求富國強兵的國君，自然會採取拆除寺廟、強迫僧侶還俗等措施。不過滅佛運動都只有三分鐘熱度，事後佛教仍然恢復昌盛。這是因為在世俗世界裡，邪惡的人依然存在、不公的事依然發生，一般人遭遇邪惡不公之後，無處求解，多歸向佛教尋求安慰或麻醉。其實，邪惡應該靠教育去化除，不公要靠法律去糾正。若教育不興、法律不彰，則佛教必興，滅佛必徒然。

北魏孝文帝的漢化運動：

1. 遷都：遷都至洛陽，遠離鮮卑故鄉，進入漢族生活圈。
2. 服飾：命官民改穿漢族服飾，禁止穿鮮卑服飾。
3. 語言文化：通令官民學漢字，說漢語，禁止說鮮卑語。研讀漢族歷史文獻，尊崇孔子。政府的許多典章制度都模仿南朝。
4. 改姓：強迫將一百一十八個鮮卑姓改為漢姓，例如：「拓跋」改為「元」。
5. 通婚：鼓勵鮮卑人與漢人通婚。
6. 恢復世家：立鮮卑人的陸、劉等八個家族及漢人的范陽盧氏、隴西李氏等四個家族為門閥世家，模仿南朝的王謝家族，令其代代出任高官。

祖沖之：

　　祖沖之是北朝的范陽（今北京）人，是一位數理天才。他算得的圓周率精度達到七位小數，為 3.1415926，是全世界最早達此精度之人。他又精密觀察天文，算得月球繞地球的週期為 27.21223 日，與現代科學測得之值相同。現在國際天文學界已將月球上的一座火山命名為「祖沖之火山」。

萬里江山

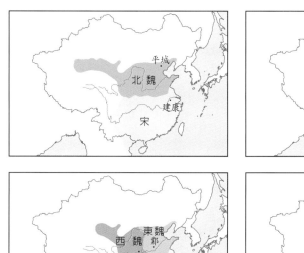

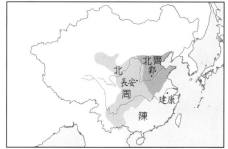

萬世一系

北朝

北魏

1.道武帝（登國）　‧改國號為魏，遷都平城

2.明元帝（永興）

3.太武帝（始光）　‧統一中國北方

4. 文成帝（興安）

5. 獻文帝（天安）

6. 孝文帝（延興） ・遷都洛陽，推行漢化政策

7. 宣武帝（景明）

8. 孝明帝（熙平） ・爆發六鎮之亂，為爾朱榮所平定

9. 孝莊帝（永安） ・爆發爾朱氏之亂，為高歡所平定

10. 簡閔帝（普泰）

11. 孝武帝（中興） ・帝謀誅高歡不成，西附宇文泰，高歡另立一主，遷都於鄴，北魏正式分裂

東魏

孝靜帝（天平） ・高歡子高洋篡東魏，建國號齊，史稱北齊

西魏

1. 文帝（大統）

2. 廢　帝

3. 恭　帝 ・宇文泰子宇文覺篡西魏，建國號周，史稱北周

北齊

神武帝高歡

1. 文宣帝（天保）

2. 廢帝（乾明）

3. 孝昭帝（皇建）

4. 武成帝（太寧）

5. 後主（天統）

6. 幼主（承光）　・北齊為北周所滅

北周

文帝宇文泰

1. 孝閔帝

2. 明帝（武成）

3. 武帝（保定）　・滅北齊，統一北方

4. 宣帝（大成）

5. 靜帝（大象）　・外戚楊堅篡位，建國號隋

南朝

宋

1.武帝（永初）	・篡晉，建國號宋，都建康
2.少帝（景平）	・北魏太武帝立
3.文帝（元嘉）	・北魏統一北方
4.孝武帝（孝建）	
5.前廢帝（永光）	
6.明帝（泰始）	・北魏南侵，淮河以北之地盡失 ・北魏孝文帝立
7.後廢帝（元徽）	
8.順帝（昇明）	・淮陰鎮將蕭道成篡位自立，宋亡

齊

1.高祖（建元）	・篡宋自立，建國號齊，都建康
2.武帝（永明）	・北魏遷都洛陽
3.鬱林王（隆昌）	

4.海陵王（延興）

5.明帝（建武）　・北魏行漢化政策

6.廢帝（永元）

7.和帝（中興）　・雍州刺史蕭衍篡位自立，齊亡

梁

1.武帝（天監）
・篡齊自立，建國號梁，都建康
・北魏分裂為東、西魏
・東魏降將侯景叛亂，是為侯景之亂

2.簡文帝（大寶）　・北齊建立

3.元帝（承聖）　・侯景敗死

4.敬帝（紹泰）　・陳霸先篡梁自立，梁亡

後梁

1.宣帝（大定）　・建國江陵，史稱後梁或西梁

2.明帝（天保）

3.後主（廣運）

陳

1.武帝（永定）
- 篡梁自立，建國號陳，都建康
- 北周建立

2.文帝（天嘉）
- 北齊破北周

3.廢帝（天康）

4.宣帝（太建）
- 北周滅北齊，北方再統一
- 楊堅篡北周建隋

5.後主（至德）
- 隋滅陳，中國又形成統一的局面

隋

　　北周末年，外戚楊堅篡位，改國號為「隋」，自立為帝，是為隋文帝，定都長安。他後來派大將高熲及韓擒虎率兵攻建康，俘虜陳後主，南朝的「陳」就此滅亡，天下一統，歸於隋。

　　隋朝初年，承接了北朝民族大融合及南朝開發東南新國土之雙重利益，民族生機勃發，社會生產力激增，加上隋文帝崇尚節儉，勤政愛民，因此民生富庶，國庫充實，史稱「開皇之治」。其重要施政建設有：

1. 營建新都：隋文帝承襲北周，定都於長安。但長安舊城狹小，因此文帝在長安東南處營建新都，稱為「大興城」，後來仍稱「長安」。長安新城是一座按照都市計畫而設計興建的城市，街道寬廣整齊，屋舍規模宏偉，這就是今天的陝西西安市。

2. 廣設糧倉：隋文帝時，設有「官倉」儲備糧食，供應官府使用。又令各州自置「義倉」，由人民捐納糧食，以備災荒之需。

3. 開創科舉：首創以公平公開科舉考試的方式，錄取讀書人入朝任官，革除魏晉南北朝以來官職長久被世家壟斷的不公平現象。

　　隋文帝有二子，長子楊勇，忠厚老實；次子楊廣，心機奸惡。本來楊勇被立為太子，但楊廣經由多方設計陷害，使楊勇被廢，自己如願當上太子。隋文帝晚年病危時，發現了楊廣奸惡的真面目，大為後悔，想再改立楊勇，卻已來不及，反被楊廣所殺。楊廣即位，是為隋煬帝。

　　隋煬帝愛排場，好享受。他在位時的作為，主要有四項：

1. 營建洛陽：在洛陽舊城新建大量的宮殿，作為行宮別墅。

三皇五帝		
夏		
商		
周	西周	
	東周	春秋
		戰國
	秦	
漢	西漢	
	東漢	
三國	魏	蜀漢　吳
晉	西晉	
	東晉	
南北朝	北朝	南朝
	北魏	宋
	東魏　西魏	齊
	北齊　北周	梁　陳
隋		
唐		
五代	後梁	
	後唐	
	後晉	
	後漢	
	後周	
宋	北宋	
	南宋	
元		
明		
清		
民國		

2.挖鑿運河：以洛陽為中心，北起涿郡（今北京），南到餘杭（今浙江杭州），鑿通了「永濟渠」、「通濟渠」、「邗溝」、和「江南河」等運河。這些運河連接黃河及長江，貫通南北，本來是為供煬帝巡遊用的，但民間利用它作為南北間的交通幹線，使江南物資得以大量便捷地運輸至華北，它們遂成為維繫中國經濟的命脈。挖鑿運河的工程浩大，實際上與秦始皇築長城差不多，都需要徵用大量的民伕人力。

3.三次巡遊江南。

4.三度遠征高句麗（今韓國北部）。

隋煬帝的這些措施都很勞民傷財，人民飽受苛稅、重役之苦，終於忍無可忍，趁隋煬帝遊江南時，紛紛起兵造反。由於從江南往長安的路上充滿造反的暴民，隋煬帝因此不敢回長安，只好留在江都（今江蘇揚州）行宮，每天對鏡自憐，嘆道：「好頭顱，誰人來取。」最後，他被大臣宇文化及所殺，隋亡。天下更加動亂，李淵、李密、王世充、竇建德、劉武周等各路人馬先後起兵爭雄。經過十八年的混戰，最後由李淵及其子李世民削平群雄，平定天下，命國號為「唐」。

史書之外

遣隋使：

日本在相當於隋文帝晚年之時，推古女皇即位，聖德太子主掌國政。他希望能仿效中國的政經制度來提升日本的國力，於是派遣使者來中國觀摩學習。西元 600 年，第一批遣隋使越過東海來到中國。西元 607 年又來第二批。使者覲見隋煬帝時，呈上聖德太子的信，信中說：「日出處天子致書日沒處天子，無恙乎？」煬帝看了雖然不悅，但也莫可奈何。此即「日本」這個國名的由來。日本共派四次遣隋使，攜回許多書籍、佛經、工藝品。

〈虬髯客傳〉：

唐朝末年，杜光庭寫了一篇膾炙人口的小說〈虬髯客傳〉，情節精彩生動，也被改寫成其他戲劇，如《風塵三俠》、《紅拂夜奔》等。故事是說：隋朝末年，

滿懷理想的青年李靖，求見大臣楊素，進入楊府中，侃侃而談安邦定國之策。然而，老楊素聽不進這些言詞，面露不耐，回應冷淡。倒是楊素旁邊站著的一位手執紅色拂塵的美女，顯然是楊府的藝妓，專注地望著李靖，聆聽著這個年輕人的韜略見解。李靖離開楊府，黯然回旅館睡覺。當夜，突然有人敲門，李靖開門一看，竟是那位手執紅拂的美女。她自我介紹，名叫張出塵，白天聽到李靖的一番話，很敬重他是一位英豪，願意委身相許，陪他一同勇闖天涯。李靖很高興地接納了她，相偕匆匆奔出城去。出城後，途中結識一位虯髯（捲毛鬍鬚）的壯漢。虯髯客自我介紹，名叫張仲堅。三人相談甚歡，就此結為兄妹。虯髯客暢談抱負，說他想要推翻腐敗的隋朝，平定天下，成就一番大事業。然而不久之後，虯髯客有一位會相命的好朋友，在見過太原的李世民後，對虯髯客說，李世民相貌長得好，才是真天子，別人不可能爭勝他。虯髯客聽了這番話後壯志受挫，心灰意冷，不想再在中原爭雄，他將所有的家財及人馬全贈給李靖，鼓勵李靖今後去投靠李世民，自己則往海外發展，並預言十年後東南方會有奇事發生，言畢飄然遠去。後來李靖投靠李世民，出錢出力，十年間參加許多大小戰役，幫李世民建立了唐朝，功勞很大，被封為衛國公，紅拂女也跟著享受富貴榮華。有一天，李靖與紅拂女正在家中回憶當年的如夢往事，忽然聽人說有一虯髯壯漢率兵征服海外一個扶餘國，並在那兒稱王，他們知道，啊！那就是虯髯客，他終於成功地闖出了一片天空，夫婦倆遂端正衣冠，向東南方遙拜祝福。

亂世英雄：

隋末天下大亂，民不聊生，好漢秦瓊一時落魄，被迫賣馬來付旅館錢，幸獲單雄信相助，結為知交，遂一起上瓦崗寨，加入俠盜集團，四出毀官倉，救饑民。隋軍來伐，秦瓊、單雄信等人飛身出陣，殺得隋軍大敗，瓦崗寨聲威遠播。後來李密加入瓦崗寨，謀得首領之位，但領導無方，迫使秦瓊、徐茂公、程咬金、羅成等人改投李淵及李世民的部隊；單雄信改投王世充部隊。李淵軍與劉武周軍大戰時，劉軍手下猛將尉遲恭勇敢善戰，屢大敗李軍，李世民不但不恨他，反而愛其才，後來終於收服他歸降。李世民得這些勇將投效，故能擊敗竇建德、王世充等人馬，一統天下。唯獨單雄信忠於王世充，被李世民俘虜

後始終不屈，結果被殺，令好友秦瓊不勝唏噓。

趙州橋：

　　隋代大業十一年，李春於河北趙縣所建之敞肩式單孔石質拱橋，長六十四公尺，寬九公尺，為世界首創之拱橋。其巧妙設計被現代造橋工程界所推崇。

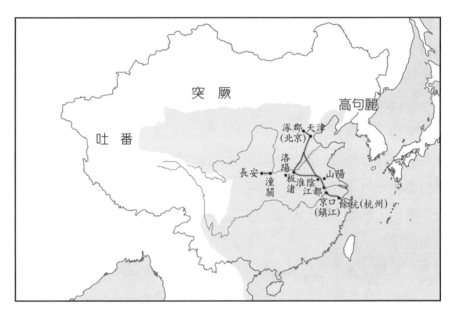

1. 文帝（開皇）	・滅北周與陳，統一全國，建國號隋，定都大興 ・開鑿運河，以連接長安與黃河
2. 煬帝（大業）	・首建進士科，為科舉制度的開始 ・續鑿運河，以備東巡及加強控制南方 ・三征高句麗造成國內大亂，群雄割據，煬帝最後為部將所殺

唐（一）

西元618年～907年

　　隋朝末年，煬帝無道，生民哀苦，天下大亂。太原留守李淵起兵攻入長安，建國，國號「唐」，定都長安，年號武德，是為唐高祖。是時群雄並起，李淵派次子李世民東征西討，削平群雄，最後統一天下。

　　唐朝的建立，李世民居功厥偉，聲名大振，且手下謀臣武士眾多。李淵的長子李建成，身為太子，嫉妒李世民，就聯合四弟李元吉，共謀殺害李世民。李世民得知其陰謀，乾脆先下手為強，於武德九年六月四日清晨，在長安城「玄武門」埋伏武士，趁李建成與李元吉經過此處要入宮早朝之時，把他們二人殺了。史稱「玄武門之變」。事後，李淵什麼話也不敢說，即於當年八月，將帝位讓給李世民，自己退居為太上皇。李世民即位後，改年號為「貞觀」，他就是「唐太宗」。

　　唐太宗雄才大略，知人善任，重用賢臣如房玄齡、杜如晦、魏徵、李靖等。他在位二十三年，對內勤政愛民，興利除弊，做到政風清明、國富民樂，史稱「貞觀之治」；對外則揮軍掃蕩，開疆闢土，做到國威遠揚，四方歸服。西域諸國都懾服於唐朝的軍威，對唐太宗奉上「天可汗」的尊號，意即「天王」。

　　唐朝的政治制度，設計規劃得很合理，為國家帶來安定與進步，故為後世及外國所積極仿效。其重要內容有：

1. 唐律：由「律」「令」「格」「式」所組成。「律」是刑法；「令」是對重要制度的規定；「格」是百官辦事準則；「式」是行政條例。

2. 官吏選拔：設進士、明經諸科的公開科舉考試，選拔平民人才做官。

3. 賦稅制度：採租庸調制。租是繳納稻米；庸是服短期勞役；

三皇五帝		
夏		
商		
周	西周	
	東周	春秋
		戰國
秦		
漢	西漢	
	東漢	
三國	魏	蜀漢	吳
晉	西晉	
	東晉	
南北朝	北朝	南朝
	北魏	宋
	東魏	西魏	齊
	北齊	北周	梁
		陳
隋		
唐		
五代	後梁	
	後唐	
	後晉	
	後漢	
	後周	
宋	北宋	
	南宋	
元		
明		
清		
民國		

調是奉獻特產，如棉布或絲綢。

4.中央政府組織：在皇帝之下，設三省：中書、門下、尚書。尚書省下分六部：戶、禮、工、吏、兵、刑。除了三省之外，還另設御史臺，其職責是彈劾不法官員，並可對皇帝直言勸諫。

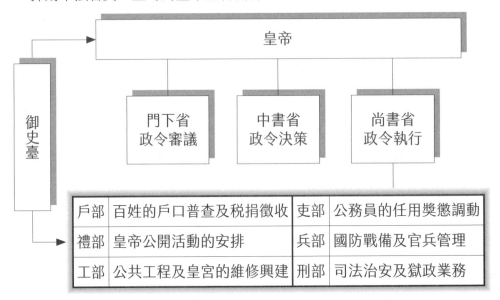

戶部	百姓的戶口普查及稅捐徵收	吏部	公務員的任用獎懲調動
禮部	皇帝公開活動的安排	兵部	國防戰備及官兵管理
工部	公共工程及皇宮的維修興建	刑部	司法治安及獄政業務

史書之外

太宗之怒：

　　魏徵是唐朝最出名的宰相。他個性正直，嫉惡如仇，對於太宗的任何言行錯誤，都毫不客氣地加以指摘勸諫。難得太宗是一個明理、有度量的皇帝，對於魏徵的諍言都虛心接納，毫不生氣。不過，太宗畢竟不是聖人，有時候也會被魏徵過度激烈的言語所惱。有一次，太宗和魏徵在朝堂上為了一件事意見相左，爭執不休，場面弄得十分難堪。退朝後，太宗越想越氣，回到寢宮後憤憤地對皇后說：「哼！朕一定要殺了魏徵這個鄉巴佬！」皇后聽得此言，立刻轉身入內室。太宗說：「喂！妳為何走開？」話剛說完，只見皇后又從裡面走出來，全身換穿一套正式禮服，對著太宗鄭重一揖，屈膝下拜。太宗問：「妳這是作什麼？」皇后道：「恭喜陛下！殺了魏徵之後，陛下就可以胡天胡地，為所欲為，

享受前朝隋煬帝那樣的快樂生活了，豈不是可喜可賀嗎？」太宗一聽，知道皇后是在諷刺自己，若殺魏徵，將在歷史上留下惡名，變成像隋煬帝一樣的爛皇帝。想到這裡，他神智頓明，怒火全消，對皇后一擺手，道：「朕知錯了！不殺他！不殺他！」貞觀十七年，魏徵去世，太宗悲傷地說：「夫以銅為鏡，可以正衣冠；以古為鏡，可以知興替；以人為鏡，可以明得失；朕常保此三鏡，以防己過，今魏徵殂逝，遂亡一鏡矣！」唐太宗與魏徵這種相知相惜的君臣關係，是中國歷史中難得一見的典範。

魏徵斬龍：

　　海龍王化身成一位白衣書生，來到長安。他走到算命先生袁守誠的西街卜卦鋪前，故意問何時會下雨。袁守誠掐指一算，道：「明日就會下雨，辰時布雲，巳時發雷，午時下雨，未時下完，足足有三尺三寸深。」龍王道：「如果算得準，後天來，奉上金子五十兩；如果不準，對不起，砸鋪！」袁守誠笑答：「沒問題。」龍王回到龍宮，把事情告訴蝦兵蟹將。蝦蟹們大笑道：「下雨之事是龍王您所管轄，這卜卦的準輸。」正談笑間，仙使神差突然降臨，傳玉皇大帝聖旨，特別要龍王照旨降雨，而內容竟和袁守誠所預測的一絲不差。龍王很沮喪。屬下安慰他道：「這有何難，只須將時間稍稍挪後一些，雨下少一點就成了。」龍王為了贏賭局，竟真的改時辰，扣雨量，把這場雨給下掉了。第三日，龍王來到卜卦鋪前，罵道：「時辰、雨量都不準，還敢卜卦。」就要砸鋪。袁守誠道：「我知你是海龍王。你私改時辰，違反天意，玉帝已然大怒，明天就要斬你腦袋了啦，還敢來我這兒鬧事！」龍王大驚，連忙改變態度，請求袁守誠救他一命。袁守誠說：「命中註定，你的剋星是魏徵，如今世上只有皇上有資格擋住他。你不妨試試求皇上幫忙。」唐太宗當夜夢見龍王的求救，得知上情，次日醒來，便召魏徵入宮，二人整天下棋。下到傍晚，魏徵突然昏倒，很久才醒來，滿頭大汗，說是夢見自己斬了一條龍。恰此時，太監來報，城中街頭出異象，血淋淋的龍頭從天而降，滾落路中央，百姓圍觀，嘖嘖稱奇。太宗長嘆道：「天意果真不可違也。」

門神：

　　唐太宗每晚夢見龍王向他索命，睡不安寧，身體日差。群臣建議二位武將

秦瓊與尉遲恭站在寢宮門旁守衛，果然龍王不敢來，太宗終於得安枕。於是太宗請畫師在宮門上畫下他倆英姿，黃臉細目是秦瓊，黑臉圓眼是尉遲恭。從此大家也學著張貼兩人的畫像避邪，這就是民俗圖畫「門神」的由來。

唐（二）

　　太宗晚年，納山西美女武則天入宮，封她為才人。太宗病重時，武則天在床前侍奉護理，而太子李治常來探病，他們二人因而互相熟識。太宗死，武則天按照規矩，與許多妃嬪一齊進入感業寺，削髮為尼。

　　太宗死，李治即位，是為唐高宗，年號永徽。高宗本人體弱多病，但唐朝在其任內卻是對外武功鼎盛，疆域之擴張，超越漢武帝和唐太宗的成就。對西域方面，派蘇定方大破西突厥；對東北方面，派蘇定方及劉仁軌平定朝鮮內亂，劉仁軌並大破干預朝鮮的日本水軍。高宗時代的內政，因為貞觀之治打下良好基礎，所以高宗不必費心，只要模仿太宗的法度辦事，也可天下太平。

　　高宗赴感業寺進香時，遇到削髮為尼的武則天，二人的感情發展至新階段。高宗設法讓武則天還俗，並召其入宮，封為昭儀。不久，武則天生下一女嬰，皇后來看視，聊天說笑後離去。前腳剛走，武則天就將女嬰扼死，再用棉被蓋住。不久，高宗也來看視，揭開棉被，發現死嬰，大驚。武則天假裝又驚又悲，向高宗暗示是皇后剛才所下的毒手。高宗大怒，將皇后廢掉，打入冷宮，改立武則天為皇后。高宗體弱多病，不能處理繁多的公文，因此常請武后代為批閱裁決。武后精明能幹，所作裁決大都能正確解決問題，處處展現出她在政治上的天分，高宗越發依賴她。後來武后乾脆與高宗同時出現在早朝殿堂上，當場直接指揮裁決政事，於是國政大權落入武后之手。

　　高宗在位三十五年而卒。武則天令她的第三子李顯即位，是為唐中宗。武則天升格為皇太后，對朝政的控制稍微放鬆了一些。中宗的妻子是韋后，中宗不經武則天同意，大舉提拔韋

三皇五帝		
夏		
商		
周	西周	
	東周	春秋
		戰國
秦		
漢	西漢	
	東漢	
三國	魏	蜀漢
		吳
晉	西晉	
	東晉	
南北朝	北朝	南朝
	北魏	宋
	東魏	西魏	齊
	北齊	北周	梁
		陳
隋		
唐		
五代	後梁	
	後唐	
	後晉	
	後漢	
	後周	
宋	北宋	
	南宋	
元		
明		
清		
民國		

氏家族的人當大官，使得外戚勢力大增。武則天聞訊大怒，五十五天後，就將中宗廢為廬陵王，逐出京城，另立她的第四子李旦為帝，是為唐睿宗。武則天對朝政的控制不再放鬆，積極臨朝主政。睿宗懦弱，不與武則天爭，遂成為名副其實的傀儡皇帝。武則天改自己的名字為「武曌」，七年後，她罷黜睿宗，自立為帝，改國號為「周」，定都洛陽，史稱「武周」。

　　武則天是中國歷史中第一個也是唯一的女皇。她改進科舉制度，令進士科加考雜文，確立拔擢人才的管道。她有知人善任的眼光和氣度，有好幾位賢能的好官，例如狄仁傑、姚崇、宋璟等，都是因她賞識提拔才得以出人頭地。但，武則天也有二項施政缺點：

1. 為了鞏固政權、防止叛亂，建立龐大恐怖的特務情報系統及拷打人犯的單位。在全國各城市鄉鎮的公共場所設置銅匭，獎勵人民投入密告信，檢舉叛亂案件，結果誣告盛行，造成許多冤獄。

2. 任用武氏家族的人（如武三思、武承嗣）以及自己所寵愛的男子（如薛懷義、張易之、張昌宗）等人擔任朝廷大官，這些人品行學識很差，惹得正統官吏們怨恨不滿，也損害女皇的尊嚴形象。

 史書之外

薛仁貴：

　　薛仁貴，絳州龍門（今山西河津）人，少時勇武。貞觀二十年，投效軍隊，隨唐太宗遠征高句麗，戰於遼河平原。薛仁貴每戰必穿白盔白甲出陣，策馬衝鋒，勇猛過人，很是搶眼，太宗對他很欣賞，提拔他為游擊將軍。然而總體而言，戰況對唐軍日漸不利，最後，太宗只得黯然收兵歸國。高宗即位後，西北鐵勒九姓突厥犯境，薛仁貴奉命前往征討，兩軍在新疆天山相遇。鐵勒軍十名將領出陣，薛仁貴一人縱馬而出，拉弓連射三箭，咻咻咻，三名鐵勒將領中箭落馬。其餘轉頭要逃，唐軍趁勢蜂湧殺出，一舉得勝，高唱「將軍三箭定天下，戰士長歌入漢關」凱旋歸國，薛仁貴名聲大噪。後來他又被派東征高句麗，升至大將軍。又被派征吐番，但兵敗而歸。老年時，再度被起用為帥，征討突厥。

突厥軍聞薛仁貴之名，不戰而逃，唐軍又大勝而歸。

《薛仁貴征東》：

　　《薛仁貴征東》是清朝人所寫的虛構神怪小說。故事講白虎星轉世的薛仁貴，家貧，得富家千金柳迎春垂青，在荒山窯洞中結為夫婦，不久，柳迎春懷孕。此時，高句麗元帥淵蓋蘇文為亂東北邊境，唐太宗聞訊，心情憂煩，晚上夢見自己在危難中被一白衣小將所救。太宗醒來，通令全國各地招募兵丁成軍，親自率軍征討高句麗。薛仁貴聞訊，就拜別了柳迎春，投效張士貴軍中出征。大軍到東北，經多場戰鬥，薛仁貴殺進殺出，建功極偉，但都被張士貴把功勞記錄搶走。一直到太宗御駕被圍，薛仁貴穿白戰袍親自來救，應驗了太宗之夢，才真相大白，張士貴逃回長安被捕。薛仁貴在前線發起攻擊，打敗淵蓋蘇文，凱旋而歸。出征十八年後，薛仁貴返鄉，途經汾河灣，不慎將一位年約十八歲的打獵青年射傷墜崖。薛仁貴到家見了柳迎春，敘起別後情形，才知他離家不久，柳迎春就生下一男，取名薛丁山，今晨出門射雁打獵去了。薛仁貴大驚，問清兒子形貌後，坦承自己剛剛已將薛丁山射死。夫婦倆急忙傷心地找薛丁山的屍體，卻找不到。原來薛丁山已被香山老祖救走。後來薛丁山傷癒，娶樊梨花為妻。樊梨花長得漂亮，武藝高強，更擅長移山倒海的法術。她幫助薛丁山征西，一路上收妖降魔，極是威風好玩。

討武曌檄：

　　唐朝開國元勳徐茂公（被李淵賜姓李，後改名李勣）的兒子徐敬業，不滿武則天的所作所為，便在江淮一帶舉兵反抗。起事前，陣營中的一位謀士駱賓王寫了一篇文告，題目叫做〈為徐敬業討武曌檄〉，傳布天下，聲威大壯。消息傳到朝廷，有人呈上檄文。武曌打開來讀，只見上面寫道：「偽臨朝武氏者，性非和順，地實寒微，昔充太宗下陳，……」武曌毫不生氣，一面讀，一面繼續談笑自如。然而當她讀到「……一抔之土未乾，六尺之孤何托？……」時，神情突然一凜，問臣子們說：「寫這文章的人是誰？」「叫做駱賓王。」「哦？」再往下，武曌正襟危坐，認真地讀，一點也不說笑了。看完最後二句「……且看今日之域中，竟是誰家之天下！」她把文章往桌上一放，大聲道：「好！寫得太好了！真是好文章！」接著轉頭對宰相狄仁傑說：「有這樣的人才，不發掘出來

為朝廷作事，任其流落鄉野，是宰相之過也！」徐敬業的反抗行動，畢竟沒有成功，最後被武周政府軍擊潰。駱賓王逃走，下落不明。清朝李汝珍所著的小說《鏡花緣》，故事便是從駱賓王逃走開始說起。

唐（三）

西元618年～907年

　　武則天篡唐，一直做了十五年的女皇帝，最後達到八十高齡，成為老太婆，管理政事漸漸力不從心。大臣張柬之趁她老病之時，迎廬陵王（亦即先前被廢的中宗李顯）復位，恢復唐的國號。武則天對此無力反對，即退位，旋即病死。李氏王朝終於又繼續統治天下。

　　中宗的皇后韋氏是一個有野心但無智慧的女人，天下剛剛安定，她就學武則天干預朝政。她插手官員的任用權，但並不知人善任，而是隨意收錢賣官。結果，朝中及地方充滿無能、來路不明的官員，政府威信下降，正派官員為之氣結。六年後，韋后將中宗毒死，立其子即位，自己垂簾聽政。對於這樣的事態演變，群臣都憤憤不平。睿宗李旦之子李隆基率兵進宮，將韋后殺了，讓睿宗重新再度登位。二年後，睿宗自動退位為太上皇，由李隆基繼任帝位，是為唐玄宗。

　　唐玄宗統治前期，年號「開元」。他英明有為，倡行儉約。唐朝在他的治理下，政治安定，民生富庶，國勢鼎盛，史稱此為「開元之治」。

　　唐玄宗統治後期，改年號為「天寶」。改年號後，國運轉衰。先是玄宗起用李林甫為宰相。此人心性奸邪，瞞上欺下，人稱「口蜜腹劍」（意即嘴巴說好話，卻有一肚子壞主意），朝綱迅速敗壞。後來玄宗又寵愛楊貴妃，生活趨向昏庸腐敗，不再上朝處理國事。楊貴妃是中國四大美女之一（春秋戰國的西施、西漢的王昭君、三國的貂蟬、唐朝的楊貴妃，合稱中國四大美女）。李林甫死後，玄宗命貴妃的哥哥楊國忠為宰相，任由楊國忠專權貪污，朝綱更加敗壞。人民及官兵都很痛恨楊氏兄妹，只是敢怒不敢言。

三皇五帝		
夏		
商		
周	西周	
	東周	春秋
		戰國
秦		
漢	西漢	
	東漢	
三國	魏 蜀漢	吳
晉	西晉	
	東晉	
南北朝	北朝	南朝
	北魏	宋
	東魏 西魏	齊
	北齊 北周	梁 陳
隋		
唐		
五代	後梁	
	後唐	
	後晉	
	後漢	
	後周	
宋	北宋	
	南宋	
元		
明		
清		
民國		

　　天寶十四年，駐守范陽（今北京）的節度使安祿山，率領部將史思明起兵叛亂。亂事蔓延極快，洛陽、潼關等重要城市相繼失守，史稱「安史之亂」。安祿山在洛陽稱帝，國號「大燕」。叛軍攻打長安，玄宗慌忙攜楊貴妃及太子等人出宮逃亡。車隊行至陝西興平的「馬嵬坡」時，御林軍官兵爆發兵變，停步不走，先殺死楊國忠，再包圍玄宗，請求處死楊貴妃。玄宗無奈，賜令貴妃自縊。貴妃死了，御林軍重新上路，護送玄宗到四川成都避難。在此同時，太子李亨轉向，往靈武（今寧夏靈武），即位稱帝，是為「肅宗」，遙尊玄宗為太上皇。兩年後，安祿山被其義子安慶緒殺死，郭子儀借得回紇軍，收復長安與洛陽，肅宗及玄宗皆回長安。史思明向唐投降，殺死安慶緒，不久又叛變，朝廷靠郭子儀、李光弼、樸固懷恩等人奮力討賊。玄宗及肅宗相繼病死後，代宗即位，史思明死於其子史朝義之手，史朝義隨後兵敗自殺，安史之亂終於平息，總計為禍天下長達九年，唐朝國力由此轉衰。

 ## 史書之外

楊貴妃：

　　楊貴妃名玉環，本來是唐玄宗之子壽王李瑁的妻子，是唐玄宗的兒媳婦。但，唐玄宗看上她的美貌，硬是把她要進宮去。壽王不敢違抗，只好默認。楊貴妃得唐玄宗極度的寵愛，留下了許多韻事。例如，她喜歡吃新鮮的荔枝，這種水果在長安近郊不產，只產於南方廣東一帶。唐玄宗下令，每逢荔枝出產期，必須每天用快馬，沿著官道及驛站，從廣東把新鮮荔枝傳送進京給楊貴妃吃，不得有誤。官兵們眼看為了一個女人，竟然把傳送緊急軍情的快遞系統拿來運水果，都不禁搖頭嘆氣。楊貴妃喜歡洗溫泉澡，唐玄宗就命人在長安城郊出溫泉的地方，蓋了一個華清池，讓她享用。華清池一直被保留到今日，仍然存在。民國二十五年的西安事變，是關於蔣介石到陝西視察時被張學良派兵包圍失去自由的事件，事件的發生地點就是華清池。唐玄宗聽說李白很會寫詩，就召李白進宮，要他寫詩讚美楊貴妃。李白要求喝酒，喝夠了，就借酒裝瘋，把腳一伸，命令皇宮的大太監高力士說：「來脫鞋！」又對楊貴妃說：「拿硯臺來，磨

墨伺候！」就在這「貴妃捧硯，力士脫靴」的情形下，李白寫下了〈清平調〉：

> 雲想衣裳花想容，春風拂檻露華濃，若非群玉山頭見，會向瑤臺月下逢。
> 一枝紅豔露凝香，雲雨巫山枉斷腸，借問漢宮誰得似，可憐飛燕倚新妝。
> 名花傾國兩相歡，常得君王帶笑看，解識春風無限恨，沉香亭北倚闌干。

郭子儀：

　　郭子儀，華州鄭縣（今陝西華縣）人，體格雄偉，武舉人出身。早年派在并州（今山西太原）當小軍官，沒沒無聞，很不得志。開元二十三年，同僚陷害他，說他偷走軍馬，他百口莫辯，被判斬首。詩人李白素喜雲遊八方，那一天得好友并州刺史之子元丹丘之邀，到刺史府中當貴賓，恰好看到綁在廣場中央待斬的犯人郭子儀。李白見此人神情鎮定，氣度不凡，心中頓生義助之俠情，在行刑前千鈞一髮之刻，大叫「刀下留人！」監斬官看在貴賓李白的面子上，重審此案，結果真的發現冤情，就把郭子儀無罪釋放。李白可說是郭子儀的救命恩人。安史之亂時，郭子儀任朔方節度使，鎮守邊疆，他見國內各路兵馬都打不過安祿山，於是向外族回紇借兵，組成聯軍，把安祿山打敗。在這段期間內，郭子儀誠信待人，贏得回紇全軍官兵的頌揚尊敬。安史之亂結束後，回紇兵回西北，但後來聽聞郭子儀死了，大軍又轉頭來犯境。朝廷震動，命郭子儀去解決。郭子儀來到邊關，單人匹馬行至回紇軍營，回紇眾官兵見到郭子儀，又驚又喜，傳呼「郭令公回來了！」紛紛下拜。郭子儀把他們訓勉一頓，回紇兵心悅誠服，立刻拔營撤軍，此後永不犯境。郭子儀後來封為汾陽王，家庭幸福，生了七個兒子，八個女兒。人們恭喜他「出將入相，七子八婿」。郭子儀之子郭曖，娶昇平公主為妻，公主嫁來後，驕縱不孝，郭曖打她，公主回宮向代宗哭訴，郭子儀趕緊進宮向皇帝請罪。代宗卻很通情理，笑著勸郭子儀說：「不癡不聾，不作家翁。」意即，在大家庭裡，作長輩的人對兒、媳間的爭吵最好裝聾作啞。郭子儀活到八十五歲，福祿壽俱全。

三皇五帝		
夏		
商		
周	西周	
	東周	春秋
		戰國
秦		
漢	西漢	
	東漢	
三國	魏 蜀漢	吳
晉	西晉	
	東晉	
南北朝	北朝	南朝
	北魏	宋
	東魏 西魏	齊
	北齊 北周	梁 陳
隋		
唐		
五代	後梁	
	後唐	
	後晉	
	後漢	
	後周	
宋	北宋	
	南宋	
元		
明		
清		
民國		

唐（四）

西元618年～907年

安史之亂，使唐朝國力受到重創。這可從三方面來看：

1. 軍事方面：中央朝廷無力掌控全國，必須依賴軍隊將領的忠心支持，於是大量地以「節度使」的官職授給有功將領，用名位榮銜換取其效忠。全國的節度使從十個增為五十個。然而，這些節度使上任後，對其管轄區（亦稱藩鎮）內的軍政事務，如軍隊調防、官吏任用、財稅收支等事情，不一定都完全配合朝廷的命令，而常有自己獨立的作法。朝廷有時忍無可忍，派中央軍前去討伐，卻又打不贏這些藩鎮，反而使各節度使的氣焰更加高張。到後來，節度使職務變成世襲，父子相傳，造成藩鎮群雄割據，和東周末年的局勢很相似。

2. 宮廷方面：由於肅宗曾出奔在外，吃盡苦頭才回到京城，在那段流亡的日子裡，多虧身邊幾個太監宦官服侍，才保得一命，因此，他回京後對宦官極度恩寵信任，即使明知宦官變得驕橫不法，也不追究。以後的晚唐各任皇帝，有肅宗這樣的前例，也都寵信宦官，無論什麼人勸諫都沒用。不學無術的宦官，有的當皇宮御林軍司令，限制皇帝行動；有的當討賊部隊的總監軍，胡亂指揮作戰，搶功諉過；有的代表皇帝巡視各藩鎮，對各節度使羞辱勒索，惹惱逼反許多忠良的節度使；有的當國子監教授，上臺講課；有的參與朝廷大政，影響官員的獎懲升降，後來甚至操縱決定皇帝的繼任人選。總之，唐末宦官危害國家之烈，與東漢末年相似。最壞的宦官有李輔國、魚朝恩、程元振等人。

3. 文官方面：黨爭惡性循環。朝中大臣各結朋黨，互相向皇帝進言，攻擊對方。從唐憲宗時起，鬧出「牛李黨爭」，

「牛黨」是指以牛僧孺為首的一幫進士科寒門平民，「李黨」是指以李德裕為首的一群山東士族門閥。牛黨人士長於舞文弄墨，言行較為輕率孟浪；李黨人士保有貴族門風，喜歡擺架子。牛李之爭，反覆纏鬥，全為意氣之爭，雙方皆無從政理想或謀國胸襟。鬧了四十年，官員不能安心業務，時常要提防被政敵鬥倒丟官。政府業務停頓，百姓受苦。

唐僖宗即位不久，山東曹縣饑餓的農民，在一名落魄書生黃巢的領導下起義，攻擊政府糧倉，亂局迅速蔓延全國。黃巢攻入長安，唐僖宗逃往成都，黃巢稱帝，國號「大齊」。突厥後代的沙陀國王李克用應唐之請，率軍入境。沙陀兵皆穿黑色盔甲，號稱「鴉軍」，驍勇善戰，終於收復長安。黃巢軍的將領朱溫叛黃投唐，改名為「朱全忠」，調轉槍頭向黃巢進攻。黃巢兵敗，自刎而亡。總計「黃巢之亂」鬧了十多年。後來，唐昭宗因小事得罪了宦官，被宦官挾持離京。朱溫發兵救駕，送昭宗回京，隨即大殺宦官，又逼唐昭宗遷都至洛陽。不久，朱溫殺死唐昭宗，立唐哀帝。三年後，朱溫逼唐哀帝退位，唐亡。朱溫登上帝位，改國號為「梁」，史稱「後梁」。

史書之外

唐朝之亡，主因為藩鎮割據。而藩鎮割據，主因為預防西部邊疆強悍外族的犯境。因此，對於唐朝與西境外族的恩怨糾葛，實有追溯了解的必要。

突厥：

中國北方（今之蒙古）一帶，自從北匈奴被漢朝驅走後，自魏晉起即有突厥族乘虛而入，在該處活躍，其首領稱為可汗。南北朝時，突厥常南下犯境。隋時，分為東突厥及西突厥，東突厥活躍在綏遠北方，西突厥活躍在阿爾泰山。貞觀元年，東突厥騎兵入侵至長安附近的渭河，迫唐朝訂下和約才走。唐太宗受此奇恥大辱，痛下決心，整軍經武，在貞觀四年派李靖出兵北伐，滅了東突厥。原來臣屬於東突厥的西域諸小國紛紛歸順唐朝，並向太宗獻上「天可汗」的稱號，意即崇高如天的首領。後來西域諸小國又受到西突厥的威脅，紛紛叛離唐朝。唐太宗於是派侯君集滅西域的高昌國，派阿史那滅焉耆國。高宗及武

后時，又派蘇定方滅西突厥，原本臣服於西突厥的西域諸小國，均改向唐朝入貢，甚至遙遠的波斯（今伊朗）、石國（今塔什干）等國，也遣使通好。西突厥亡後，其一部分族人向唐投降，被允許居留在靈武，稱為沙陀國，其國王被賜姓李。到了唐末黃巢之亂時，沙陀國派兵入境，協助唐朝平亂。

回紇：

東、西突厥滅亡後，其地被回紇族所盤據，兵強馬壯，常犯唐境。安史之亂時，大將郭子儀借回紇兵入境，協助撲滅了安史叛軍。亂平之後，回紇兵離境。不久，唐朝大將僕固懷恩叛唐，回紇兵受他誘勸，聯合南下攻唐，但被郭子儀勸解，半途而退。回紇後來因內亂互鬥而散亡。

吐番：

吐番亦稱羌族，世居西藏高原。貞觀十五年，唐太宗將文成公主下嫁給吐番國王棄宗弄贊為皇后，帶給兩國一段長約三十年的和平。後來吐番野性難馴，起兵攻打西域，唐高宗派薛仁貴出兵抗敵，不幸大敗而回，吐番從此雄據西境。安史之亂剛剛結束時，吐番即大軍犯境，攻入長安，唐代宗被迫出京東逃，吐番將長安城搶劫一空後，揚長而去。吐番從此常常入侵，唐朝政府完全無力抵抗，任其糟蹋。後來，吐番接受了印度佛教，全國信教，民風轉為和平，才不再侵略中國。然而，陝西的農田灌溉系統已被吐番兵所破壞，秦時肥沃的關中平原，唐末時變成黃沙遍野的黃土平原。

大食：

大食也就是阿拉伯。唐玄宗天寶九年，大食派兵二十萬入侵西域，唐朝派高仙芝迎敵。怛羅斯一役，唐軍大敗，士兵萬人被大食俘虜，向西而去，其中有許多是會造紙及雕版印刷的工匠。從此，中國的造紙術及印刷術傳入阿拉伯，後來更由阿拉伯傳入歐洲，造成歐洲文明的進步。

朝鮮與日本：

唐朝與東方鄰國朝鮮及日本也有過戰爭。朝鮮自商朝遺臣箕子建國，代代相傳，漢武帝時曾在其地設四郡。唐太宗時，其國內分為三小邦，即：北部的高句麗、西南部的百濟、東南部的新羅。高句麗聯合百濟攻打新羅，新羅向唐朝求援。貞觀二十年，唐太宗親征高句麗，遭朝鮮民族英雄淵蓋蘇文及楊萬春

等擊敗，黯然回長安。高宗時，百濟又侵新羅，唐派蘇定方平定百濟。百濟遺臣逃往日本求援，日本派戰船千艘而來，唐派劉仁軌出師迎戰，雙方水軍戰於白江，唐軍大勝，日本戰船沉沒四百艘，敗去。唐又派李勣滅高句麗，將大同江以北收歸安東都護府統治，大同江以南留給新羅統治。

 萬里江山

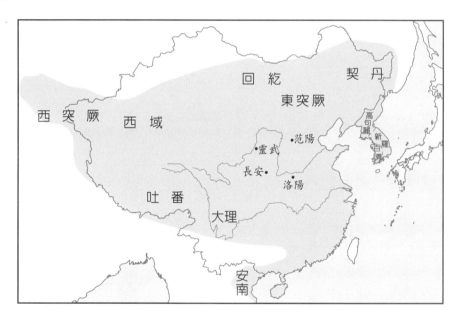

 萬世一系

1.高祖（武德）
・隋煬帝被殺，李淵即位於長安，建國號唐，定都長安

2.太宗（貞觀）
・滅東突厥，唐威大振，西北君長向太宗上獻「天可汗」尊號
・玄奘西往印度取經

3.高宗（永徽）

4.中宗（嗣聖）

5.睿宗（文明）
- 武后臨朝稱制

武后（天授）
- 武則天稱帝，建國號周

4.中　宗
- 武則天死，中宗復位

5.睿　宗
- 韋后弒中宗，睿宗子李隆基（即玄宗）殺韋后，擁睿宗復位

6.玄宗（開元）
- 與大食爆發怛羅斯之役，唐敗
- 發生安史之亂，玄宗逃往成都，讓位於肅宗，唐的國勢自此轉衰

7.肅宗（至德）

8.代宗（廣德）
- 安史之亂平定，前後歷時九年

9.德宗（建中）
- 宰相楊炎創立兩稅法，以徵錢代替徭役，為以後朝代所沿用
- 藩鎮大亂

10.順宗（永貞）

11.憲宗（元和）
- 發生牛李黨爭

12.穆宗（永新）

13.敬宗（寶曆）

14.文宗（太和）　　・王叔文推行永貞革新

15.武宗（會昌）　　・唐武宗滅佛，毀天下佛寺

16.宣宗（大中）

17.懿宗（咸通）

18.僖宗（乾符）　　・爆發黃巢之亂，為朱全忠（朱溫）所平定

19.昭宗（龍紀）　　・朱全忠入京盡殺宦官，遷帝於洛陽，控制大權

20.昭宣帝（天祐）　・朱全忠篡唐自立，唐亡

三皇五帝		
夏		
商		
周	西周	
	東周	春秋
		戰國
秦		
漢	西漢	
	東漢	
三國	魏	蜀漢 吳
晉	西晉	
	東晉	
南北朝	北朝	南朝
	北魏	宋
	東魏 西魏	齊
	北齊 北周	梁
		陳
隋		
唐		
五代	後梁	
	後唐	
	後晉	
	後漢	
	後周	
宋	北宋	
	南宋	
元		
明		
清		
民國		

唐代文化（一）

　　唐朝是中國歷史上文化成就最輝煌的時代，主因有二：

1. 西域胡人入境，帶給頹廢的漢民族一陣文化衝擊，為漢民族文化注入新的生命力，導致作家們思想活潑、視野擴大。

2. 科舉考試漸具規模，民間讀書風氣大盛，文人才子輩出。

　　唐朝文學最輝煌燦爛、最值得稱道的是「詩」方面的成就。「漢賦」、「唐詩」、「宋詞」、「元曲」、「明小說」等，都是中國古典文學中的重要部分，而其中又以唐詩最重要。唐朝的詩人很多，重要的幾位如下：

1. 李白：字太白，隴西成紀（今甘肅秦安）人，出生於西域碎葉（今中亞吉爾吉斯），父為富商，母很可能為波斯人。李白少年時回中國，居於四川，飽讀詩書，求仙學道，精通劍術。二十五歲出蜀，遊歷全國，途中娶前任宰相許氏之女為妻。至長安時，結交許多文友。有朝中官員看到他的文章，很讚嘆，將他推薦給唐玄宗。玄宗雖賞識他的文才，但並未重用他。仕途失意的李白離開長安，繼續雲遊四方，寫下許多美好的詩詞。後來，永王李璘在江南謀反時，李白恰好在他那裡做客。最後李璘兵敗，李白受牽連被捕，差一點就要被殺頭，幸虧大將郭子儀極力為他開脫，才改判流放夜郎（今貴州）。押赴夜郎途中，走到四川，忽逢皇帝大赦天下，他被釋放，高興地回家，住在當塗。一晚，與李白友人泛舟飲酒，見明月映於水中，就說要下水撈月，他不聽友人阻止，失足溺水而死。他作詩是天才閃電型，意境高遠，用字押韻絕妙，人稱「詩仙」。

2. 杜甫：字子美，襄川（今湖北襄陽）人，後來遷居杜陵，自稱「杜陵布衣」。家貧，常生病，但好學不倦。歷經安史

之亂，後來擔任工部員外郎，故被稱為「杜工部」。杜甫一生窮困，受盡挫折與打擊，但他用悲天憫人的心胸面對這世界，用詩發抒他的感想，作品深刻感人。他作詩是苦幹實幹型，態度嚴謹，反覆推敲，人稱「詩聖」。

3. 王維：字摩詰，祁（今山西祁縣）人，二十一歲中進士，官至監察御史。安史之亂後，看破一切，入山隱居。他精通詩、文、畫、琴。他的詩，融入儒、道、佛的思想，人稱「詩佛」。蘇軾讚他「詩中有畫，畫中有詩」。

4. 白居易：字樂天，下邽人。其詩之特色是平易近人，字句淺白，「老嫗能解」。他的二篇長詩〈長恨歌〉與〈琵琶行〉最為膾炙人口，其中〈長恨歌〉是寫唐玄宗與楊貴妃的故事。另外有一個詩人元稹，跟白居易是好友，二人作詩的風格體裁相近，史稱「元白」。

5. 李商隱：字義山，沁陽人。一生事業、愛情皆不順，且深受牛李黨爭困擾。其詩用字冷僻怪異，意境朦朧晦澀，間接反映晚唐的國運。

6. 張繼：襄陽人。所作〈楓橋夜泊〉，是古今最為世人所欣賞的一首詩。

 # 史書之外

絕句和律詩：

　　唐詩的體裁，若依詩中句數來分，有二種：每首詩含四句的，稱為絕句；每首詩含八句的，稱為律詩。又若依句中字數來分，有二種：每句含五個字的，稱為五言；每句含七個字的，稱為七言。唐詩把中國文字的形、音、義之美發揮到極致。每一個中國讀書人，在內心深處都記著幾首自己特別欣賞的唐詩，到了適當場合時機，便會不自覺地脫口唸出來，這就是俗話說：「熟讀唐詩三百首，不會吟詩也會哼。」清朝有一位筆名叫做「蘅塘退士」的人，真的就編了一本書，叫做《唐詩三百首》。

五言絕句：

　　床前明月光，疑是地上霜；舉頭望明月，低頭思故鄉。

　　　　　　　　　　　　　　　　　　　　　　　——李白〈靜夜思〉

白日依山盡，黃河入海流；欲窮千里目，更上一層樓。

——王之渙〈登鸛雀樓〉

春眠不覺曉，處處聞啼鳥；夜來風雨聲，花落知多少。

——孟浩然〈春曉〉

千山鳥飛絕，萬徑人蹤滅；孤舟簑笠翁，獨釣寒江雪。

——柳宗元〈江雪〉

五言律詩：

國破山河在，城春草木深。感時花濺淚，恨別鳥驚心。烽火連三月，家書抵萬金。白頭搔更短，渾欲不勝簪。

——杜甫〈春望〉

青山橫北郭，白水繞東城。此地一為別，孤蓬萬里征。浮雲遊子意，落日故人情。揮手自茲去，蕭蕭班馬鳴。

——李白〈送友人〉

七言絕句：

月落烏啼霜滿天，江楓漁火對愁眠；姑蘇城外寒山寺，夜半鐘聲到客船。

——張繼〈楓橋夜泊〉

朝辭白帝彩雲間，千里江陵一日還；兩岸猿聲啼不住，輕舟已過萬重山。

——李白〈下江陵〉

渭城朝雨浥輕塵，客舍青青柳色新；勸君更盡一杯酒，西出陽關無故人。

——王維〈渭城曲〉

清明時節雨紛紛，路上行人欲斷魂；借問酒家何處有，牧童遙指杏花村。

——杜牧〈清明〉

七言律詩：

　昔人已隨黃鶴去，此地空餘黃鶴樓。黃鶴一去不復返，白雲千載空悠悠。

　晴川歷歷漢陽樹，芳草萋萋鸚鵡洲。日暮鄉關何處是，煙波江上使人愁。

——崔顥〈黃鶴樓〉

　錦瑟無端五十弦，一弦一柱思華年。莊生曉夢迷蝴蝶，望帝春心託杜鵑。

　滄海月明珠有淚，藍田日暖玉生煙。此情可待成追憶，只是當時已惘然。

——李商隱〈錦瑟〉

三皇五帝		
夏		
商		
周	西周	
	東周	春秋
		戰國
秦		
漢	西漢	
	東漢	
三國	魏	蜀漢	吳
晉	西晉	
	東晉	
南北朝	北朝	南朝
	北魏	宋
	東魏	西魏	齊
			梁
	北齊	北周	陳
隋		
唐		
五代	後梁	
	後唐	
	後晉	
	後漢	
	後周	
宋	北宋	
	南宋	
元		
明		
清		
民國		

唐代文化（二）

　　唐朝文學，承接南北朝的辭賦駢文，具有堅實的音韻及結構基礎，又受到政治社會資源的滋潤以及西域異國文化的衝擊，於是作品水準大幅提升，氣度恢宏，風格粲然，名家輩出。著名的文學家有：

1. 王勃：絳州龍門（今山西河津）人，幼負奇才，文思敏捷，博通古今。十六歲時，因其父被任命為交趾（今越南河內）太守，王勃隨父赴任，中途走到江西南昌，恰好逢上當地新建的一座叫做滕王閣的建築落成，南昌都督閻氏在閣中舉辦盛大酒會，邀請四周城鄉官員到場聚會，王勃父子也受邀參加。酒會進行到一半，都督起來說，希望賓客們之中有志願者，出來當場寫一篇文章，把今日盛會的情形描寫記載下來，以為紀念。都督心中真正的打算是，賓客們一定都互相謙讓，到那時他就推薦自己的女婿出面，藉機出出鋒頭。不料，賓客中的王勃，毫不客氣就舉手說：「我來！」閻都督一愣，不得不命人準備紙筆，自己則到後堂去休息，還暗中吩咐僕人，每當王勃寫一句，就抄下來送到後堂給他了解。王勃拿到紙筆，文思泉湧，走筆如飛，一句連一句：「南昌故郡，洪都新府，星分翼軫，地接衡廬，襟三江而帶五湖，……」僕人一趟一趟地把這些句子抄下來送去後堂，閻都督起先還看不出王勃有啥了不起，但後來漸漸有點欣賞佩服，等到看見「……落霞與孤鶩齊飛，秋水共長天一色……」這一句，閻都督頓時大嘆：「妙句呀！了不起呀！奇才呀！」王勃因寫這篇〈滕王閣序〉而一舉成名。

2. 駱賓王：浙江義烏人，因寫〈為徐敬業討武曌檄〉而名傳

天下。王勃、駱賓王、楊炯、盧照鄰等四人被稱為「初唐四傑」。

3. 韓愈：字退之，昌黎（今河南孟縣）人，晚唐時進士出身。因個性剛直，常上書批評朝廷施政，結果觸怒皇帝或大臣而被貶官野放。他的成就不在政治上，而在文學上，後人尊稱韓愈為「文起八代之衰」，八代是指「漢、魏、晉、宋、齊、梁、陳、隋」；衰是指「古文不興」。他反對六朝駢文，極力提倡回復周秦以前人的寫文章方法，不押韻，不排偶，不賣弄典故，句子長短不限，造句以達意為主。這個主張提出後，受人贊同，蔚成風氣，從此駢文銷聲匿跡，古文體裁遂成為文章的正宗。韓愈的作品有〈師說〉、〈進學解〉等。

4. 柳宗元：字子厚，河東（今山西永濟）人，晚唐時進士出身。因牽連到叛逆案，蒙不白之冤，被貶流放至永州（今湖南零陵）。在原始純樸的湘南山水中，柳宗元找到自己身心安頓的樂土，寫下了許多遊記及散文，篇篇都是清新脫俗的好文章。柳宗元享有與韓愈一樣的文名，其作品有〈始得西山宴遊記〉、〈鈷鉧潭記〉等。

史書之外

夫天地者，萬物之逆旅。光陰者，百代之過客。而浮生若夢，為歡幾何？古人秉燭夜遊，良有以也。況陽春召我以煙景，大塊假我以文章。會桃李之芳園，敘天倫之樂事。群季俊秀，皆為惠連；吾人詠歌，獨慚康樂。幽賞未已，高談轉清。開瓊筵以坐花，飛羽觴而醉月。不有佳作，何申雅懷？如詩不成，罰依金谷酒數。

——李白〈春夜宴桃李園序〉

世有伯樂，然後有千里馬。千里馬常有，而伯樂不常有。故雖有名馬，祇辱於奴隸人之手，駢死於槽櫪之間，不以千里稱也。馬之千里者，一食或盡粟一石。食馬者，不知其能千里而食也，是馬也，雖有千里之能，食不飽，力不足，才美不外見，且欲與常馬等不可得，安求其能千里也？

策之不以其道，食之不能盡其材，鳴之不能通其意，執策而臨之曰：「天下無馬。」嗚呼！其真無馬邪？其真不知馬也。

———韓愈〈雜說〉

鈷鉧潭在西山西，其始蓋冉水自南奔注，抵山石，屈折東流。其顛委勢峻，蕩擊益暴，齧其涯，故旁廣而中深，畢至石乃止。流沫成輪，然後徐行，其清而平者且十畝餘，有樹環焉，有泉懸焉。其上有居者，以予之亟遊也，一旦款門來告曰：「不勝官租、私券之委積，既芟山而更居，願以潭上田貿財以緩禍。」予樂而如其言。則崇其臺，延其檻，行其泉於高者，墜之潭，有聲淬然。尤與中秋觀月為宜，于以見天之高，氣之迥。孰使予樂居夷而忘故土者，非茲潭也歟？

———柳宗元〈鈷鉧潭記〉

山不在高，有仙則名；水不在深，有龍則靈。斯是陋室，惟吾德馨。苔痕上階綠，草色入簾青。談笑有鴻儒，往來無白丁。可以調素琴、閱金經，無絲竹之亂耳，無案牘之勞形。南陽諸葛廬、西蜀子雲亭。孔子云：「何陋之有？」

———劉禹錫〈陋室銘〉

近臘月下，景氣和暢，故山殊可過。足下方溫經，猥不敢相煩，輒便往山中，憩感配寺，與山僧飯迄而去。

北涉玄灞，清月映郭。夜登華子崗，輞水淪漣，與月上下。寒山遠火，明滅林外。深巷寒犬，吠聲如豹。村墟夜舂，復與疏鐘相間。此時獨坐，僮僕靜默，多思曩昔，攜手賦詩，步仄徑，臨清流也。

當待春中，草木蔓發，春山可望。輕鰷出水，白鷗矯翼，露濕青皋，麥隴朝雊。斯之不遠，儻能從我遊乎？非子天機清妙者，豈能以此不急之務相邀，然是中有深趣矣，天忽。因馱黃檗人往，不一。山中人王維白。

———王維〈與裴迪秀才書〉

唐代文化（三）

除了詩與文之外，唐朝人還有其他輝煌的文化成就：

傳奇：

　　傳奇是記敘民間故事的短篇小說，內容大多曲折離奇有趣。

繪畫：

　　唐朝國威壯盛，唐人的繪畫多是構圖雄偉，色彩富麗之作，反映出強壯、健康、活潑、自信的時代精神。唐朝的繪畫是中國國畫風格定型的基礎，主要分人物畫、風景畫、宗教畫：

1. 人物畫：唐人審美觀以肥胖豐滿為美，故畫中人物也都肥胖豐滿。人物畫名家有閻立本、吳道子、梁令瓚、周昉、韓幹。吳道子將顧愷之的鐵線描技法改良為蘭葉描，人稱「畫聖」。韓幹擅長畫馬。

2. 風景畫：唐朝的風景畫多是畫懸崖、瀑布、險峰等山水，故又稱「山水畫」。畫面構圖多屬俯視遠景，把物體的遠近故作謬誤誇張，不符合透視法則，以提供觀畫者夢境式的喜悅感。風景畫分水墨派及青綠派，水墨派以王維為代表；青綠派以李思訓、李昭道父子為代表。

3. 宗教畫：敦煌是絲路的起點，往來商旅頻繁，在此祈求平安，故宗教畫盛行。敦煌附近小山上，有一個莫高窟，內部洞壁上有不知名畫家所畫的大量壁畫及雕刻，題材以展現佛國天堂之美和中土人間之樂為主。因當地氣候乾燥，故這些藝術品都能幸運地保存至今。

書法：

　　唐朝的考試，要求考生寫字美觀，故促成重視書法的社會風氣。書法名家輩出，例如：顏真卿、柳公權、歐陽詢、褚遂良等人，各具風格特色。顏字肥厚端正，例如〈麻姑仙壇記〉；

三皇五帝			
夏			
商			
周	西周		
	東周	春秋	
		戰國	
秦			
漢	西漢		
	東漢		
三國	魏	蜀漢	吳
晉	西晉		
	東晉		
南北朝	北朝	南朝	
	北魏	宋	
	東魏	西魏	齊
			梁
	北齊	北周	陳
隋			
唐			
五代	後梁		
	後唐		
	後晉		
	後漢		
	後周		
宋	北宋		
	南宋		
元			
明			
清			
民國			

柳字瘦俏俊拔，例如〈玄秘塔〉。

唐三彩：

　　唐三彩是一種融合雕塑、彩釉、捏燒等三項工藝的陶瓷工藝品，流行於唐高宗年間，多以馬、駱駝等造型出現，其色彩隨釉料的不同而異，一件上同時有綠、黃、白、藍等三或四種色彩。

科學：

　　太宗時，王孝通在《緝古算經》中，首先公布一元三次方程式的解法。欽天監李淳風校注歷代數學著作，合為《算經十書》，他又改進東漢張衡的渾天儀。玄宗開元年間，高僧一行法師得梁令瓚之助，製「黃道游儀」與「水運渾天儀」等天文儀器，內具齒輪，運轉精妙。一行法師後奉旨進行全國土地測量，因而能夠算出地球子午線之長，他又修訂出一套《大衍曆法》，其中使用獨創的內插法，是數學上的重要成就。此外，初唐時的孫思邈著有《千金要方》，收集中藥藥方五千三百種。天寶年間，陸羽發表《茶經》，記載茶葉的種植、處理技術。

音樂：

　　西域樂師、舞伎湧入長安，與中國伶人、詩人交融，大大提振了中國音樂的水準。當時著名藝人有李龜年、公孫大娘，名曲有〈霓裳羽衣曲〉、〈六么舞〉等。玄宗設梨園，培育戲劇人才，被後世演藝界奉為祖師爺。

 史書之外

傳奇小說：

　　簡介二則唐朝文人所作的傳奇小說如下。

《李娃傳》：

　　作者是白行簡，為詩人白居易的弟弟。故事是說：富家子鄭元和拜別父母，帶了充裕的路費進京參加考試。他來到長安，因為考期還未到，有空便在長安市區閒逛遊玩。期間他走進一家妓院，認識裡面一位美麗的妓女，名叫李亞仙，又名李娃。鄭元和愛上她，天天往這家妓院跑。老闆娘見他有錢，便笑臉奉承，

還讓他搬進妓院裡住。鄭元和為了討李娃歡心，不斷買禮物送她，花費很大，不久，身上的錢就花光了。此時老闆娘臉色一變，把他趕出門。寒冬至，鄭元和流落街頭，為了謀生，他到葬儀社工作，為出殯的隊伍唱哀哭調。鄭家久無元和之音訊，以為他旅途中遭馬賊殺害，黯然認命。一日，鄭父率老僕來長安辦事。老僕在街頭瞥見出殯隊伍中的元和，大驚，就引元和與鄭父相見。鄭父本來也頗意外驚喜，但在得知兒子的荒唐情史後卻大怒，將元和痛鞭一頓，憤然離去。大雪中，鄭元和昏倒在一戶人家門口。裡面人出來開門，卻是李娃。她認出鄭元和，於心不忍，大哭，將他搖醒，用繡襦把他包好，抬進屋內治傷療養。後來，鄭元和身體痊癒，考試也金榜題名，並娶李娃為妻，榮歸故鄉。

《枕中記》：

　　作者是沈既濟。故事是說：窮書生盧生在邯鄲郊外行路途中，到一家小飯館休息吃飯。因店主人正在蒸一鍋黃粱，還沒熟，盧生就坐在桌旁枯等。店外進來一道士呂翁，也坐同一桌等吃。二人閒談。盧生感嘆道：「唉！空有滿腹經綸，卻至今天還這麼不得志。」呂翁說：「我看你現在很好啊！不然，你以為怎樣才算得志？」盧生說：「大丈夫當建功立業，出將入相，家宅連棟，妻妾成群。」呂翁從懷裡掏出一個小枕頭，說：「你趴著這枕頭睡一下看看。」盧生把臉貼枕，就昏然入睡。他夢見自己回家娶妻。趕考，中進士。入朝為仕，一路升官。西蠻入侵，他受命領兵出征，大勝。歸朝受勳。從此宦海浮沉，幾度起落。他生了五個兒子，家中豪宅連棟，婢妾成群。到了八十歲，病死。盧生突然驚醒，見呂翁還在身旁。他問：「你的這個是仙枕嗎？我作了好一場夢呢！」呂翁說：「都如願了嗎？人生最快樂也不過如此吧！」盧生贊同地說：「我懂了！人生原不過就是一場夢，實在沒必要太計較那些榮辱得失。」這故事後來被元朝馬致遠及明朝湯顯祖改編，亦稱「黃粱一夢」。

民間文化：

　　唐朝有一些在民間發展流傳的文化，對後世頗有影響。

《推背圖》：

　　《推背圖》是唐太宗的兩名欽天監李淳風與袁天罡所合著，共有六十幅，每幅圖都是簡單的人物漫畫，旁邊配以短詩，詩的意思晦澀不明，很不好懂，

但都是預言未來的世界大事。每經過六十件大事，則再回到第一幅圖。《推背圖》似乎荒誕不經，但有時很靈驗，不可思議，後世很多人拿它作參考。

鍾馗嫁妹：

鍾馗考進士，因面醜而被除名，一氣之下，撞死於臺階。死後被玉皇大帝封為伏魔大帝，專抓妖魔惡鬼來生吃，以維持人間太平。鍾馗一直不放心其妹妹尚未出嫁。有一天，確定其妹要嫁給自己的好友杜平後，鍾馗大喜，率陰府眾鬼卒復現人形，來參加婚禮。妹妹重見鍾馗，悲喜交集，一家人在淚光中吃了一頓喜酒。

唐代文化輸出

唐朝文化因受西域胡族文化的輸入激勵而輝煌發達，東方的朝鮮、日本以及南方的安南自動來學習仿效，形成唐朝文化的輸出。

朝鮮：

朝鮮三邦在唐以前即分別持續引入中文漢字及儒家思想。其中的新羅，甚至發展出花郎制度，就是以「事國以忠、事親以孝、交友以義、臨陣不退、慎勿殺生」的五戒準則，來培育教養青少年，使其成為受人尊敬的花郎。結果教化成功，人才輩出，被唐朝稱為「君子國」。中日白江水之役後，新羅統治南朝鮮，一面號召高句麗及百濟團結共和，一面更加積極模仿唐朝文化，重要的作為及成果有：

1. 以漢字為國字，但只取其義，不發其音，語音及文法仍保朝鮮本色。
2. 政府官制、人名、地名的稱呼方式，均效法中國。
3. 鼓勵佛教傳布。高僧慧慈成為日本聖德太子的老師。
4. 尊儒學為國學。王仁、崔致遠、薛聰等皆為朝鮮的儒學家。

日本：

日本自從徐福建國以來，一直閉關自守，政經發展停滯，國內小國林立。東漢建武二年，其一小國「奴國」派使至中國朝貢，光武帝大喜，封其為「漢倭奴國王」，並賜其金印一枚。這顆印在西元 1784 年於日本福岡縣志賀島被考古學家挖到。魏朝時，邪馬臺國女王卑彌呼又派使至中國，魏明帝封其為「親魏倭王」。西晉以後，日本從朝鮮間接吸收中國文化。隋朝時，聖德太子曾派出四批遣隋使，但他們回日本後影響力發揮不大。隋亡唐興，唐太宗貞觀四年時，日本舒明天皇決心延續當年遣

三皇五帝		
夏		
商		
周	西周	
	東周	春秋
		戰國
秦		
漢	西漢	
	東漢	
三國	魏 蜀漢 吳	
晉	西晉	
	東晉	
南北朝	北朝	南朝
	北魏	宋
	東魏 西魏	齊
	北齊 北周	梁
		陳
隋		
唐		
五代	後梁	
	後唐	
	後晉	
	後漢	
	後周	
宋	北宋	
	南宋	
元		
明		
清		
民國		

隋使的作法而派出第一批遣唐使。貞觀二十年，孝德天皇登基，學中國之例，命年號為「大化」，然後下詔，採取改革措施，加速模仿中國。重要的作為有：

1. 人名、地名的稱呼方式效法中國，以漢字命名。
2. 政府組織仿唐朝三省六部之制，設成六省十部。
3. 仿唐朝採取租庸調制，獎勵經濟生產。
4. 鼓勵佛教傳布，設學校，普及教育，尊儒學為國學。
5. 仿唐朝首都長安的都市計畫格局，闢建京城奈良。
6. 各種建築，如：宮殿、寺廟、店鋪、民宅等，都模仿唐式。
7. 生活方式，如：飲食、衣著、舟車、節日、曆法等，都模仿中國。

這些作法，史稱「大化改新」或「大化革新」。孝德天皇在位並不長，但繼任的天皇都能遵循他的意志，持續推行新政，尤其是當新政推行未久，逢上中日白江水之役，日軍敗歸，日本舉國體認到國力之不足，更加堅定要模仿中國的決心，於是新政繼續推行，遣唐使繼續派出。遣唐使的成員，包括官吏、留學生、留學僧等，都是日本政府精挑細選的民族菁英。他們來到中國，觀察中國的政經制度，學習中國的文化技術，幾年後，有了心得，回到日本參與國政決策，把所知所學實踐力行，用中國的優點來建設日本，結果甚為成功。唐昭宗時，第十九批遣唐使人選公布後宣布行程取消，才從此永久停止遣唐使，也等於宣告大化革新功成身退。總計遣唐使的派出共持續了二百六十年。大化革新運動，物質方面的建設成果固然可觀，精神方面的建設更是影響深遠：其一是發明平假名及片假名，確立了日本語文；其二是仿唐朝律令制度，整理頒布出一套《大寶律令》，作為國家法治的基礎，國家得以長治久安一千年，直到十九世紀。總之，接受唐朝文化後，日本國力突飛猛進，成為東亞的重要國家。

安南：

安南（今越南）自秦時起，即為中國之屬國。唐朝時，安南仿效中國之官制，也舉辦科舉考試。人名地名都仿效中國，以漢字命名。

 # 史書之外

鑒真和尚：

　　從今天日本的京都與奈良的一些古典建築中，仍可看出唐式建築的風貌，這就是大化革新的成績。其中，最值得一看的是奈良的「唐招提寺」，因為它是唐朝鑒真和尚所建的。鑒真和尚，揚州人，十四歲出家。他潛心學習佛法以及佛教的戒律學，以律宗大師之名而名揚天下。後來，日本留學僧榮叡、普照到揚州，專程請他去日本傳授佛教戒律，鑒真答應了。然而在出發前夕，官府誤會他是要偷渡出境，將他拘禁，害得他無法成行。此後八年間，他曾再四次東渡，但每次航行都遇到大風而折返。後來鑒真和尚不幸雙目失明，但赴日的心意堅毅不屈。天寶十二年，他第六度赴日，終於平安抵達日本。日本人對他極表禮遇尊敬，稱他為「渡海大師」。他首創日本的律宗，除了傳揚佛法外，也為百姓治病，他口述《鑒真上人祕方》，成為日本藥物學的重要典籍。他雖目盲，但憑著口說指導，仍能在奈良郊外建造一座寺院，由日本天皇親書「唐招提寺」匾額，招提即印度梵文「廟宇」之意。唐招提寺具備唐式建築風格，構形莊嚴典雅。寺外蒼松翠柏環繞，涼風習習，宛如人間仙境，今為日本國家一級古蹟。此外，他教導門徒以「乾漆法」所創造的佛像，是日本雕塑藝術史上的國寶，每年只在唐招提寺展出三天。

阿倍仲麻呂：

　　唐玄宗開元五年，日本第七批遣唐使抵達中國，其中有一個二十歲的青年，名叫阿倍仲麻呂。他到長安讀書，五年後考科舉，榮登進士，從此在唐朝朝廷任官。玄宗很欣賞他，賜他一個中國名字，叫做「晁衡」。他很會寫詩作文，與李白、王維等人交情極佳。五十六歲時，他隨第十次遣唐使的回航船歸國。同隊有四艘船，其中另一艘上就有鑒真和尚。船隊從蘇州出海，遇大風浪，鑒真的船平安，晁衡的船卻沉了。消息傳回長安，李白他們都很傷心，以為晁衡死了。其實晁衡沒死，他抱住浮木，一路飄流到安南登岸，又花了半年時間，從雲南廣西一路走回長安，讓大家都喜出望外。

假名：

　　平假名是由漢字草書簡化而成，是留學僧空海所發明；片假名是由漢字正楷的偏旁演化而成，是留學生吉備真備所發明。假名使日文脫離有音無字的原始狀態，以後遂能日漸進步。吉備真備也是將中國圍棋引入日本的人。

唐代宗教

佛教：

　　佛教傳來中國，在唐代發展茁壯很快，信徒增多。貞觀元年，玄奘法師從長安出發，由絲路，過西域（今新疆），越吐番（今西藏），終於到達印度，取得佛經。貞觀十九年玄奘回國，埋首翻譯佛經。晚唐時，憲宗崇拜佛教。為迎佛骨舍利子入宮一事，遭韓愈反對，憲宗大怒，將韓愈貶官。此外，武宗也不喜佛教。會昌年間，一度下令燒佛經，迫令僧尼還俗，史稱「會昌滅佛」，是佛教界的「三武之禍」之一。唐代佛教最重大的事情是「禪宗」派別的建立。南北朝時，印度佛教僧人達摩來中國。他先到南朝，見過梁武帝，後到北朝。他發現當時中國佛教太重捐錢贖罪、裝飾寺廟、辯說經文等膚淺形式，都偏離正道，因此他在嵩山少林寺創立「禪宗」，以「直指人心，見性成佛」為宗旨，希望能糾正歪風，重振純正佛教精神。此舉得到很多人響應信服，大家稱達摩為「禪宗始祖」。達摩之後，禪宗歷經二祖神光等人的努力，到了唐朝初年，傳到了五祖弘忍。這時，廣東有一個盧姓樵夫，偶然聽五祖講道，覺得很有意思，就離家追隨五祖。有一天，五祖講道完畢，要求各弟子發表悟道心得。有一位弟子上臺，唸了一段偈語：「身似菩提樹，心如明鏡臺，時時勤撫拭，勿使惹塵埃。」五祖道：「很好。」不料，臺下最邊遠處，盧姓樵夫舉手道：「這些話還不夠好，我可以把它改得更好。」五祖說：「好，你且說來聽聽。」樵夫朗聲道：「菩提本無樹，明鏡亦非臺，本來無一物，何處惹塵埃？」五祖聽後，嘆道：「喔呀！太好了，這才真是明心見性，這位同學真有慧根呀！」從此五祖對盧姓樵夫特別提攜，傳法剃度，取號「慧能」，最後讓他繼承教主，是為禪宗六祖。六祖在唐高

三皇五帝		
夏		
商		
周	西周	
	東周	春秋
		戰國
秦		
漢	西漢	
	東漢	
三國	魏	蜀漢　吳
晉	西晉	
	東晉	
南北朝	北朝	南朝
	北魏	宋
	東魏　西魏	齊
	北齊　北周	梁
		陳
隋		
唐		
五代	後梁	
	後唐	
	後晉	
	後漢	
	後周	
宋	北宋	
	南宋	
元		
明		
清		
民國		

宗及武周時，活躍於廣東及長江以南。禪宗以淺白語言傳教，能使人茅塞頓開，心靈喜悅，故深受大眾擁戴。

道教：

　　李淵起兵時，曾受過道士的幫助，故登基後尊崇道教，並強調皇室姓李，與老子同宗。高宗尊老子為「太上老君」。玄宗特喜道教。喜歡道教的皇帝，迷於追求長生不老，亂服丹藥，結果多中毒而死。

伊斯蘭教：

　　唐人稱阿拉伯為「大食」，其人分水陸二路東來。水路乘船經印度、馬來亞而到泉州；陸路經西域絲路到長安，傳揚伊斯蘭教。

景教：

　　唐人稱羅馬帝國為「大秦」。景教是基督教的聶斯托里派，被羅馬皇帝斥為異端，在歐洲傳教不順，轉來亞洲發展。

祆教：

　　祆教是波斯（今伊朗）國教，又稱「拜火教」，是瑣羅亞斯德所創。

摩尼教：

　　摩尼教是波斯人摩尼所創，信徒吃素，拜日及月，故中國稱其為「明教」，或稱「食菜事魔」。

 史書之外

玄奘：

　　本名陳禕，幼聰明，十三歲時出家，法號「玄奘」。他在十年內唸完寺內所有的佛經，再到天皇寺、大覺寺求教更深的佛法。但因當時佛經都是由天竺（今印度）梵文間接翻譯過來的，凌亂不全，於是玄奘決定親自去取經。歷經千辛萬苦，抵達天竺，先到納爛陀寺，後周遊天竺境內各名寺，廣參佛教教義。十九年後，攜帶佛經回唐，然後在弘福寺翻譯，共七十五部，一千三百卷。他又寫成《大唐西域記》十二卷，記載西行一百三十八國的山川風物。

《西遊記》：

　　明朝小說家吳承恩，寫了一部小說《西遊記》，內容描寫唐三藏帶著徒弟孫悟空、豬八戒、沙悟淨到西天取經的故事。小說人物中的唐三藏就是玄奘。「三藏」是佛教書籍的總稱，意指「經（語錄）、律（戒規）、論（神學）」。故事是說：東勝神州傲來國有一塊大石頭，有一天突然崩裂開來，裡面跳出一隻古靈精怪的猴子，他先是帶領猴群，占了花果山的水濂洞，自稱「美猴王」，後來又去拜神仙學藝，學得七十二變，及翻一個筋斗就十萬八千里的本事。他從龍王那裡取得一根可以變大變小的如意金箍棒，神氣活現，拿著金箍棒到處打架鬧事。玉皇大帝派天兵天將來抓他，但美猴王武藝非凡，機變百出，連二郎神都打不過他，玉帝只好封他為「弼馬溫」，後又改封他為「齊天大聖」，掌管王母娘娘的蟠桃園。但是齊天大聖不只偷吃蟠桃，還大鬧天宮。西方如來佛前來收拾他，他翻了好幾個筋斗後，仍翻不出如來佛的手掌心，就被鎮壓在五指山下。五百年後，唐三藏往西方取經，路過五指山，撕下山壁上的符咒，放他出來，收他為徒，取名孫悟空。師徒二人前行，來到蛇盤山，收服一隻龍馬，給三藏騎。又前行，來到高老莊，收服一隻豬妖作二徒弟，取名豬悟能（豬八戒）。又前行，來到流沙河，收服一隻水妖作三徒弟，取名沙悟淨。師徒一行四人一馬，往西天前進，一路上遇見各式各樣的妖魔鬼怪，例如：

金角大王、銀角大王：太上老君身邊的金銀童子所變，有二隻會吸人的葫蘆。

烏雞國假唐僧：文殊菩薩座下的青毛獅所變，變成假唐僧，在世上騙人。

車遲國三獸精：三隻山獸（老虎、鹿、羊）分別化身成虎力、鹿力、羊力大仙，占據國師地位，挑孫悟空比「砍頭再長」、「挖肝掏心」、「油鍋洗澡」等巫術。

盤絲洞蜘蛛精：七個蜘蛛精化身成女妖，用絲繩綁住唐三藏。

紅孩兒：紅孩兒年紀小但武藝高。吊在路旁樹上騙取唐三藏的憐憫。唐三藏命孫悟空馱他，越馱越重。孫悟空火大了，他就化作一陣怪風，將唐三藏捲走。孫悟空到他洞口叫戰，被他口吐妖火逼退。孫悟空打不過他，跑去請南海觀音菩薩來，將之馴服，從此留在菩薩身邊，取名「善財童子」。

牛魔王與羅剎女：這二人是夫婦，其子便是紅孩兒。唐三藏一行人來到火燄山下，熱不可當。孫悟空去向羅剎女借芭蕉扇，借到一把假的，沒用。又去找牛

魔王，牛魔王正恨他，二人對戰幾百回合，最後由托塔天王率天兵來捉妖。

女兒國蠍子精：唐僧誤飲子母河河水，又被女兒國的蠍子精女皇強迫結婚。

多虧孫悟空，把以上這些災難一一擺平。一行人歷經千辛萬苦，終能化險為夷，抵達天竺國。三藏取得佛經，孫悟空、豬八戒、沙悟淨和龍馬也都修成正果。《西遊記》裡很多章節，都成為家喻戶曉的故事。

五代十國（一）

西元907年～960年

　　朱全忠殺唐昭宗，立唐哀帝，接著又逼哀帝讓位，自己即位，定都於開封（今河南開封），改國號為「梁」，是為梁太祖。由此開始了五代十國的時代。五代在北方；十國在南方。

　　在北方所建的五個朝代，史稱「五代」，它們是：梁、唐、晉、漢、周。因為這些國號以前都曾被使用過，所以歷史家在其國號前都多加一個「後」字，稱其為：「後梁」、「後唐」、「後晉」、「後漢」、「後周」。

　　在南方所建的十個小國，總稱為「十國」，它們是：前蜀、後蜀、吳、南唐、吳越、閩、楚、南漢、荊南（南平）、北漢。

　　五代是一代換一代；十國是多國並存。五代十國是唐代藩鎮割據狀態的延續擴大。五代十國期間，政治腐敗，戰事頻繁，文明退步，道德淪喪，社會混亂。五代的更迭過程是：

後梁：

　　黃巢作亂時，唐朝廷請沙陀國王李克用由西北入境平亂，封其為河東節度使，再封晉王。朱全忠原為黃巢部下，後來叛黃降唐，被封為宣武節度使，再封梁王。李克用與朱全忠二人皆奉命征討黃巢，因爭功而互成仇敵。朱全忠篡唐建國後，四處征討對他不服的勢力，與晉王李克用衝突最烈。晉軍戰力強大，屢次擊敗梁軍，使朱全忠的王朝維持得非常辛苦。後梁開成二年，李克用死，其養子李存勗繼任晉王，大敗梁軍。開成六年，朱全忠病危，他發令要義子回京準備繼位，其親生子一怒之下，衝入皇宮，將朱全忠殺死，宮中大亂。最後其幼子即位，是為梁末帝，民心渙散，國勢日衰。十年後，李存勗派李嗣源率晉兵攻下汴梁，後梁亡，共只維持了十六年。

	三皇五帝		
	夏		
	商		
周	西周		
	東周	春秋	
		戰國	
	秦		
漢	西漢		
	東漢		
三國	魏	蜀漢	吳
晉	西晉		
	東晉		
南北朝	北朝		南朝
	北魏		宋
	東魏	西魏	齊
	北齊	北周	梁
			陳
	隋		
	唐		
五代	後梁		
	後唐		
	後晉		
	後漢		
	後周		
宋	北宋		
	南宋		
	元		
	明		
	清		
	民國		

後唐：

　　李存勗推翻後梁，即位稱帝，建都於洛陽，國號「唐」，史稱「後唐」。他就是後唐莊宗。莊宗即位前，英明有為，但奪得天下後，卻荒淫無度。他喜歡唱戲看戲，寵信伶人，任伶人為大官，搜括民財，殺害忠臣良將，導致民心渙散。魏州發生兵變，莊宗派李嗣源去平亂，沒想到李嗣源反而被叛軍擁戴為首領。莊宗大怒，御駕親征，要打李嗣源，不料軍士們紛紛叛逃，莊宗回洛陽，被城中軍士殺死。後李嗣源受擁戴即位，是為後唐明宗。明宗是好皇帝，在他統治時期，國泰民安，史稱「明宗之治」。明宗在位七年，死後，其子即位，是為閔帝。明宗的養子李從珂奪位，是為廢帝。明宗的女婿石敬瑭另行建國稱帝，後唐將士投靠他，廢帝自焚而死，後唐亡，只傳國十三年。

 史書之外

馮道：

　　五代的朝代更迭，經歷八姓十三君，總共只花了短短的五十四年，是一個世事多變、起落無常的亂世。在此亂世，道德崩壞，人心浮動，往古聖賢教人所應注重的忠貞、誠信、氣節、風骨，統統成為笑話，務實的處世技巧比抽象的氣節風骨還更管用。唯有見風轉舵、順勢浮沉的人才是智者，唯有無廉恥、不固守原則的人才能成功長存。當時最典型的一個人，就是馮道。

　　馮道，河北滄州人。唐朝末年時，任幽州參軍，個性圓融，善於溝通協調。後來，他被人推薦到晉王李克用的幕僚群中，擔任掌書記。李克用父子對朱溫用兵期間，軍務繁雜，各級官兵常糾紛爭吵，跑到總帥部告狀，李克用不勝其煩，深感亟需一個處世圓滑的人居中協調，才可以讓自己專注於戰略大計，就此看中馮道，逐漸加以重用。李存勗取得天下後，升拔馮道為戶部侍郎、翰林學士。後唐明宗登位，升馮道為宰相。隨著年歲的增長，馮道變得油滑世故起來，淡忘了忠君愛國的觀念，行事只以保住自己的官位為著眼，其他都不在乎。當明宗之子閔帝即位不久，遭到李從珂叛變威脅時，馮道不但不盡忠擁護閔帝，反而立即率文武百官迎接李從珂進京當新皇帝。李從珂登基，任馮道為宰相。

石敬瑭滅後唐，建後晉，也重用馮道為宰相。石敬瑭後來又派馮道出使番邦契丹。馮道見了契丹王，一番甜言蜜語，歌功頌德，契丹王大喜，留他為上賓，兩年後才讓他回中國。回到後晉的馮道，更受重用。石敬瑭臨死前，希望其幼子能繼承帝位，於是託付馮道，請馮道輔佐他登基，馮道滿口答應。但，石敬瑭一死，馮道仔細觀察審度朝廷內外情勢，發現石敬瑭的姪子石重貴才是較有勢力的人，於是擁護石重貴為帝，把先前答應石敬瑭的事拋諸腦後，完全沒有誠信。石重貴也任馮道為宰相。契丹滅後晉後，馮道立刻歸附契丹，受任用為太傅。後來契丹人退回北方，馮道也隨之去北方。然而，當南方的後漢建立起來時，馮道又立刻南下歸順後漢，被任命為太師。後周滅了後漢，馮道被任為太師兼中書令，直到英明有為的後周世宗即位後，馮道才不再受到重用。總計馮道在五代時期，歷「四姓十君」，曾在四個朝代中做官，侍奉過十個皇帝。他言行八面玲瓏，辦事鄉愿圓滑，從不得罪任何人，所以一生多面逢源，苟活到老，自稱為「長樂翁」。

　　宋代的歐陽修，在編寫《新五代史》時，曾特寫一篇〈馮道傳〉，把馮道一生的行為，總評為「無恥」二字。明代的顧炎武，曾寫過〈廉恥〉一文，對馮道表示極度鄙視。這是舊時代的人對馮道的評價。

　　然而，近代西洋民主觀念傳入中國後，歷史學家對馮道有了不同的評價，認為公務員屬於全體人民，不是專屬某一姓氏皇族，即使改朝換代，公務員仍應堅守崗位，不使政務停頓，以使全體人民持續得到行政服務，度過艱困。從這個角度看來，馮道在不同朝代持續為官，是很好的事。尤其馮道在契丹任職時，曾力勸契丹官兵不要殺害漢人百姓，無形中救了不少人。另外，他還主持國子監《九經》的刻版印刷工程。這是中國歷史上首度大規模以官方財力印刷套書，歷時二十二年，未曾間斷。雖然改朝換代頻頻，但只要馮道不倒，印書的進度就不會耽誤。馮道默默地為保留中國古典文獻盡了一分力。

萬里江山

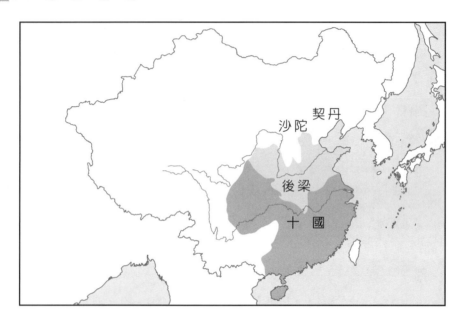

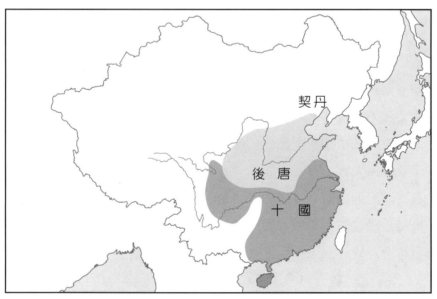

萬世一系

梁

1. 太祖（開平）
・朱全忠篡唐自立，建國號梁，定都開封

2. 末帝（貞明）
・契丹耶律阿保機稱帝（遼的前身）
・李存勗滅梁，梁亡

唐

1. 莊宗（同光）
・李存勗滅梁自立，建國號唐，定都洛陽

2. 明宗（天成）

3. 閔帝（應順）

4. 廢帝（清泰）
・石敬瑭滅唐，唐亡

三皇五帝		
夏		
商		
周	西周	
	東周	春秋
		戰國
秦		
漢	西漢	
	東漢	
三國	魏	蜀漢	吳
晉	西晉	
	東晉	
南北朝	北朝	南朝
	北魏	宋
	東魏	西魏	齊
			梁
	北齊	北周	陳
隋		
唐		
五代	後梁	
	後唐	
	後晉	
	後漢	
	後周	
宋	北宋	
	南宋	
元		
明		
清		
民國		

五代十國（二）

西元907年～960年

後晉：

　　石敬瑭想要奪取後唐帝位，他認為最好的方法是藉契丹的軍力壯大自己的聲勢，於是向契丹承諾，一旦登基，便將割讓燕雲十六州給契丹。燕雲十六州相當於今之河北、察哈爾、山西三省的十六個縣，其特色是都在長城之南。這塊土地若送給契丹，則長城失去防禦功能（其實早在南北朝時期，長城也曾一度失去功能），可使契丹的南下行動極為便利，毫不受阻擋。契丹大喜，發兵南下攻打後唐，後唐軍大敗，後唐廢帝自殺。石敬瑭在契丹扶持下即位，國號「晉」，史稱「後晉」，是為後晉高祖。石敬瑭雖貴為中國皇帝，但面對契丹國王時，卻必恭必敬，自稱「兒皇帝」，每年奉獻金銀絲綢，節慶祝日必派使臣貢上禮物。他死後，石重貴即位，是為後晉出帝。出帝不再向契丹表現卑屈之姿，契丹大怒，發兵南下打敗後晉，俘虜晉出帝，將其押往黃龍府（今吉林農安）監禁。後晉亡，傳國十一年。

後漢：

　　在契丹軍橫掃後晉江山時，河東節度使劉知遠，被他的屬下以天下無主為理由，推舉出頭，暫代後晉的國君之職。契丹在中原，覺得漢人很難治理，故退歸北方。契丹軍一走，劉知遠趁虛而入，奪得洛陽，入據汴梁，建立了「後漢」，是為後漢高祖。一年後，劉知遠病逝，其子隱帝即位。李守貞在北境叛亂，大將郭威發兵將其討平，隱帝反而殺了郭威在洛陽的家眷。郭威悲怒之下，興兵南下，後漢官員軍民盡皆歸順郭威，隱帝被殺，後漢亡，只傳國四年。

後周：

　　郭威即位，國號「周」，史稱「後周」，是為後周太祖。他勤

儉建國，體恤百姓，是個好皇帝。他死後，其養子柴榮即位，是為後周世宗。世宗也是個好皇帝，他改革科舉，整理賦稅，國家被他治理得很上軌道。他因想收復燕雲十六州而北伐遼國，但出征途中生病，回京逝世。其子柴宗訓即位，年僅七歲。有一天，忽聞遼軍犯境，他慌忙派大將趙匡胤率軍出征。軍隊走到陳橋，趙匡胤自導自演一場兵變，他假裝酒後熟睡，讓士兵把只有皇帝可穿的黃色龍袍披在他身上，就此自立為帝，改國號為「宋」，是為宋太祖。後周亡，傳國九年。

　　在五代時期，有一個政權，與五代諸朝並存，但史家不把它歸入五代。這就是遼。中國北方境外的游牧民族契丹族，自武則天時出現在今之遼寧、熱河、察哈爾一帶，勢力日漸強大。後梁朱溫立國時，其首領耶律阿保機也自立為王，國名「契丹」，定都臨潢（今熱河林西）。他死後，其子耶律德光繼位，滅後唐，扶持石敬瑭建立後晉。後晉出帝時，契丹滅後晉。耶律德光在中國本土自立為帝，改國號為「遼」，是為遼太宗。他原想就此統治中國，但漢民憤怒反抗，治安問題叢生，很讓遼太宗頭疼。他不想管這麼多問題，於是不久後便歸回北方，只是常常會再南下犯境，對中國構成長期的國防威脅。

 ## 史書之外

李後主：

　　在五代十國期間，南方的南唐（首都在建康，即今之南京）先後出了二個詩人國王，父親叫李璟，兒子叫李煜。他們二人的共同特色是：治國無能，文學很棒。

　　五代以前的唐朝文學，以「詩」為主。唐詩的句子，都有固定字數長度，不是五言便是七言。唐詩發展到晚唐時，文學家對於固定詩句字數的規矩，漸感不耐，於是打破規矩，將句中字數變成長短交錯，不固定，以提高表現的自由性，這樣的文體，便稱為「詞」。詞是唐詩的變體。李璟和李煜的文學才華便是表現在詞的寫作上。

　　趙匡胤建宋後，四出討伐各小國。身為南唐國君的李璟沒有憂患意識，只向宋進貢財寶，以求苟安。他死後，李煜即位，是為「李後主」。李後主受父親

的薰陶，從小就喜歡文學藝術，不了解治國的嚴肅性與複雜性，每天只在宮中享樂。宋將曹彬攻入建康城，李後主被押往宋朝汴京，南唐亡。

李後主在汴京過著寄人籬下、毫無尊嚴的生活，心懷故國，撫今追昔，感慨萬千，心智一夕間成熟長大很多，於是寫下了一篇又一篇的佳作。比較起來，李後主的作品，亡國前，都是歌詠風花雪月的遊戲之作，意境膚淺；亡國後，都是懷念故國山河，感慨人生無常的悲悽沉痛之作，意境深遠，流傳千古。我們可以比較他前期的作品：

曉妝初過，沉檀輕注些兒個，向人微露丁香顆。一曲清歌，暫引櫻桃破。羅袖裛殘殷色可，杯深旋被香醪涴，繡床斜凭嬌無那，爛嚼紅茸，笑向檀郎唾。

——〈一斛珠〉

以及他後期的作品：

春花秋月何時了，往事知多少？小樓昨夜又東風，故國不堪回首月明中。雕欄玉砌應猶在，只是朱顏改。問君能有幾多愁，恰似一江春水向東流。
——〈虞美人〉

無言獨上西樓，月如鉤。寂寞梧桐深院鎖清秋。剪不斷，理還亂，是離愁。別是一番滋味在心頭。

——〈相見歡〉

簾外雨潺潺，春意闌珊。羅衾不耐五更寒。夢裡不知身是客，一晌貪歡。獨自莫憑欄，無限江山。別時容易見時難。流水落花春去也，天上人間。
——〈浪淘沙令〉

四十年來家國，三千里地山河。鳳閣龍樓連霄漢，玉樹瓊枝作煙蘿。幾曾識干戈？一旦歸為臣虜，沈腰潘鬢消磨。最是倉惶辭廟日，教坊猶奏別離歌。垂淚對宮娥。

——〈破陣子〉

萬里江山

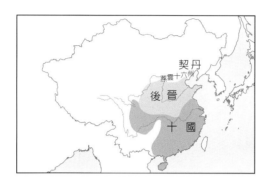

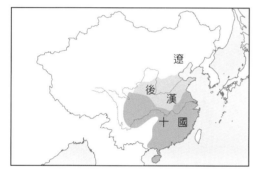

萬世一系

晉

1.高祖（天福）	・石敬瑭滅唐自立，建國號晉，定都開封 ・割讓燕雲十六州，向契丹稱臣為兒皇帝 ・契丹改國號為遼
2.出帝（開運）	・劉知遠滅晉，晉亡

漢

1.高祖（天福）
・劉知遠滅晉自立，建國號漢，定都開封

2.隱帝（乾祐）
・郭威篡漢，漢亡

周

1.太祖（廣順）
・郭威篡漢自立，建國號周，定都開封

2.世宗（顯德）
・伐遼，取回瀛、莫、易三州
・破北漢及遼

3.恭　帝
・趙匡胤篡周，周亡

北宋（一）

西元960年～1127年

經由陳橋兵變，趙匡胤被擁立為帝。他改國號為「宋」，史稱北宋，建都汴京（今河南開封），他就是宋太祖。宋太祖鑑於唐朝因授與邊境將領兵權，導致藩鎮割據，又鑑於五代時各朝因重武輕文，導致叛變連連，他遂決定採用「強幹弱枝」、「重文輕武」作為宋朝的基本國策。

所謂強幹，就是把防衛京城、保護皇宮的軍隊強化，挑選精壯青年入隊，稱為禁軍。邊境有警時，由中央臨時派統帥帶領禁軍出征。所謂弱枝，就是削弱防衛邊境的地方軍，配發老弱殘兵，稱為廂軍，只負責警戒。所謂重文輕武，就是一方面看重文人，增加文人任官的機會；一方面看輕武人，削弱武人的權力，嚴禁將領干政。這樣的政策，雖可預防藩鎮割據，卻也削弱了總體國力。宋朝軍力不強，國威不振，無能捍衛疆土，招致國恥連連，是一個文弱的朝代。

北宋總共面臨三個強鄰，先有「遼」、「西夏」，後為「金」。

遼自從由後晉石敬瑭手中取得燕雲十六州後，國力大盛，因無長城阻擋，遼兵可隨意進出中國。為了提高行軍速度，遼兵不自備食物，要吃要喝的話，直接向所遇到的當地漢人強求。這種作法，稱為「打草穀」。遼兵認為這沒有什麼不對，但漢人認為這就是軍紀敗壞，所以很討厭遼兵，反抗事件叢生。五代的後周世宗曾發兵北攻，驅逐遼人，奪回少許失土。宋太祖死後，其弟趙光義繼位，是為宋太宗，他二度發兵攻遼，皆敗。太宗死後，其子趙恆繼位，是為宋真宗。此時，遼聖宗率大軍南侵，越華北，抵澶州（今河北濮陽），進逼汴京。宋朝上下人心惶惶，於是宰相寇準建議真宗御駕親征。真宗抵澶州，兩軍對陣僵持。最後，雙方言和，簽定盟約，劃白溝河為國界，宋

三皇五帝			
夏			
商			
周	西周		
	東周	春秋	
		戰國	
秦			
漢	西漢		
	東漢		
三國	魏	蜀漢	吳
晉	西晉		
	東晉		
南北朝	北朝		南朝
	北魏		宋
	東魏	西魏	齊
	北齊	北周	梁
			陳
隋			
唐			
五代	後梁		
	後唐		
	後晉		
	後漢		
	後周		
宋	北宋		
	南宋		
元			
明			
清			
民國			

每年送遼銀十萬兩（稱為歲幣）、絲綢二十萬匹，約為兄弟之國，宋為兄，遼為弟，史稱「澶淵之盟」。兩國此後維持和平，長達一百多年。

西夏位於西北，是党項羌民族所建的國家，早年活動範圍在今之甘肅、寧夏一帶。其先祖歸順唐朝，被賜姓李，並任節度史。宋初，其勢漸強，但仍順服於宋，又被改賜姓趙。真宗後的仁宗繼位時，其首領趙元昊不再順服，宣布建國，定都興慶（今寧夏銀川），自立為帝，國號「夏」，史稱「西夏」。宋屢伐西夏屢敗。後來宋不再拘泥於強幹弱枝的祖訓，派韓琦及范仲淹鎮守邊境，果然有效，阻止了西夏的犯境騷擾。西夏地小國貧，不耐對宋久戰，故最後雙方議和，宋每年送西夏進貢銀五萬兩、絲綢十三萬匹。雙方相安無事三十多年後，宋神宗毀約攻打西夏，但大敗而回。西夏怒，於次年發兵攻宋，宋軍又大敗。最後雙方再度議和，宋繼續送西夏銀帛。

史書之外

杯酒釋兵權：

宋朝建國之初，所任用的一些握有兵權的將領，如石守信、王審琦等人，都是從陳橋兵變起跟隨趙匡胤一起打天下的老戰友。這些將領以為，跟隨趙匡胤這麼多年，忠肝義膽，出生入死，應該可以獲得趙匡胤的充分信賴，從此穩當大官。然而，事情的發展出人意料。建隆二年二月，有一天，趙匡胤與諸將談論國事，談到很晚，於是就請諸將留在宮中吃晚飯。大家吃得很高興，酒也喝得很過癮。宋太祖突然說：「如果不是你們的鼎力協助及擁戴，我怎能當上皇帝呢？真該謝謝你們。」諸將道：「哪裡！哪裡！」宋太祖接著說：「不過，皇帝也不好當，還不如當個節度使快樂些。我自從當上皇帝，從來沒有一天睡過好覺。」諸將說道：「現在天下已定，誰還敢有二心？陛下為什麼要說這種話呢？」太祖道：「誰不想要當皇帝？如果你們的部將也為你們黃袍加身，到那時，由得了你們嗎？」諸將聞言，面面相覷，嚇出一身冷汗，忙道：「臣等愚昧，請陛下指示我們一條明路。」太祖道：「人生就如白駒過隙，是很短暫的，不如多積些金銀財帛，留給子孫。你們不要再操勞軍國大事，自動放棄兵權，

朕會賜你們金銀、田宅，讓你們安享天年，並庇蔭子孫。這樣君臣無所猜忌，不是很好嗎？」諸將聞言，不敢再多說什麼，趕快叩謝皇上，匆匆互敬最後一杯酒，隨即散席，各自回家。第二天，諸將上朝，不約而同皆上表聲稱自己有病，請解除兵權，歸鄉終老。太祖當場答應，這就是「杯酒釋兵權」。

燭影搖紅亦或金匱之盟：

中國歷史上，王位的傳承一向是父傳子。宋太祖趙匡胤有二個兒子，但他死後，卻將王位傳給弟弟趙光義，不傳給自己的兒子。對於這種超乎常情的傳位法，民間有二種說法。

一種說法為「金匱之盟」。宋太祖的母親杜太后在病危時，將太祖與宰相趙普叫到床前，她問太祖道：「你可知道你是如何能得到天下的？」太祖答道：「此乃托太后洪福及祖先庇蔭。」太后道：「不是的，這是因為後周天子是個七歲的小孩，國無長君，你才有機會黃袍加身，當上皇帝。要是當時後周天子不是個七歲小孩，而是個成年人，你發動的陳橋兵變會那麼容易成功嗎？現在你兩個兒子都很小，而你弟弟卻已是大人。為免重蹈後周的覆轍，我希望你傳位給弟弟光義，才能永保趙家天下。」宋太祖唯唯答應。杜太后請趙普做見證，將傳位趙光義的遺囑藏在金匱之中，是為「金匱之盟」。

另一說法為「燭影搖紅」或「斧聲燭影」。開寶九年，宋太祖身染重病，在一個大雪紛飛的夜晚，太祖摒退左右，單獨召見弟弟光義。宮中太監們從遠處看去，只見倆人似乎在商議什麼，又似乎起了爭吵，接著，在燭影搖晃中，似乎聽到斧頭落地的聲音。不久，趙光義出來，宣布皇上駕崩。有傳言道，趙匡胤是被趙光義用斧頭砍死的。這段鮮血所染的歷史，被稱為「燭影搖紅」或「斧聲燭影」。

太宗趙光義後來將帝位傳給自己的兒子，並未還給哥哥的後代。北宋皇帝全是趙光義的子嗣。直到南宋，因高宗沒有兒子，他不得不挑選趙匡胤的後代來繼位。所以，南宋皇帝從第二任起，又全是趙匡胤的子嗣。

三皇五帝			
夏			
商			
周	西周		
	東周	春秋	
		戰國	
秦			
漢	西漢		
	東漢		
三國	魏	蜀漢	吳
晉	西晉		
	東晉		
南北朝	北朝		南朝
	北魏		宋
	東魏	西魏	齊
	北齊	北周	梁
			陳
隋			
唐			
五代	後梁		
	後唐		
	後晉		
	後漢		
	後周		
宋	北宋		
	南宋		
元			
明			
清			
民國			

北宋（二）

西元960年～1127年

　　宋朝開國，採取重文輕武的基本國策，產生二大弊端：重文的結果，造成文官人數大量增加，其薪水使國庫負擔沉重。輕武的結果，造成對外敗戰。為支付敗戰和約所答應付出之大量金錢，國庫負擔沉重，並且因無法保護邊境地區人民的生命財產，造成邊境地區人民流散，產業蕭條，國庫收入大減。總之，宋朝自開國以來，從未有富強康樂之象，反而是萎靡窮困日深。宋神宗即位後，深感國政弊病深重，必須痛加改革，於是找來王安石，於熙寧二年毅然實施變法。

　　王安石被任命為宰相，頒布新法，極力推行新政，其重要措施有：

1. 實行青苗法，允許農民向政府借款，購買農具、肥料、種子，等到收成時再以低利償還，如此可激勵農民增加生產，促進產業經濟興旺。
2. 實行募役法，規定全國男丁，無分貴賤，均應服從官府徵調，服勞役，作公共建設。如欲免役，必須繳納免役錢，由官府另雇人代勞。
3. 實行保甲法，加強基層社會團結互助的力量，以十家為一保，平時共同維修武器、盔甲，使其處於良好狀態，以備戰時所需。
4. 實行保馬法，以十家為一保，平時在地方上飼養馬匹，戰時立刻披甲上馬赴國境作戰，也可協助中央軍偵防巡邏。
5. 實行市易法，對於可儲存的物資，如米、糧、布等，價廉時，由政府購入，存倉。價貴時，政府售出，保障產銷順暢，維持市場秩序。
6. 設制置三司條例司，對各級政府的財政收支嚴加管核，杜

　　絕貪污浪費。

7. 設軍器監，督造武器，以強化軍隊戰力。

8. 改進科舉，強化考場制度，增加公平嚴格性。修改考試內容，改為策論，以選拔對世事實務有思考能力的人才。

王安石的新法構想雖然好，但執行成效不彰。原因有三：

1. 人民及基層官僚的抗拒。例如，農民不了解青苗法，讀書人反對募役法，舊官僚暗中抵制制置三司條例司。

2. 新法的執行幹部不完全忠勤廉能。

3. 王安石個性剛愎自用，不肯修正新法的瑕疵。

　　新法實行後問題叢生，受到司馬光、歐陽修、蘇東坡等人的嚴厲批評。以王安石為首的「新黨」遂與以司馬光為首的「舊黨」爭論不休。六年後，王安石去職，新黨氣衰。神宗死後，哲宗即位，高太后聽政，用司馬光為相，新政中止。高太后死，哲宗重用新黨的章惇，新政復活。哲宗死後，徽宗即位，向太后聽政，再次重用舊黨。向太后死，徽宗重用新黨的蔡京，新政又復活。就在這種新黨、舊黨的反覆鬥爭中，北宋趨於衰亡。

 史書之外

楊家將：

　　在中國古典戲曲中，最受人喜愛的是北宋楊家將的故事。楊業是後漢的大將，趙匡胤建宋，派潘洪為帥，興兵伐後漢，被楊業打得大敗，潘洪心恨楊業。後來後漢君主中了反間計，要殺楊業，楊業降宋。楊業武藝高強，擅使一把金刀，人稱「楊令公」。其妻佘賽花也武藝高強，人稱「佘太君」。他們有七子二女：大郎楊延平、二郎楊延定、三郎楊延安、四郎楊延輝、五郎楊延德、六郎楊延昭、七郎楊延嗣、楊八妹、楊九妹，個個智勇兼備。宋太宗攻遼時曾遇險，但幸好被六郎所救，而楊業父子又屢敗遼軍，威震邊關，因此太宗賜給楊家位於汴京城內一所豪宅，叫做天波府。有一次，太宗遊五台山，奸臣潘洪一面勸太宗往幽州一遊，一面陰謀勾結遼國來活捉太宗。太宗在汾陽城時被遼軍圍困，

幸好隨行的楊大郎殺出重圍，向在不遠處屯兵的楊業求援。楊業父子八人殺進汾陽城。再突圍時，大郎假扮太宗，向遼軍投降，太宗就由其餘楊家將保護，混在亂軍中突圍回京。此役中，大郎、二郎、三郎奮戰而死，四郎被俘，五郎逃入五台山寺廟中削髮為僧。

後來遼又攻宋，太宗命潘洪為帥，出兵禦敵。出征前，軍中尚缺先鋒人選。八賢王建議設播臺賽來廣招天下英雄，潘洪的兒子潘豹和楊七郎都報名參賽。經過連番激烈打鬥，結果潘豹被七郎打死在播臺上。潘洪聞訊大悲，對楊家更加懷恨在心。七郎贏得播臺賽，便隨潘洪大軍出征，任先鋒官。到前線後，潘洪不聽楊業的戰略意見，害楊業與六郎、七郎被遼軍困在兩狼山。楊業派七郎突圍求援，七郎突圍來到潘洪帥部，潘洪逮到此機會，將七郎綁在芭蕉樹上，用亂箭射死。楊業久候七郎不至，又夜夢七郎冤魂哀告，便硬著頭皮，率手下殺出重圍。奔到蘇武廟，見廟旁有一個「李陵碑」，心中百感交集，遂以頭撞碑而死。突圍出去的六郎，在五台山下巧遇在山上修行的五郎。五郎悲父兄遇害，對朝廷更是感到心灰意冷，堅持回山上，不問世事。被俘的四郎，改名木易，在遼國工作，因機緣而受蕭太后賞識。太后不知他是楊家將，見他一表人才，遂把公主嫁給他。

宋真宗時，遼又侵宋，朝廷急忙派楊六郎出兵禦敵，佘太君便率領天波府中的女眷遺孀等一批女將到前線助陣。楊門女將果然厲害，殺得遼軍四散奔逃，但卻始終無法破遼軍厲害的天門陣。六郎找五郎幫忙。五郎說，須得穆柯寨中的降龍木來做他的斧柄，才能破此陣。六郎遂派兒子楊宗保去借降龍木。但穆柯寨寨主的女兒穆桂英武藝高強，不但不借此木，還跟楊宗保發生爭吵、大打出手，楊宗保被擒。兩人在寨中相處多日，竟化敵為友，自行拜天地成婚。楊宗保回軍營稟告父親此事，軍紀嚴明的六郎大怒，要將楊宗保斬首，雖佘太君來說情都沒用。幸好，穆桂英來獻降龍木，並願破天門陣，效忠宋朝，六郎才饒了宗保，這就是「轅門斬子」。楊家將一行來到遼京城外，四郎得知佘太君隨六郎來到，便向公主道出自己真實身分，如今想出關門去見家人。公主雖大驚，但夫妻情深，遂允諾代為幫忙。她躡手躡腳走到蕭太后房中，盜取令箭，送給四郎。四郎持令箭出關，到宋營和母親、弟妹相見，一家團圓，悲喜交集，這就是「四郎探母」。最後，四郎回遼，楊家大軍班師回宋。

北宋（三）

西元960年～1127年

　　宋徽宗是一個輕佻膚淺的皇帝。他不用心處理國政，卻把時間消耗在玩樂上。他喜歡夜遊，宰相李邦彥就帶他去嫖妓；他喜歡字畫、古玩、園藝，宦官童貫、宰相蔡京等人就到處為他搜括珍稀寶貝，舉凡珊瑚水晶、奇竹異花、甚或奇形怪狀的大石塊，都被搜括送進皇宮，這些東西被統稱為「花石綱」。運送時，沿途官府皆指派民伕小心翼翼護送，不敢有任何刮碰損傷，必要時，拆屋斷橋讓花石綱通過，也在所不惜。如此勞民傷財，宋徽宗卻懵然不知，每日鬼混。花石綱種類繁多，出現時間又不固定，人民不堪其擾，民怨沸騰，終致釀成「方臘之亂」。方臘原是富商之子，後來變成浙江沿海一帶的武裝盜匪，他利用眾人不滿官府的心理，號召民眾反抗官府，一時浙江境內萬民響應。朝廷大驚，派童貫率官軍下鄉鎮壓。官軍中有一青年小將韓世忠勇敢善戰，因而嶄露頭角。半年後，亂事告終。

　　五代時，女真族活躍於今之吉林、黑龍江、西伯利亞一帶，為遼的屬民。北宋末年，其首領「完顏阿骨打」叛遼建國，國號「金」，將士驍勇，打得遼軍節節敗退。宋朝見有機可乘，便和金國訂下密約，共擊遼國。密約中規定兩國將來以長城為界，宋每年向金進貢，宋不得收留任何叛金之人。平定江南方臘之亂後，宋朝便出兵北上，越過白溝河攻打遼。遼腹背受敵，便派使者至宋，指責宋不守澶淵之盟，有失禮義之邦的國格。宋不理，遼兵悲怒，拚命一搏，把宋軍殺得大敗。半年後，宋軍再度北上，與遼軍戰於蘆溝橋，依舊大敗。另一方面，金兵則順利攻破遼京，遼亡。一部分遼人逃到西域，另建「西遼」國。

　　就此，金人看出宋朝只是一隻不堪一擊的紙老虎，就藉口說宋朝收留叛金之人，違背金宋和約，發兵南下，攻陷燕京（今

三皇五帝			
夏			
商			
周	西周		
	東周	春秋	
		戰國	
秦			
漢	西漢		
	東漢		
三國	魏	蜀漢	吳
晉	西晉		
	東晉		
南北朝	北朝		南朝
	北魏		宋
	東魏	西魏	齊
	北齊	北周	梁
			陳
隋			
唐			
五代	後梁		
	後唐		
	後晉		
	後漢		
	後周		
宋	北宋		
	南宋		
元			
明			
清			
民國			

北京），且繼續南下，進入華北平原，威脅汴京。徽宗想放棄汴京去江南避難，臣子李綱建議他把帝位讓給太子。徽宗採納其議讓位，太子即位，是為欽宗，年號「靖康」，徽宗則退居太上皇。欽宗命李綱為兵部侍郎，主持抗金。汴京太學生陳東、秦檜等發動學運，要求斬奸臣以謝國人，結果童貫被殺、蔡京被貶。金軍包圍汴京，李綱堅守。金軍不得入，改為索取錢財絲綢後北返。李綱有功無賞，反被免職，貶往湖南。欽宗靖康二年，金軍又再度南下，包圍汴京，此時宋束手無策，徽宗、欽宗只好率使臣（其中包括秦檜）至城外金軍大營乞和。金軍理都不理，將他們全體關起來。金軍進入汴京城，燒殺搶劫一番後，強押徽宗、欽宗等一班俘虜向北方而去，北宋亡。途經燕京時，秦檜被留下，擔任金軍大營軍師，其他人則繼續被押往更北方的五國城（今吉林依蘭）囚居，史稱「靖康之難」。金人離開汴京前，立張邦昌為楚帝，命他管理中原。金人走後，張邦昌擁立欽宗的弟弟康王趙構即位。

史書之外

狄青：

　　狄青，汾州（今山西汾陽）人。其姐被選作八賢王之妻後，家中遭小人嫉妒陷害，家破人亡。年幼的狄青被王禪老祖救起，上山習武，成年後，下山入汴京，適逢朝廷派軍征西夏，以范仲淹為主帥，楊宗保為副帥。狄青以士兵身分投軍，隨軍到前線。狄青每次出戰，必戴一副銅製恐怖面具，衝鋒殺敵，勇不可當。多次戰役後，西夏士兵都認得了他，對他很害怕。范仲淹對他很欣賞，楊宗保戰死後，狄青升任副帥，西夏派百花公主率軍來挑戰，楊宗保之子楊文廣出陣應戰，二人在戰場上一見鍾情，楊勸公主降宋，並娶她為妻，西夏兵遂大敗，乞和，宋軍勝利回國。狄青娶得范仲淹之女為妻，又得認姐姐，一家團圓，皆大歡喜。

《水滸傳》：

　　梁山泊是今山東壽張地方的一處沼澤，有山有水，易守難攻。北宋末年，有一些盜匪在這裡聚集，官軍拿他們沒辦法。他們常常做出一些驚世駭俗的事，

在北宋末年那種道德淪喪、人心麻木的社會裡，還算有一點替天行道的意義在。明朝小說家施耐庵就將他們寫成亂世英雄，而成為膾炙人口的小說《水滸傳》。《水滸傳》以人物刻畫鮮明而著稱。梁山泊上共有一百零八人，這些被貪污腐敗的朝廷逼成盜匪的英雄好漢，每個人都有其悲愴的背景、獨特的性格、鮮活的語言，讀來如見其人，心情隨著書中英雄好漢一同起伏。

全書是以愛踢毬的徽宗寵信會踢毬的高俅為開端。高俅與禁軍教頭王進本就不和，高俅升為太尉後，王進憤而辭職離京，路過史家莊時，結識身上有龍紋刺青的青年九紋龍史進，還把武藝教給史進。後來，史進前往京城，路經渭州時識得好漢魯達。魯達替一婦人主持公道，打死當地惡霸鎮關西，隨後就上五台山文殊院出家避難，法名智深。但他不守戒規，吃狗肉、喝酒鬧事，人稱花和尚魯智深。他被逐出文殊院，在前去京城的途中，結識了八十萬禁軍教頭豹子頭林沖。高俅的義子高衙內想要染指林沖的妻子，設計陷害林沖，使林沖不但失去教頭職務，還被判罪，發配到滄州服刑。路過野豬林時，差役欲殺林沖，幸得魯智深相救。到滄州後，某一風雪日，林沖在營外山神廟避風雪，忽然山下營房失火。火熄後，他回到殘破的營房，卻偷聽到差官對談，才明白火是高俅命他們故意放的，目的是要燒死他。林沖怒殺差官，再投奔梁山。梁中書為祝賀岳父蔡京的壽辰，備妥昂貴的生辰綱（生日禮物），命青面獸楊志護送。赤法鬼劉唐來向托塔天王晁蓋及智多星吳用通風報信，三人決定奪此貪官之財，並邀立地太歲阮小二、短命二郎阮小五、活閻羅阮小七等三兄弟及入雲龍公孫勝和白日鼠白勝加入行動，由吳用定下妙計，化裝成賣飲料的小販，在飲料裡摻入迷魂藥，迷昏楊志的部下，順利奪得生辰綱。楊志失銀後，無法交差，走投無路，只好上梁山。晁蓋一行人，在犯案後也上梁山。景陽崗有食人虎為害百姓，好漢武松路過該處，入山打死那虎，成為英雄。武松回到家，發現其兄武大郎被嫂嫂潘金蓮毒死，憤而殺嫂，犯下殺人罪，只好遁入梁山。此外還有及時雨宋江、玉麒麟盧俊義、黑旋風李逵、母夜叉孫二娘等等，都是犯過案的人，紛紛來到梁山泊，共一百零八人，結為兄弟姐妹，立誓要呼群保義，劫富濟貧，替天行道。

萬里江山

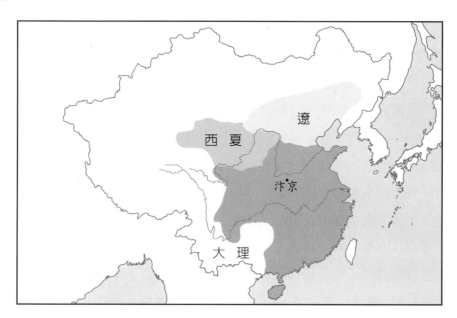

 萬世一系

| 1.太祖（建隆） | ・趙匡胤篡周，建國號宋，定都汴京 |

| 2.太宗（太平興國） | ・結束十國割據局面，全國統一
・出兵伐遼，死傷甚重，從此宋為遼人所輕，不敢北伐 |

| 3.真宗（景德） | ・遼大舉南侵，宋與之訂定澶淵之盟 |

| 4.仁宗（慶曆） | ・西夏連年入寇，後貪宋的歲幣，與宋言和
・范仲淹推行慶曆變法未成功 |

| 5.英宗（治平） | |

6.神宗（熙寧）
- 西夏內亂，宋欲一舉滅之，大敗，從此無力對夏
- 王安石推行熙寧變法未成功，反引起新舊黨爭

7.哲宗（元祐）

8.徽宗（宣和）
- 完顏阿骨打稱帝，建國號金
- 遼為金所滅
- 金大舉侵宋，徽宗讓位於欽宗

9.欽宗（靖康）
- 金破汴京，擄徽、欽二帝，是為靖康之難，北宋亡

三皇五帝			
夏			
商			
周	西周		
	東周	春秋	
		戰國	
秦			
漢	西漢		
	東漢		
三國	魏	蜀漢	吳
晉	西晉		
	東晉		
南北朝	北朝		南朝
	北魏		宋
	東魏	西魏	齊
	北齊	北周	梁
			陳
隋			
唐			
五代	後梁		
	後唐		
	後晉		
	後漢		
	後周		
宋	北宋		
	南宋		
元			
明			
清			
民國			

南宋（一）

西元1127年～1279年

　　宋高宗趙構於應天府（今河南商邱）登基，年號建炎，史稱他所開始的宋朝為「南宋」。趙構是一個陰險狡詐的人。一開始，為了招撫人心，他任用李綱為相，並重用名將宗澤，朝廷充滿中興氣象，看來很可以有一番作為，打敗金國，迎回徽、欽二帝。但是他真正的私願，只想做皇帝，享受權勢，不願打敗金國。因為要是金國敗了，送回徽、欽二帝，則他這個皇帝就做不成了。李綱和宗澤只是穩定政局用的短期工具罷了，一旦局勢穩定了，他就慫恿別的臣子排擠李綱和宗澤，不到一年的時間，李綱灰心地辭去宰相職，宗澤也鬱鬱而終。

　　宗澤手下有一名武將，名叫岳飛。岳飛是相州（今河南湯陰）人。幼年時隨周同讀書習武，練成文武雙全好功夫。十九歲出外投軍，他母親在他背上刺「盡忠報國」四字以為勉勵。他到宗澤軍中服務，有戰功。宗澤死後，朝廷以杜充接任統帥。建炎三年，金軍又大舉南下，趙構南逃，渡長江，至臨安（今浙江杭州）。杜充降金。岳飛自己在宜興成立「岳家軍」，重振抗金大業。岳家軍的軍紀嚴明，官兵同甘共苦，戰力強大。猛將有牛皋、湯懷、張憲、楊再興、岳雲、王貴。金軍渡江追捕趙構，趙構逃離臨安，奔寧波，走投無路，爬上小船，出海飄蕩。金軍在江南搜括燒殺後，撤兵北返。但當他們要從鎮江附近渡長江時，韓世忠在江中心的焦山及金山攔擊，其妻梁紅玉播鼓振軍威，金軍大敗，轉至建康，又被岳家軍圍殺，金軍殘兵渡江逃回北方。建炎四年，趙構回航登岸，遂以臨安為南宋首都。次年，改年號為「紹興」。

　　趙構命岳飛東征西討，平定南方多處盜亂。紹興五年，封岳飛為鎮寧軍節度使、開國侯，岳飛聲望達頂點。另一方面，

秦檜自被俘後，早已變節，建炎四年，金人將他送回南宋。秦檜極力鼓吹對金求和，獲得趙構欣賞，升任為宰相。紹興八年，徽宗在北方死去。趙構為迎回其棺材，正式向金求和，並全力壓制岳飛、韓世忠等主戰派。在秦檜的操控連絡下，議和成立。但，紹興十年，金國內部政變，金兀朮掌權，悍然撕毀和約，發兵南下。趙構又急命岳飛出兵迎戰。岳飛在郾城大破金兀朮的拐子馬，又在汴京郊外二十公里的朱仙鎮，擊敗金兀朮的步兵。眼看就可光復汴京了，突然趙構在一天之內，連續下了十二道金牌，稱「岳飛孤軍不可久留」，召他回京。金牌是刻著金字、用驛馬飛奔傳送的木牌，是軍情緊急專用。趙構為阻岳飛北伐，竟以「軍情緊急」來處理。岳飛撤兵，光復之土盡失。

　　為了確保岳飛不再北伐，趙構與秦檜串通，以「莫須有」（或許有）的罪名，將岳飛處死。紹興十一年十二月二十九日，岳飛被賜死在西湖邊之風波亭，享年三十九歲。岳家軍的張憲及岳雲一同被害。

 **史書之外**

韓世忠與梁紅玉：

　　建炎三年時，江南的南宋朝廷曾經經歷一場小政變。趙構過分寵信宦官康履及奸臣王淵，引起苗傅和劉正彥二位武將不滿，他們殺掉康履和王淵，逼趙構讓位給太子，史稱此為「苗劉之亂」。最後由曾經在北宋時平定方臘有功的名將韓世忠出來弭平這場亂事。韓世忠，陝西延安人，幼時家境貧寒，投身軍旅，當一名步卒。有一次，紅牌歌妓梁紅玉正要前往軍中陪主帥喝酒，看到縮在軍營一角打瞌睡的守夜兵韓世忠，以為是一隻老虎，嚇了一跳，也驚醒了韓世忠。兩人於是聊了起來，梁紅玉見眼前這位英俊挺拔的男子，談吐不凡，預料他將來必有出息，於是便向他表明心意，願意下嫁。韓世忠見梁紅玉面貌美麗，很高興地答應了。金兀朮南下攻宋，經過鎮江，守將韓世忠自知不敵，只好先將鎮江燒成焦土，等以後有機會再正面對戰。金兀朮要北返，再次路過鎮江時，此時韓世忠的機會來了。韓世忠在靠江心孤島焦山的江面上布滿戰艦，封鎖嚴密，金兀朮突破不了這道防線，改走另一江心孤島金山，並攀登金山上的龍王

廟來鳥瞰全局。韓世忠早已在龍王廟布下天羅地網，準備活捉金兀朮，可惜士兵們沉不住氣，提早動手，而讓金兀朮給逃了。金兀朮率艦反攻，這時巾幗不讓鬚眉的梁紅玉站在營中大桅上，從高處一面觀察金兵動態，一面擊鼓。梁紅玉擊鼓，韓世忠則前進，鼓停，韓世忠則守。梁紅玉並手揮一白旗，金兵往南，白旗則指南，金兵往北，白旗則指北，金兵無所遁形，結果被韓世忠的宋軍殺得大敗。

岳飛：

據說岳飛出生時，有一隻大鵬鳥在岳家高飛長鳴，因此他被命名為「飛」，字「鵬舉」。他出生不久，大水氾濫，其母抱著襁褓中的岳飛，坐入大缸中，隨水漂流，才免去被大水淹沒的命運。岳飛長大後，在老師周同的悉心調教下，成為文武雙全的青年。文的方面，除了熟讀詩書、書法優美外，還特別精通兵法；武的方面，不但臂力驚人，能左右同時拉弓，還善使十八般兵器。靖康之難時，岳飛決意上戰場為國效命。臨行前，其母在他背上以繡花針刺上「盡忠報國」四字。岳飛不但驍勇善戰，且用兵如神，屢建奇功。後來，岳飛訓練的「岳家軍」，軍紀嚴明，金軍與之交手後，都感嘆：「撼山易，撼岳家軍難！」金兀朮依賴金軍發明的「拐子馬」（把三匹馬並排連結在一起的一種連環騎兵），自以為可以打敗宋軍。但，岳飛發明一種戰法，由步兵低身用長刀專砍馬腿，如此就破了拐子馬，金兀朮大敗而逃。若非趙構阻撓，南宋早就光復中原國土。岳飛有感於南宋政治腐敗，曾感嘆：「若文官不愛財，武官不怕死，則天下太平！」他所作的詞〈滿江紅〉慷慨激昂，豪氣干雲，為後世所傳頌：

怒髮衝冠，憑闌處、瀟瀟雨歇。抬望眼、仰天長嘯，壯懷激烈。三十功名塵與土，八千里路雲和月。莫等閒、白了少年頭，空悲切。靖康恥，猶未雪；臣子恨，何時滅？駕長車踏破，賀蘭山缺。壯志飢餐胡虜肉，笑談渴飲匈奴血。待從頭、收拾舊山河，朝天闕。

南宋（二）

西元1127年～1279年

　　宋金之間維持了二十年和平之後，金朝的海陵王完顏亮承續帝位，是為金廢帝。有一天，他在北國深秋蕭瑟的宮中，讀到北宋詞人柳永的作品〈望海潮〉，見其中所述江南美麗風光，欣羨不已，尤其一句「有三秋桂子，十里荷花」，更使他心嚮往之，於是興起伐宋的念頭。南宋紹興三十一年，他遷都到汴京（今河南開封），催軍南下。在渡長江到安徽當塗的采石磯時，被南宋虞允文率軍迎頭痛擊，大敗，是為「采石大捷」。完顏亮被部下殺死，金國後方另立金世宗即位，仍都燕京。

　　南宋方面，秦檜死於紹興二十五年。趙構於紹興三十二年退居太上皇，後來死於孝宗淳熙十四年。這兩個人生前享盡榮華富貴，死時膚髮無損。人生至此，天道寧論。趙伯琮於紹興三十二年即位，接替趙構，是為宋孝宗。以後經過光宗，傳到寧宗時，又有奸臣韓侂冑當道。此人專權胡為，為了提高自己的聲望，隨便發兵北伐。宋軍因準備不足，被金軍反擊消滅，南宋急忙求和。金國要求南宋除去主戰者，南宋君臣於是趁韓侂冑上朝時，將他殺死。

　　此時，蒙古帝國崛起於漠北（今之蒙古國）。蒙古民族以騎馬畜牧為生，起先向金國稱臣。在宋金對峙之時，鐵木真統一族中各部落，而被族人尊稱為「成吉思汗」。成吉思汗雄才大略，善於組織及統御。蒙古軍能征慣戰，勇士如雲，名將輩出。成吉思汗不再向金稱臣，揮軍攻金，破長城，陷燕京，金兵不敵，金宣宗獻金銀珠寶以止戰，並在蒙古軍離去後，將國都由燕京遷往汴京。後蒙古軍再度南下，正式占領燕京。蒙古軍轉頭發動第一次西征，攻打中亞，歷時四年而返。又二年後，蒙古軍征西夏，走到甘肅的六盤山時，成吉思汗死，窩闊臺繼位，

三皇五帝			
夏			
商			
周	西周		
	東周	春秋	
		戰國	
秦			
漢	西漢		
	東漢		
三國	魏	蜀漢	吳
晉	西晉		
	東晉		
南北朝	北朝	南朝	
	北魏	宋	
	東魏 西魏	齊	
	北齊 北周	梁	
		陳	
隋			
唐			
五代	後梁		
	後唐		
	後晉		
	後漢		
	後周		
宋	北宋		
	南宋		
元			
明			
清			
民國			

他派軍再次攻金,包圍汴京,金哀帝奔逃蔡州(今河南汝南)。此時,蒙古與宋訂定盟約,共同滅金。蒙古出兵,宋出糧食。蒙古軍圍蔡州,金哀帝讓位給金末帝後自縊,蒙古軍破城,金末帝戰死,金亡。

南宋方面,宋寧宗之後的宋理宗,先後寵信了史彌遠、史嵩之和賈似道等三個奸佞小人,朝政日益敗壞。金亡後,蒙古軍北返。宋朝想要趁機收復歸德、汴京、洛陽等三京,於是違反盟約,偷擊蒙古軍的背後。蒙古軍回擊,宋兵大敗。蒙古軍轉頭發動第二、第三次西征,打東歐、中東及波斯,前後歷時二十三年。這期間,南宋幸而得以苟活。西征畢,蒙古大汗換為蒙哥。蒙哥率軍南下,征服南詔及安南後,兵分三路攻宋。中路的蒙哥攻四川;北路的忽必烈攻湖北;南路的兀良哈臺攻湖南。蒙哥攻四川合州釣魚山城時,打了六個月還攻不下來,最後死於軍中。忽必烈急於回蒙古,答應賈似道的乞和,全軍北返。

 史書之外

〈西湖〉:

南宋詩人林升,眼看國家偏安不振,寫一首詩,題為〈西湖〉,幽諷朝廷:

山外青山樓外樓,西湖歌舞幾時休;暖風薰得遊人醉,直把杭州作汴州。

〈望海潮〉:

柳永是北宋人。他作的這首〈望海潮〉,能流傳到遙遠的金國,卻又替南宋惹來麻煩。他應該感到榮耀?還是感到無奈?

東南形勝,三吳都會,錢塘自古繁華。煙柳畫橋,風簾翠幕,參差十萬人家。雲樹繞堤沙,怒濤捲霜雪,天塹無涯。市列珠璣,戶盈羅綺競豪奢。重湖迭巘清嘉,有三秋桂子,十里荷花。羌管弄晴,菱歌泛夜,嬉嬉釣叟蓮娃。千騎擁高牙,乘醉聽簫鼓,吟賞煙霞。異日圖將好景,歸去鳳池誇。

金戈鐵馬辛棄疾：

辛棄疾，字「幼安」，別號「稼軒居士」。他出生於南宋高宗時期，但卻在金人統治的北方長大。因父親早死，辛棄疾由祖父辛贊撫養成人。辛贊在金朝為官，但心懷宋室，所以常灌輸辛棄疾強烈的民族意識。辛棄疾二十二歲時，就勇敢地在淪陷區號召組織一支二千多人的義勇軍，抗金殺敵。之後，他率隊投效義軍領袖耿京。後來，耿京被叛徒張安國所殺。憤怒的辛棄疾，為了替耿京報仇，率五十騎義軍衝入有五萬金兵的敵營，竟能活捉張安國，並衝破重圍，將張安國押解到南宋京城臨安治罪。辛棄疾這一仗，名震天下。但滿腔熱血的辛棄疾定居南宋後越來越失望。整個南宋朝廷，充斥著主和偏安的氣氛，主張抗金復國的他，始終不得重用。他曾被指派擔任過幾個地方小官。雖然官小，但只要在任內，他必全力以赴。但他的才能和傑出表現遭到其他無能官僚的嫉妒，故屢遭免職。他曾自力成立一支「飛虎軍」，不但剿匪，還抗金。此舉很快遭到主和派彈劾。從此，辛棄疾心灰意冷，歸隱田園，將庭園取名「稼軒」，自號「稼軒居士」，並改而寄情於文學。辛棄疾文才高妙，會作溫柔婉約的詞，也會作豪放雄壯的詞。我們來看他溫柔的〈醜奴兒〉以及豪放的〈永遇樂〉：

少年不識愁滋味，愛上層樓；愛上層樓，為賦新詞強說愁。而今識盡愁滋味，欲說還休；欲說還休，卻道天涼好箇秋。

——〈醜奴兒〉

千古江山，英雄無覓，孫仲謀處。舞榭歌臺，風流總被，雨打風吹去。斜陽草樹，尋常巷陌，人道寄奴曾住。想當年、金戈鐵馬，氣吞萬里如虎。元嘉草草，封狼居胥，贏得倉皇北顧。四十三年，望中猶記、烽火揚州路。可堪回首，佛狸祠下，一片神鴉社鼓。憑誰問：廉頗老矣，尚能飯否？

——〈永遇樂〉

三皇五帝		
夏		
商		
周	西周	
	東周	春秋
		戰國
秦		
漢	西漢	
	東漢	
三國	魏 蜀漢	吳
晉	西晉	
	東晉	
南北朝	北朝	南朝
	北魏	宋
	東魏 西魏	齊
	北齊 北周	梁
		陳
隋		
唐		
五代	後梁	
	後唐	
	後晉	
	後漢	
	後周	
宋	北宋	
	南宋	
元		
明		
清		
民國		

南宋（三）

西元1127年～1279年

　　蒙古軍一走，賈似道就向宋理宗謊報勝利。朝廷信以為真，還舉行慶祝。賈似道對於所答應送蒙古的大量金銀珠寶，都瞞著皇帝，絕口不提，也不去辦。蒙古使臣來南宋催收，卻被賈似道祕密關入牢房。西元 1260 年，忽必烈登大汗位，年號「中統」。三年後，宋理宗死，宋度宗即位，忽必烈也改年號為「至元」，定都燕京，改名為大都（今北京）。屬下向他報告南下的使臣失蹤未歸。他派人質問賈似道，賈似道含糊以對。忽必烈發覺被騙，大怒，決定攻打南宋。但要征服南宋，首先要拿下襄陽（今湖北襄陽）。至元五年，蒙古軍南下圍攻襄陽。襄陽守將呂文煥，一面和百姓同心協力死守抗敵，一面不斷向朝廷求援。每一封求援信到臨安後，都被賈似道扣押，瞞著皇帝，不予處理。宋度宗懦弱無能，對宮外世事一無所知，任由賈似道這樣敗壞國政。

　　至元八年（西元 1271 年），忽必烈改命國號為「元」，是為元世祖。至元十年，襄陽全城糧絕，呂文煥無法撐下去，遂投降了。元軍通過襄陽，續陷鄂州（今湖北武昌），橫掃湖北、江西、安徽，兵鋒直指浙江。消息傳到臨安，度宗聞訊，驚嚇而死。他四歲的兒子恭帝即位，由太后聽政。賈似道主張求和、遷都，群臣不同意，強烈要求他抗敵。太后遂命賈似道親征。賈似道抵安慶（今安徽安慶），手下將領范文虎叛變降元。賈似道逃回，被太后免職，貶往廣東，半路上，被具有正義感的押解官鄭虎臣所殺。朝廷號召「勤王」，請各地義勇軍來救。李庭芝、文天祥、張世傑等忠臣響應。至元十三年，元軍在大將伯顏率領下，進逼臨安。文天祥任右丞相，被派往元軍大營談判，話不投機，被伯顏抓起來。元軍進入臨安，太后及恭帝投降，

南宋文武官員奔逃一空。

　　恭帝之兄逃到福州（今福建福州），在一小群隨員的擁立下即位，是為宋端宗，組成流亡政府。文天祥在被送往鎮江的途中，僥倖逃出元營，南奔到福州，加入流亡政府。但文天祥在流亡政府內遭排擠，於是他寧願外出，在福建、江西鄉下打游擊，率領少數兵士與元軍部隊周旋。在元大軍的進擊下，李庭芝壯烈殉國。流亡政府從福建一路逃到秀山（今廣東東莞）。文天祥輾轉退往海豐（今廣東海豐），他的部隊人數越來越少，人困馬乏，又餓又累。有一天，他們獲得一點糧食，就停在五嶺坡的地方，打算好好煮一頓午餐來吃。正要開飯，元軍大隊人馬殺到，文天祥及其部下猝不及防，統統束手就擒。宋端宗死，群臣再立趙昺為帝。至元十六年，在元軍的追擊下，趙昺逃到崖山（今廣東新會），無路可逃。臣子中的陸秀夫就背起趙昺，從懸崖上跳海而死，南宋亡。張世傑率眾突圍到廣州（今廣東廣州），遇颶風，溺水而死。文天祥被俘後，被送往元京大都，堅不投降，三年後被殺。史稱文天祥、陸秀夫、張世傑等三人為「宋末三傑」。

史書之外

文天祥：

　　文天祥，廬陵（今江西吉安）人，幼聰慧，好讀書。宋理宗寶祐四年時，他二十一歲，參加進士考試，成績優異，為第一名狀元。宋理宗召見新科進士時，看見名冊上他的名字，高興地說：「此天之祥，宋之瑞也。」文天祥後來就基於這句話，為自己取了別號，叫做宋瑞。他很意氣風發地走上仕途，想要為國家獻力。但是朝中昏君懦弱、奸相弄權、小人充塞。他忠勤任事，但卻屢被排擠，有志難伸。腐敗的朝政、亡國的趨勢，都不是他一個人所能糾正挽回的。失望的文天祥，心灰意冷，曾二度辭官，回家休息。元大軍壓境，局勢危殆，朝廷號召勤王。文天祥聞訊，滿腔熱血止不住地再度澎湃，立刻採取行動，變賣家產，募集壯丁，組成一支一萬多人的義勇軍，前往臨安報效。他和義軍雖奮力作戰，終究打不贏元軍，敗回臨安。臨安被圍，宰相陳宜中等無能的大臣

紛紛棄職潛逃,皇太后任命文天祥為右丞相出面維持大局,負責和元軍統帥伯顏談判。談判不成,文天祥被拘禁。宋朝皇室不戰請降。伯顏入城,逮捕皇帝、皇族,連同城外的文天祥等人,一併押解北上。文天祥在押解的隊伍走到鎮江時,趁機脫逃,輾轉跑到福州,投奔宋端宗的流亡政府,繼續抗元戰鬥,最後兵敗被俘。元軍將領逼他寫信,勸尚在抵抗的宋朝臣民投降。文天祥不從,寫了一首〈過零丁洋〉,表白志節:

辛苦遭逢起一經,干戈寥落四周星。山河破碎風飄絮,身世浮沉雨打萍。惶恐灘頭說惶恐,零丁洋裡嘆零丁。人生自古誰無死,留取丹心照汗青。

文天祥被送到大都。元世祖忽必烈很愛惜他,將他關在大牢,屢屢派人勸說他投降,但都未成功。一關三年,文天祥在獄中寫下了著名的〈正氣歌〉:

天地有正氣,雜然賦流形:下則為河嶽,上則為日星,於人曰浩然,沛乎塞蒼冥。皇路當清夷,含和吐明庭;時窮節乃見,一一垂丹青:在齊太史簡,在晉董狐筆,在秦張良椎,在漢蘇武節;為嚴將軍頭,為嵇侍中血,為張睢陽齒,為顏常山舌;或為遼東帽,清操厲冰雪;或為出師表,鬼神泣壯烈;或為渡江楫,慷慨吞胡、羯;或為擊賊笏,逆豎頭破裂。是氣所磅礡,凜烈萬古存。當其貫日月,生死安足論?地維賴以立,天柱賴以尊。三綱實繫命,道義為之根。嗟予遘陽九,隸也實不力。楚囚纓其冠,傳車送窮北。鼎鑊甘如飴,求之不可得。陰房闐鬼火,春院閟天黑。牛驥同一皂,雞棲鳳凰食。一朝蒙霧露,分作溝中瘠,如此再寒暑,百沴自辟易。哀哉沮洳場,為我安樂國!豈有他繆巧?陰陽不能賊。顧此耿耿在,仰視浮雲白。悠悠我心悲,蒼天曷有極!哲人日已遠,典型在夙昔。風簷展書讀,古道照顏色。

因他始終不屈服,最後終於被元朝處死。他死後,大家發現他遺留一首詩:

孔曰成仁，孟曰取義。唯其義盡，所以仁至。讀聖賢書，所學何事？而今而後，庶幾無愧。

萬里江山

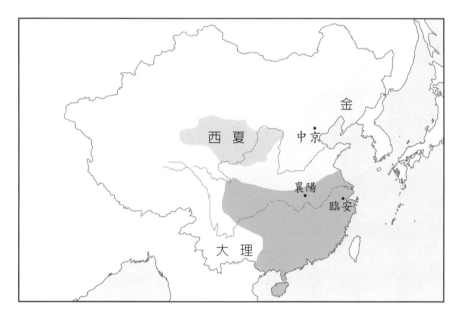

萬世一系

1.高宗（建炎）	・趙構即位於南京，建南宋，後定都臨安，形成偏安局面 ・宋與金定紹興和議，宋淪為金的屬國
2.孝宗（隆興）	・宋金和議再成
3.光宗（紹熙）	
4.寧宗（開禧）	・伐金失敗 ・蒙古鐵木真稱成吉思汗

5.理宗（寶慶）	・宋與蒙古聯兵滅金，金亡 ・忽必烈即帝位，移都燕京，改稱大都，建國號元
6.度宗（咸淳）	・蒙古改國號為元
7.恭帝（德祐）	
8.端宗（景炎）	・元兵陷臨安，俘恭帝
9.帝昺（祥興）	・忽必烈滅宋，南宋亡

宋代文化

文學：

　　宋代的文學，以「詞」的成就最為輝煌。詞是從唐詩演變而來，又名「長短句」，字句長短不一，創作的自由度比詩高，並可與音樂曲譜配合。詞的特色是：各句最後一個字必須押同一韻腳。唐末及五代之時，已有作詞名家如溫庭筠、李煜（李後主）等，到了兩宋，更是詞人輩出，佳作如雲，可說是詞的全盛時期。

　　宋詞分為二派，一為婉約派，另一為豪放派。

1. 婉約派：婉約派是詞的主流，從五代起，歷北宋，至南宋，勢力龐大。此派作品，詞意溫柔婉約，字句輕淡含蓄。此派詞人，北宋有晏殊、晏幾道、張先、歐陽修、秦觀、柳永、范仲淹、黃庭堅、李清照、周邦彥等；南宋有姜夔、吳文英等。

2. 豪放派：豪放派是北宋中期以後，蘇軾所首創。此派作品，詞意遠闊，字句雄健奔放，雖然也有一些好作品，但始終不是詞的主流。此派詞人，北宋有蘇軾；南宋有辛棄疾、劉過、陸游。辛棄疾飽經滄桑，以詞寄情。他滿腔熱血投奔南宋，未獲重用，有志難伸，便把愛國情懷傾吐在作品中，篇篇都悲壯感人。

　　此外，宋詩承襲唐詩餘風，水準尚好。詩人以蘇軾、王安石、黃庭堅、范成大、楊萬里、陸游為代表。宋朝的散文水準極高，有些好文章甚至是出自科舉考試中的策論。宋朝的散文作家以蘇洵、蘇軾、蘇轍、王安石、歐陽修、曾鞏等六人為代表。此六人連同唐代的韓愈及柳宗元二人，合稱唐宋八大家。

三皇五帝		
夏		
商		
周	西周	
	東周	春秋
		戰國
秦		
漢	西漢	
	東漢	
三國	魏 蜀漢	吳
晉	西晉	
	東晉	
南北朝	北朝	南朝
	北魏	宋
	東魏 西魏	齊
	北齊 北周	梁 陳
隋		
唐		
五代	後梁	
	後唐	
	後晉	
	後漢	
	後周	
宋	北宋	
	南宋	
元		
明		
清		
民國		

繪畫：

宋代畫家的繪畫技巧，例如山水畫的構圖、色彩，以及花鳥畫的觀察等方面，都比唐代進步。宋畫分「宮廷畫」、「文人畫」、「風俗畫」三種。「宮廷畫」嚴謹寫實，代表畫家有李成、范寬、趙佶、馬遠、夏珪等。范寬的《谿山行旅圖》為名作。「文人畫」是延續唐朝王維的畫風，將詩、詞、書、畫結為一體，意境高雅，是文人悠遊自娛之作，代表畫家有蘇軾、米芾、梁楷等。「風俗畫」一改山水畫的傳統，特別把市井小民的生活百態拿來入畫，代表畫家是張擇端，其名作《清明上河圖》是描繪汴京市民過清明節的熱鬧情形。

音樂：

宋代的音樂，配合詞而發展。曲的種類有「樂」、「令」、「引」、「慢」、「近」等，例如〈清平樂〉、〈如夢令〉、〈箜篌引〉、〈聲聲慢〉等。宋人改良唐代西域的弓弦樂器，定名為「胡琴」，一直流傳至今。

史學：

司馬光作《資治通鑑》，這是一本編年體的通史，涵蓋範圍從戰國到五代，跨越一千年的歷史長河，是考證嚴謹的長篇史學巨作。

 史書之外

碧雲天，黃葉地，秋色連波，波上寒煙翠。山映斜陽天接水，芳草無情，更在斜陽外。黯鄉魂，追旅思，夜夜除非，好夢留人睡。明月樓高休獨倚，酒入愁腸，化作相思淚。

——范仲淹〈蘇幕遮〉

春歸何處？寂寞無行路。若有人知春去處，喚取歸來同住。春無蹤跡誰知，除非問取黃鸝。百囀無人能解，因風吹過薔薇。

——黃庭堅〈清平樂〉

去年元夜時，花市燈如晝，月上柳梢頭，人約黃昏後；今年元夜時，月與燈依舊，不見去年人，淚溼春衫袖。

——歐陽修〈生查子〉

尋尋覓覓，冷冷清清，悽悽慘慘戚戚。乍暖還寒，時候最難將息。三杯兩盞淡酒，怎敵他晚來風急。雁過也，最傷心，卻是舊時相識。滿地黃花堆積，憔悴損、而今有誰堪摘？守著窗兒，獨自怎生得黑？梧桐更兼細雨，到黃昏、點點滴滴。這次第，怎一個愁字了得？

——李清照〈聲聲慢〉

漠漠輕寒上小樓，曉陰無賴似窮秋，淡煙流水畫屏幽。自在飛花輕似夢，無邊絲雨細如愁，寶簾閒掛小銀鉤。

——秦觀〈浣溪紗〉

寒蟬淒切，對長亭晚，驟雨初歇。都門帳飲無緒，方留戀處，蘭舟催發。執手相看淚眼，竟無語凝噎。念去去、千里煙波，暮靄沉沉楚天闊。多情自古傷離別，更那堪、冷落清秋節！今宵酒醒何處？楊柳岸、曉風殘月。此去經年，應是良辰，好景虛設。便縱有、千種風情，更與何人說！

——柳永〈雨霖鈴〉

大江東去，浪淘盡，千古風流人物。故壘西邊，人道是、三國周郎赤壁。亂石崩雲，驚濤裂岸，捲起千堆雪。江山如畫，一時多少豪傑。遙想公瑾當年，小喬初嫁了，雄姿英發。羽扇綸巾，談笑間、強虜灰飛煙滅。故國神遊，多情應笑我，早生華髮。人生如夢，一樽還酹江月。

——蘇軾〈念奴嬌赤壁懷古〉

何處望神州？滿眼風光北固樓。千古興亡多少事，悠悠。不盡長江滾滾流。年少萬兜鍪，坐斷東南戰未休。天下英雄誰敵手，曹劉。生子當如孫仲謀。

——辛棄疾〈南鄉子〉

三皇五帝		
夏		
商		
周	西周	
	東周	春秋
		戰國
秦		
漢	西漢	
	東漢	
三國	魏	蜀漢　吳
晉	西晉	
	東晉	
南北朝	北朝	南朝
	北魏	宋
	東魏　西魏	齊
	北齊　北周	梁　陳
隋		
唐		
五代	後梁	
	後唐	
	後晉	
	後漢	
	後周	
宋	北宋	
	南宋	
元		
明		
清		
民國		

宋代故事

　　宋朝的故事，以「包公案」、「七俠五義」、「媽祖」流傳最廣。包公，名拯，合肥（今安徽合肥）人，臉孔黝黑，官至開封府尹、龍圖閣大學士，民間傳說他是文曲星轉世。他為官剛正廉明，判案公平，為民伸冤，人稱「包青天」或「包公」。他手下有王朝、馬漢、張龍、趙虎等勇士，又有精明的公孫策當師爺，幫他屢破奇案。他獲皇帝御賜「尚方寶劍」，可以上斬昏君，下斬奸臣。後人集合他辦案的種種故事，成為《包公案》。《七俠五義》是清朝人石玉崑所著。全書以北宋時在汴京城內外活動的江湖遊俠為主角，其中有一些故事也牽涉到包公。以下我們介紹包公案裡最有名的二個故事：「狸貓換太子」、「鍘美案」，以及七俠五義、媽祖等的概要。

狸貓換太子：

　　中秋節，宋真宗攜李妃、劉妃同在御花園賞月，賜二妃每人各一個金丸，一顆上刻「玉宸宮李妃」，另一顆上刻「金華宮劉妃」。二妃此時都已懷孕，真宗就允諾二妃，誰生男嬰就立誰為后。節日過後，劉妃壞心，命太監郭槐買通李妃的接生婆尤氏，若李妃生男嬰就要她調包。李妃產期到時，果生男嬰。郭槐從別處取來剝了皮的一隻狸貓，交給尤氏，拿牠換掉剛出生的男嬰。李妃看到嬰兒的怪樣，傷心欲絕，而真宗以為李妃生出妖怪，認為她不祥，將她打入冷宮。尤婆將男嬰交給劉妃的宮女寇珠。寇珠遵照劉妃的指示，欲將男嬰拋下河中，但她於心不忍，徬徨無措，恰好太監陳琳迎面走來。寇珠知陳琳為人正直，忠實可靠，遂將事情的來龍去脈告訴他，要他設法救此男嬰。陳琳聽了大吃一驚，接過男嬰，偷偷帶到真宗之弟八賢王的府中。八賢王不敢聲張，只得留男嬰在府中扶養，對外稱

是自己得子，取名趙禎。隨後劉妃也生下一男嬰，遂被立為皇后。但那個小孩只活到六歲就病死。真宗沒了兒子，心情鬱悶，到八賢王府遊玩，見到也已六歲大的趙禎，因父子天性，二人非常投緣。真宗喜收趙禎為子，隨後立之為太子。一日，太子誤入冷宮，見到李妃，母子天性，相處甚歡。劉妃起疑，審問寇珠，寇珠忠義，撞壁而亡，劉妃遂再陷害李妃。幸好太監余忠代替李妃而死，宮女秦鳳將李妃偷帶出宮，遠送至陳州，給一個貧戶范勝和范宗華父子照顧。秦鳳、范勝死後，范宗華在不知李妃真實身分的狀況下，仍盡心在破窯洞中照顧她。李妃感懷身世，常流淚哭泣，日久雙目失明。十年後，真宗死，太子登基為帝，是為仁宗。劉妃升為太后。仁宗登基後不久，宮中鬧鬼。仁宗命包公入宮處理。此鬼為寇珠，她附在太監楊忠的身上，向包公訴說遭害的冤情。包公答應為她伸冤，宮中才不再鬧鬼。不久，天下大旱，陳州鬧饑荒。包公奉命至陳州放糧。事畢，路經草橋時，突然一陣怪風吹來，將包公的烏紗帽捲走。只見那烏紗帽飄呀飄的，飄到范宗華家的窯洞門口，輕輕落地。包公見狀，直覺這家人必有冤情。趨前一問，果見窯洞內端坐一位瞎眼老太婆，衣雖窮破但氣度高雅，直呼其「包黑子」，向他訴冤。包公看到老太婆展現的金丸，再加上前不久聽過寇珠鬼魂的申訴，知道她確是國母李妃無疑，遂決定為她伸冤。包公帶李妃到八賢王府，由八賢王向仁宗說明原委。仁宗大驚，命包公慎重審理此案。包公傳訊郭槐，郭槐堅不承認。公孫策定計，請一位女孩假扮寇珠，在三更半夜時，突然出現在獄中，向郭槐哀號索命。郭槐正自驚疑不定，又來了牛頭馬面，將他帶到閻王殿。閻羅王居中高坐，將驚堂木一拍，大喝一聲：「還不快招！」郭槐嚇得半死，立刻認罪畫押。此時，蠟燭突然全亮，原來閻羅王是包公扮的。郭槐被判死刑。劉太后知道消息後，自縊身亡。仁宗迎母回宮。

鍘美案：

　　書生陳世美娶妻秦香蓮，育有二子。陳世美進京考中狀元，對皇帝謊報未婚，遂得以娶公主，搖身一變變成駙馬。秦香蓮在家鄉苦等丈夫，久無音訊，遂攜子進京尋夫。歷盡艱辛，終於尋到駙馬府內。但陳世美翻臉無情，堅決不認妻兒。秦香蓮無奈，攜子回家。陳世美派人在半路上暗殺他們，未成功。秦香蓮一怒，回城向包公訴冤。包公審得實情後，不畏皇家權勢，硬是宣布開虎

頭鍘，將陳世美腦袋切掉。

七俠五義：

　　七俠是「南俠」展昭、「北俠」歐陽春、「雙俠」丁兆蕙、丁兆蘭、「黑俠」智化、「智俠」沈仲元、「小俠」艾虎。五義是「鑽天鼠」盧方、「徹地鼠」韓彰、「穿山鼠」徐慶、「翻江鼠」蔣平、「錦毛鼠」白玉堂。話說展昭幫包公辦案有功，被仁宗召見，並在表演飛簷走壁的功夫後，被封為四品帶刀護衛，賜號「御貓」。而在汴京城外「陷空島」這個地方，住有五位結義兄弟：盧方、韓彰、徐慶、蔣平、白玉堂，他們平日切磋武藝，自命不凡，號稱「五鼠」。白玉堂聽說有人叫做「御貓」，而貓能剋鼠，他感到很不服氣，便往京城鬧事。他明查暗訪，得知壞太監郭忠欲害好太監陳琳，便殺了郭忠，題字於忠烈祠壁上，讓皇帝明白真相。他又察知龐太師殺妾，誣陷包公，便潛入皇宮，留字條給仁宗，上書「老龐害老包」。他這樣炫耀本事，超越「御貓」，卻搞得官府風聲鶴唳。陷空島其他幾鼠不得不出來，幾經波折，擒住白玉堂，送到皇帝面前。仁宗見了白玉堂，不但不怪罪他的任性，反而欣賞他的本領，封他為四品護衛。眾人皆大歡喜。

媽祖：

　　媽祖本名林默娘，宋太祖建隆元年（西元 960 年）農曆三月二十三日出生於福建莆田林家。出生後，不啼不哭，故被命名為默娘。她從小就聰穎乖巧，微笑對人。八歲入塾，讀書過目不忘。十歲起，喜焚香誦佛經。十三歲，遇一老道士，學得法術。成年以後，以慈悲態度治病救人，屢顯奇蹟。宋太宗雍熙四年（西元 987 年）農曆九月九日，她在湄州島羽化成仙。傳說她升天後，仍經常顯現神蹟。尤其是航行海上的漁船遇大風浪時，她都會適時出現救人。她的事蹟經人傳頌，成為中國東南沿海民間最受信仰崇拜的神祇。民間尊稱她為「媽祖」。歷代皇帝為順應民情，多對媽祖加添尊號。清朝康熙皇帝尊媽祖為「天后聖母」。

宋代理學

自從漢武帝罷黜百家、獨尊儒術以來，儒學就成為中國思想與教育的主流。魏晉時，政風壞，人心苦，玄學和佛學遂大行其道，儒學衰微。中唐時，韓愈極力推崇孔孟學說，排斥佛教、道教，儒學才復興。但佛道二教對人生、宇宙等哲學問題的豐富探討，已啟發許多學者的興趣。宋時，孔孟那種以維持社會秩序為主的粗淺儒學，已不能滿足學者對人生、宇宙等哲學問題的求知慾，學者發展出一種以儒家思想為主體，融入道家的清靜觀念以及佛教禪宗思想的新學說，稱為「新儒學」。新儒學的中心思想是「理」，強調「理」是宇宙生成運作的根本，人必須依天理而思想、行事，使人生達到至善之境，故又稱「理學」。因其為宋代所形成的學問，故又稱「宋學」。

北宋時期，重要的理學家有開創的周敦頤、邵雍、張載等三人，以及後繼的程頤和程顥等二人，史稱「北宋五子」。

周敦頤：

道州（今湖南道縣）人，世稱濂溪先生。其學說以由無極、太極、陰陽五行，而化生萬物的宇宙觀，推論出一套「唯心論」的哲學思想。他又認為，人生應以「靜」為主，因為靜，才能無欲；因為無欲，才能至誠。他將佛家、道家思想融入其理學中。他的一篇〈愛蓮說〉，充分顯示出他的道德傾向。其學稱為「濂派」。

邵雍：

范陽（今北京）人。博覽群書，刻苦自勵。他是以「易數」來推論宇宙的運行、陰陽的消長、萬物的更替。其理學融合儒學和道學。

三皇五帝			
夏			
商			
周	西周		
	東周	春秋	
		戰國	
秦			
漢	西漢		
	東漢		
三國	魏	蜀漢	吳
晉	西晉		
	東晉		
南北朝	北朝	南朝	
	北魏	宋	
	東魏	西魏	齊
	北齊	北周	梁
			陳
隋			
唐			
五代	後梁		
	後唐		
	後晉		
	後漢		
	後周		
宋	北宋		
	南宋		
元			
明			
清			
民國			

張載：

大梁（今山西天鎮）人，居於鳳翔（今陝西岐山），在關中講學，其學稱為「關派」。他以儒學為中心思想，認為以「禮」來變化氣質，除惡為善，人人皆可為孔孟，成聖人。何謂聖人？他下了一個定義「為天地立心，為生民立命，為往聖繼絕學，為萬世開太平。」

程頤和程顥：

這二個人是兄弟，洛陽人，世稱他們為二程，程頤又稱伊川先生，程顥又稱明道先生。其學稱為「洛派」。他們是周敦頤的學生，卻不注重宇宙問題，反而主張以實際生活體驗來探討人生哲理。

南宋時，出現了兩位重要的理學家，即朱熹和陸九淵。

朱熹：

南平（今福建南平）人。其學繼承二程，世稱程朱。集理學之大成，發展成更有系統的思想體系。他認為，欲明理，首重格物，窮究世間萬物之理以致知，再則必須多讀古聖先賢之書，最後目標為「去人慾，存天理」。其學稱為「閩派」。他將《論語》、《孟子》、《大學》、《中庸》集合起來，合稱「四書」。南宋以後，成為士人所必讀。

陸九淵：

金溪（今江西金溪）人，講學於象山，世稱象山先生。他認為「心即是理」，欲明理，只要多用心、多思考，自可頓悟天地之道，不必勤讀古書。朱熹重讀書，陸九淵重思考。二人曾在鵝湖辯論，不分勝負。

科舉：

科舉制度始於隋文帝。當時是為了改革從南北朝以來門閥世家子弟壟斷政府官位的現象，他設計出以科舉考試這種公平迅速的方法，從平民之中選拔人才來任官。隋亡唐興，續行此制，結果很好，平民人才出頭，官員能力提升，故科舉制度獲得肯定而被積極推行，一直延用到宋、元、明、清各代。

唐代科舉的特色：

1. 科目多而錄取名額少：唐代科舉分成很多科，有「進士科」（專考詩賦）、「明經科」（考古書經文）、「明法科」（專考律令）、「明書科」（專考寫字）

等，但進士科出身的人官運一向較佳，故特別受人重視。早期進士科只考詩賦，不過考取進士者，作詩賦很棒，當官作事卻不一定行。唐政府有鑑於此，後來在進士科加考策論，即要考生對某一實際問題發表對策及評論，如此，可使有思考見解、有作事能力的考生出頭。進士科每年約錄取二、三十人。

2. 不甚公平：唐人不太注重考試的公平性，考生常拜託大官向主考官關說；或將自己的考卷公開（稱為公卷），希望用大眾輿論來影響批卷官。

3. 考用分途：唐代考生考取進士後，只是有了光榮，卻還未必能任官。必須再通過吏部所辦的任用考試，才可任官。

宋代科舉的特色：

1. 科目少而錄取名額多：宋代政府「重文輕武」，科舉考試錄取名額增多，每年約錄取一、兩百人。平民百姓經由科舉考試而當官的機會也增多。影響所及，社會上逐漸形成「萬般皆下品，唯有讀書高」的價值觀。王安石變法時，廢除明經諸科，獨留進士科，且取消詩賦，專考策論。變法失敗後，仍恢復考詩賦及策論。

2. 較公平：宋人發明「糊名」及「謄錄」的方法。所謂「糊名」，就是在考卷上糊一塊黑紙，遮住考生的姓名，使任何人都無法知道考卷的作者是誰，一直到放榜前，撕開黑紙才能知道；所謂「謄錄」，就是由第三者將考卷重抄一遍再送給批卷官打分數，避免由字跡認出考卷作者。經此二法，杜絕關說，促使批卷官公正給分。

3. 考用合一：首先是確立殿試制度。所謂殿試，就是在皇宮宮殿中考試，以皇帝為監考官，凸顯科舉考試的莊嚴隆重。此制度雖於唐代首創，但至宋代才成為慣例。其次是考生一旦殿試及格，獲得「進士及第」的資格，政府立刻派官職給他，令他走馬上任。

學校：

宋代的學校，有「官學」和「書院」兩個系統。官學是官府所設的學校，以京師的「太學」為最高學府，最受重視，其他各地分設州學、府學、縣學等。但，地方官學辦理成效一向不佳。書院是私人所設的學校。在唐朝末年時，一

些熱心教育的人士自建校舍，招收學生，延攬飽學之士在校內講學。到了宋代，一律以「書院」稱之。

兩宋時，學風自由，私人講學風氣盛行，有頗具規模的「四大書院」，即：白鹿洞書院（位於江西廬山）；嶽麓書院（位於湖南長沙）；嵩陽書院（位於河南登封）；應天書院（位於河南商邱）。書院自訂教材與學規。名儒朱熹和陸九淵都曾在白鹿洞書院講學，朱熹也曾在嶽麓書院講學，二程曾在嵩陽書院講學，范仲淹曾在應天書院講學。

宋代科技與生活

科技：

　　宋人沈括所著的《夢溪筆談》，是中國科技史上極為重要的著作。書中除了記載他自己的科技研究結果，尤其是在天文曆法上的心得外，同時還記述了當時社會上的一些其他科技成就。

　　中國四大發明中的火藥、印刷術、指南針等三項，皆是於宋代出現大幅度的實用改良發展：

1. 火藥：宋人重文輕武，但對武器的研究很精。北宋人成功研究出對火藥爆炸力的控制技術，並製成火炮，名為「震天雷」。南宋時，李綱和虞允文也曾用一種「霹靂炮」的火炮，擊退金兵。金滅北宋，學得火藥、火炮技術，後來金兵用「震天雷」打蒙古軍。蒙古滅金，也學得火藥、火炮技術，用於西征。最後，火藥、火炮技術傳到了阿拉伯。

2. 印刷術：唐代開始使用雕版印刷。五代時，馮道印九經，使雕版印刷技術大進。兩宋時，雕版印刷術的發展達於鼎盛。宋人非常重視刻工與校對，宋版書籍字體美，錯誤少，紙、墨、裝訂皆考究。但雕版印刷有一缺點，即製版費時。製版時只要有一絲出錯，就必須全版重雕，實不經濟。北宋印刷工人畢昇，在仁宗慶曆年間（西元 1041～1048 年）發明了活版印刷術。先以膠泥製成一個一個獨立的活字字柱（如小印章），放在儲備盒裡。製版時，找出所要的活字，把它們集合排好，再用繩子繞著周圍綁牢，就成一版，可用以印刷。印完後，把繩子解開，版就散了，把各活字丟回儲備盒中，以後可再用，如此可大大提升製版速度。後來，朝鮮人在西元 1234 年發明金屬活字，德國人古騰堡在西元 1456 年也發明活版印刷術。

三皇五帝			
夏			
商			
周	西周		
	東周	春秋	
		戰國	
秦			
漢	西漢		
	東漢		
三國	魏	蜀漢	吳
晉	西晉		
	東晉		
南北朝	北朝	北魏	南朝 宋
		東魏 西魏	齊
		北齊 北周	梁 陳
隋			
唐			
五代	後梁		
	後唐		
	後晉		
	後漢		
	後周		
宋	北宋		
	南宋		
元			
明			
清			
民國			

3. 指南針：指南針的使用可追溯到黃帝時代。宋代時，因「人工磁化」法的發明，磁針強度大有增進，對方向的指示很穩定，不會抖動，可以實用在海上導航，又稱「羅盤」，航海術因而發達。

商業與生活：

　　唐代之前的大城市，如長安，城中有「坊」和「市」，「坊」是住宅區，「市」是商業區。「市」的活動時間有限制。宋時，廢除坊市分離，城市的市民活動因此變得繁榮，出現夜市。對外貿易方面，東南海運日漸昌旺，廣州、泉州等港口有阿拉伯、印度的遠洋大船定期往來，外僑進出，萬商雲集，港口關稅成為國庫的重要收入。

貨幣：

　　除了流通銅錢等金屬貨幣，宋代開始出現「紙幣」。北宋真宗時，四川富商聯合發行用紙印製的「交子」，是中國歷史上最早的紙幣。南宋時發行「會子」，流通更廣。但交子和會子都限期使用，逾期作廢。

史書之外

蘇軾：

　　蘇軾，眉山（今四川眉山）人，宋仁宗景祐三年（西元 1037 年）生。他不但精通詩、詞、散文，也精通書法、繪畫、音樂，可說是中國歷史上的第一才子，才華洋溢、光芒萬丈。他二十二歲中進士，受英宗賞識，任翰林。神宗時因反對王安石變法，新黨視他為仇敵，貶他出京，舊黨當政後又招他回京。不久他發現舊黨所作所為也有不對之處，就上書批評，結果舊黨也視他為仇敵，貶他出京。他官運坎坷，起起伏伏，曾被貶至杭州、青島、湖北、惠州、瓊州（今海南島）等各處，但這些都不能阻擋他的勇氣，繼續直言批評時政。徽宗建中靖國元年（西元 1101 年），他獲赦回京。不久病逝，享年六十六歲。他被貶至湖北黃州時，很喜歡住處附近一個風景雅緻的東坡，便為自己取號「東坡居士」，後人因此稱他為蘇東坡。蘇軾和他的父親蘇洵及弟弟蘇轍都有很好的文才，人稱「三蘇」。

蘇東坡的文章和詞，作品很多，其中以文章〈前赤壁賦〉和詞〈水調歌頭〉最好，文句行雲流水，意境曠達高遠，是千古佳作。

明月幾時有？把酒問青天。不知天上宮闕，今夕是何年？我欲乘風歸去，惟恐瓊樓玉宇，高處不勝寒。起舞弄清影，何似在人間。轉朱閣，低綺戶，照無眠。不應有恨，何事偏向別時圓？人有悲歡離合，月有陰晴圓缺，此事古難全。但願人長久，千里共嬋娟。

——〈水調歌頭〉

壬戌之秋，七月既望，蘇子與客泛舟遊於赤壁之下。清風徐來，水波不興。舉酒屬客，誦明月之詩，歌窈窕之章。少焉，月出於東山之上，徘徊於斗、牛之間。白露橫江，水光接天。縱一葦之所如，凌萬頃之茫然。浩浩乎如馮虛御風，而不知其所止；飄飄乎如遺世獨立，羽化而登仙。於是飲酒樂甚，扣舷而歌之。歌曰：「桂棹兮蘭槳，擊空明兮泝流光。渺渺兮予懷，望美人兮天一方。」客有吹洞簫者，倚歌而和之。其聲嗚嗚然，如怨如慕，如泣如訴，餘音裊裊，不絕如縷，舞幽壑之潛蛟，泣孤舟之嫠婦。

蘇子愀然。正襟危坐，而問客曰：「何為其然也？」客曰：「『月明星稀，烏鵲南飛』，此非曹孟德之詩乎？西望夏口，東望武昌，山川相繆，鬱乎蒼蒼，此非孟德之困於周郎者乎？方其破荊州，下江陵，順流而東也，舳艫千里，旌旗蔽空，釃酒臨江，橫槊賦詩，固一世之雄也，而今安在哉？況吾與子，漁樵於江渚之上，侶魚蝦而友麋鹿；駕一葉之扁舟，舉匏樽以相屬。寄蜉蝣於天地，渺滄海之一粟。哀吾生之須臾，羨長江之無窮。挾飛仙以遨遊，抱明月而長終。知不可乎驟得，託遺響於悲風。」蘇子曰：「客亦知夫水與月乎？逝者如斯，而未嘗往也；盈虛者如彼，而卒莫消長也。蓋將自其變者而觀之，則天地曾不能以一瞬；自其不變者而觀之，則物與我皆無盡也，而又何羨乎！且夫天地之間，物各有主；苟非吾之所有，雖一毫而莫取。惟江上之清風，與山間之明月，耳得之而為聲，目遇之而成色，取之無禁，用之不竭，是造物者之無盡藏也，

而吾與子之所共適。」

客喜而笑，洗盞更酌，餚核既盡，杯盤狼籍。相與枕藉乎舟中，不知東方之既白。

——〈前赤壁賦〉

我們再舉他的另三首詩來賞讀：

水光瀲灩晴方好，山色空濛雨亦奇；欲把西湖比西子，淡妝濃抹總相宜。
——〈飲湖上初晴後雨〉
橫看成嶺側成峰，遠近高低各不同；不識廬山真面目，只緣身在此山中。
——〈題西林壁〉
春宵一刻值千金，花有清香月有陰；歌管樓臺聲細細，鞦韆院落夜沉沉。
——〈春宵〉

蘇東坡在杭州時，將杭州整治成風景美麗的好地方，「上有天堂，下有蘇杭」，後來還變成南宋首都。他把西湖比喻成西子（西施），真是神來之筆。

蘇東坡愛吃肉。他在黃州時，因見當地豬肉便宜，就大吃特吃，還發明了兩道食譜：「東坡肉」和「竹筍炒肉」。他寫了一首打油詩，頌揚竹筍炒肉：

可使食無肉，不可居無竹。無肉令人瘦，無竹令人俗。人瘦尚可肥，俗士不可醫。傍人笑此言，似高還似痴。若對此君仍大嚼，世間哪有揚州鶴。

民間傳說蘇小妹乃蘇東坡之妹，也是一位才女，但正史上並無蘇小妹其人。明人所著《今古奇觀》中，有〈蘇小妹三難新郎〉，說她和名詞人秦觀成婚當夜，出了三道題考新郎。秦觀過了二關，卻久久無法對出第三道題：「開門推出窗前月」的下聯。幸好蘇東坡在附近，拿一塊磚投入缸中，暗示秦觀，秦觀也夠聰敏，立即對出：「投石衝開水底天」。房門遂開，才子佳人順利成親。

元（一）

西元 1279 年起，元朝正式統治中國。元朝的疆域範圍極大，中國只占其疆域中的一小部分。元朝的廣大疆域，是蒙古民族經由三次西征，流血流汗所得來的。蒙古民族開疆擴土的過程如下：

西元 1217 年，中亞的花剌子模國（今烏茲別克）一口氣殺害蒙古商人四百五十人。成吉思汗聞訊大怒，便在西元 1219 年發動第一次西征，滅了該國，在西元 1222 年凱旋東歸，同時命長子朮赤留守該地。二年後，朮赤死，成吉思汗將其地賜給其次子察合臺，是為「察合臺汗國」。

西元 1225 年，蒙古大軍南下，征討西夏。然而，大軍走到甘肅六盤山時，成吉思汗騎馬摔倒受傷，拖到西元 1227 年死去。他死後，蒙古軍滅西夏。西元 1228 年，其第四子拖雷暫時代理汗位。隔年召開忽里勒臺大會，會中推舉成吉思汗的第三子窩闊臺繼承汗位。

窩闊臺於西元 1229 年即位。即位後，與宋聯盟，滅了金朝。滅金之後，蒙古軍北歸。期間宋朝在蒙古軍背後進行偷襲，收復汴京、洛陽、歸德。窩闊臺大怒，回軍南下攻宋，宋軍大敗，重失三京，死十萬人。

窩闊臺發起第二次西征，命拔都擔任主帥。拔都是成吉思汗長子朮赤的長子，同行將士中很多也是家中長子，所以第二次西征又稱為「長子西征」。大軍於西元 1236 年出發，從亞洲殺到東歐，節節勝利，征服了俄羅斯、波蘭、匈牙利諸國，進駐莫斯科。東歐白人見黃種人之蒙古大軍湧至，使他們大禍臨頭，遂稱這次蒙古西征為「黃禍」。西元 1242 年，窩闊臺去世，拔都得訊，急急率軍東歸，第二次西征終止。

三皇五帝			
夏			
商			
周	西周		
	東周	春秋	
		戰國	
秦			
漢	西漢		
	東漢		
三國	魏	蜀漢	吳
晉	西晉		
	東晉		
南北朝	北朝	南朝	
	北魏	宋	
	東魏	西魏	齊
	北齊	北周	梁
			陳
隋			
唐			
五代	後梁		
	後唐		
	後晉		
	後漢		
	後周		
宋	北宋		
	南宋		
元			
明			
清			
民國			

　　繼任汗位的是蒙哥，他是成吉思汗四子拖雷之子。蒙哥將拔都所征服的土地直接賜封給拔都，是為「欽察汗國」。窩闊臺的孫子海都，因不滿蒙哥繼任大汗，而在今之新疆塔城一帶建國，是為「窩闊臺汗國」。

　　西元 1252 年，蒙古發動第三次西征，由蒙哥之弟旭烈兀任主帥。這次西征目標偏向亞洲西南方，結果征服了波斯（今之伊朗）及黑衣大食（今之伊拉克及敘利亞），戰事歷時八年。旭烈兀建其地為「伊兒汗國」。

　　蒙哥死後，忽必烈繼登汗位，於西元 1271 年改國號為「元」，是為元世祖，定國都於大都（今北京）。追諡成吉思汗為元太祖。西元 1279 年，南宋亡。元世祖將西夏、金、南宋及蒙古本土合併成一核心領土，再加上察合臺、欽察、窩闊臺、伊兒等四大汗國，建成橫跨歐、亞二洲的超大帝國。

 史書之外

成吉思汗：

　　遼亡後，長城以北的草原上，有許多新興游牧民族在活動，其中較大的五族是：蒙古（簡稱蒙族）、乃蠻（簡稱乃族）、克烈（簡稱克族）、蔑兒乞（簡稱蔑族）、塔塔兒（簡稱塔族），其中蒙族內又有許多部，如：奇渥溫博濟錦、泰赤烏（簡稱泰部）、札答蘭（簡稱札部）等。這些部族之間，為爭資源，常互相仇殺，但初期皆臣服於金。蒙族首領稱可汗，是由族人召開忽里勒臺大會，推選能勇之人擔當。

　　西元 1161 年，蒙族首領，姓「奇渥溫博濟錦」名「也速該」者，搶劫一支蔑族人的結婚迎娶隊伍，將新娘月倫據為己有，與蔑族人結下深仇。1162 年，月倫為也速該生下一男孩，取名「鐵木真」，意即精鐵之男。鐵木真幼時，與札部的一名男童「札木合」玩得很投緣，兩人結拜為義兄弟。

　　1170 年，有一天，也速該經過塔族營地，受邀共進晚餐，被塔族人在酒中下毒，回家後毒發而死。月倫成了寡婦，遭受族人歧視。寒冬大風雪時，族人遷移營地，把月倫母子數人遺棄在荒原中。月倫堅強求生，靠野菜與馬奶熬過困難時光，把子女都拉拔長大。數年後，鐵木真成長為一個英武青年，箭術極

佳，能射空中大雕，人稱「射雕英雄」，名聲漸起。泰部人嫉恨他，誣指他偷馬，將他押走，準備處死。行刑前夕，鐵木真擊倒守衛，逃回家。這時，札木合已升任札部首領，鐵木真率家人前去投靠他，札木合熱誠歡迎。

1180 年，鐵木真娶弘吉拉族女子孛而帖為妻。婚後不久，他出遠門，拜訪克族。此時，蔑族人趁機偷襲其本營，將孛而帖虜走。鐵木真回到家，傷心欲絕。札部與克族慨然幫他報仇，出兵四萬人，打得蔑族大敗，鐵木真尋回孛而帖，夫妻團圓。不久，孛而帖生下長子，取名朮赤，後來幾年又陸續生下次子察合臺、三子窩闊臺、四子拖雷。察合臺常懷疑朮赤是其母孛而帖與蔑族人所生，故常與朮赤吵架，兄弟不合。

鐵木真部眾日多。1182 年，因細故與札木合感情破裂，鐵木真率部眾獨立。1184 年，鐵木真勢力越大，蒙族召開忽里勒臺大會推鐵木真為可汗，札木合很不服。1191 年，札木合聚集十三個部族，攻打鐵木真，鐵木真大敗，是為「十三翼之戰」。但戰後札木合用大鍋煮水來處死犯錯的將士，大失人心，部眾叛逃，投靠鐵木真，鐵木真反而聲勢日盛。1196 年，因塔族叛金，金約蒙族及克族共擊塔族，塔族散逃。金封克族首領為「王汗」，封鐵木真小官。1201 年，札木合又再集合塔族、蔑族等，共擊鐵木真。鐵木真得王汗之助，打敗札木合。戰鬥中，鐵木真中箭，幾乎死掉。戰後，札木合向王汗投降。王汗受札木合挑撥煽動，於 1203 年攻打鐵木真。鐵木真敗走班朱尼湖，重整兵馬，回軍反擊，滅克族。札木合、王汗奔靠乃族。但王汗最後被乃族邊防小兵所殺。

1204 年，鐵木真攻乃族。納忽崖之役，乃族敗亡，札木合被捕。鐵木真問札木合：「我很懷念兒時情景，我們再作好朋友吧！」札木合笑說：「不可能了。世上只能有一個英雄。對英雄而言，朋友是多餘的，你趕快殺了我吧！」遂被處死。1206 年，鐵木真統一草原各部族，擁有十萬之眾，便召開忽里勒臺大會。會中大家推尊他為「成吉思汗」，意即像海一樣強大的君主。

三皇五帝		
夏		
商		
周	西周	
	東周	春秋
		戰國
秦		
漢	西漢	
	東漢	
三國	魏	蜀漢 吳
晉	西晉	
	東晉	
南北朝	北朝	南朝
	北魏	宋
	東魏 西魏	齊
		梁
	北齊 北周	陳
隋		
唐		
五代	後梁	
	後唐	
	後晉	
	後漢	
	後周	
宋	北宋	
	南宋	
元		
明		
清		
民國		

元（二）

西元1271年～1368年

　　元世祖是一位傑出的軍事統帥，也是一位有遠見的政治領袖。他胸襟寬大，樂於任用漢族讀書人，採用漢制，不但贏得了漢臣擁戴，也消除了族群隔閡，使國家的統治很快上軌道。

　　元朝初期，世祖秉持蒙古人武力擴張的心性，曾派兵四出遠征：

1. 東北亞：征高麗成功，但征日本失敗。失敗的原因是元世祖識人不明，任用宋朝降將范文虎領軍。至元十八年七月，范文虎率兵十四萬從高麗啟航，強行登陸平壺島（今日本長崎北方）。范文虎不會指揮，讓運送兵士及供應戰備物資的大批船隻，亂七八糟擠在對馬海峽的海面上。恰在此時，太平洋夏季颱風吹來，將這些船隻全部吹沉海底，颱風幫了日本一個忙。已經上岸的蒙古戰士十萬人，在無糧食、無後援的情況下，全被日本殲滅，只生還三小兵。范文虎比這三人更搶先一步，早已划小船逃回國了。元世祖因不熟悉海事，就未對范文虎多作追究，但從此也就對東征日本之事死了心。日本方面認為，是神送來這場颱風，幫助他們免除亡國危機。為了感謝神，故稱颱風為「神風」。

2. 東南亞：征緬甸、爪哇，敗多勝少。東南亞的溼熱氣候及叢林沼澤地形使蒙古騎兵很不習慣，無法發揮衝殺戰術。

　　經過以上諸事的教訓，元世祖擴張疆土的野心稍有收斂，開始轉而注重國內事務。但他這時卻實施「種族歧視政策」，為他的政績帶來污點。這項政策把全國人民分成四等：

1. 蒙古人：所有隨成吉思汗出征打天下的漠北部族，總稱為蒙古人，又稱國人。

2. 色目人：西域各族的人以及西夏人，總稱為色目人。

3. 漢人：女真人、契丹人，以及長江以北的漢人，總稱為漢人。

4. 南人：長江以南的漢人、苗人、安南人等，總稱為南人。

這四等人，在政治出路、法律保障、就業收入等各方面所受的待遇，都有不同，因此，各等人的社會地位及尊嚴也就有不同。

蒙古人最高貴，他們是政權的主體，是貴族，是統治階級，從中央到地方的重要官職都由蒙古人擔任。色目人稍次一等，他們擅長理財，因此元朝的財政、賦役方面的職位，皆由色目人擔任。漢人比色目人又稍次一等，從事一般社會百工及基層公務員。南人最低賤，只能從事最卑下的工作。漢人和南人都受歧視，心生不滿，隨時伺機進行反抗行動。

史書之外

成吉思汗打天下時，所統率的蒙古兵因長年在漠北草原與野獸搏鬥，習慣於殺生流血，所以等到對敵人攻擊時，也就習慣見血，殺人不眨眼。蒙古兵作戰的勇猛慓悍，固然令人欽佩；但蒙古兵狂濫屠殺的傳聞，更令人髮指。幸好，在成吉思汗晚年，他身邊出現了兩個人，柔化了他的心性，阻止很多次大屠殺的實施。這兩個人就是耶律楚材與丘處機。

耶律楚材：

耶律楚材，契丹人，是遼國宰相之子。他博學多聞，舉凡詩書、天文、地理、醫藥、政治、軍事等等，無不通曉。他還通多國語文，會說契丹語、女真語、蒙古語、漢語。他年輕時曾在金朝為官。蒙古軍攻下燕京後，成吉思汗久慕其名，特別召見他，一談即合，把他延攬為軍師。又見他一把長鬍鬚當胸，飄逸帥氣，不禁稱讚他為「吾圖撒合理」，意即「美髯公」。成吉思汗帶著耶律楚材西征花剌子模。一路上，耶律楚材以豐富的天文、地理、醫學等知識，幫助成吉思汗解決問題。最重要的是，有他從旁勸阻，蒙古兵本來想要進行的幾次破城大屠殺，都取消了，減少了不必要的民族仇恨，挽救中亞許多民族的滅族危機。耶律楚材還把隨軍西征的所見所聞寫成一本書，名為《西遊錄》，是一本彌足珍貴的歷史資料。成吉思汗死後，其子窩闊臺以耶律楚材為中書令，命

他為蒙古制定法制和君臣禮儀，使元朝帝國有了正統的典章制度。耶律楚材本身喜歡儒學，漢化很深，因此又建議窩闊臺印製儒學經書、開放科舉取士、任用漢人學者。耶律楚材對中華漢族文化的保持，默默地作出貢獻。

丘處機：

　　南宋末年，道教在民間盛行，其中以「全真派」最盛。全真派始祖為王重陽，居於終南山重陽宮，又名「重陽真人」，他門下有七名弟子：丹陽子馬鈺、長真子譚處端、長生子劉處玄、長春子丘處機、玉陽子王處一、廣寧子郝大通、清淨散人孫不二，其中又以丘處機最著名。丘處機，登州（今山東棲霞）人，自幼父母雙亡，隨重陽真人學文學藝，領悟力最高。他修行到七十幾歲時，儼然有神仙貌。成吉思汗很早就仰慕丘處機之名。攻燕京時，忙亂中未訪得。西征花剌子模途中，成吉思汗越來越覺心情空虛，遂幾度特派使臣回山東，到丘處機在萊州的道觀，召他到軍前講道。丘處機本不願千里跋涉，但一想，如能勸服成吉思汗減少殺戮，亦是善行。於是，他率尹志平、李志常等十八名弟子，走了九個月，來到撒馬爾罕城，見到成吉思汗。丘處機建議成吉思汗養生之道，而非傳授長生不老秘訣，成吉思汗雖略為失望，但仍很尊敬他廣博的知識。成吉思汗問一統天下之道，丘處機說：「在乎不嗜殺人。」問治國之道，丘處機說：「敬天愛民。」成吉思汗聽後，沉思良久。後來，蒙古大軍離開花剌子模回國前，成吉思汗特下令不再殺劫。

馬可波羅：

　　至元十二年（西元 1275 年），元世祖曾接見威尼斯（今義大利威尼斯）王國的商人馬可波羅父子。馬可波羅逗留中國十八年，見證了當時元朝的強盛與繁榮。他口述完成的《東方見聞錄》（又名《馬可波羅遊記》）即記載他在中國的遊歷，引發西方歐洲人士對東方世界的興趣。

元（三）

西元1271年～1368年

　　元朝自從世祖死後，又傳了七任皇帝，傳到元順帝。每一任都是經過激烈的爭奪才登位。為了帝位的繼承問題，宮廷內不斷有皇親國戚互相殘殺，使政局漸趨不穩，再加上官吏貪污、腐敗，以及連年荒災，民不聊生，那些被歧視的所謂「南人」便開始起來反抗元朝。

　　元順帝脫歡帖木兒之時，農民暴動遍及全國，他們或是以祕密結社，或是以宗教集會，組織號召人民起義。宗教之中以明教及白蓮教最有勢力。明教就是唐時由波斯傳來的摩尼教；白蓮教則是佛教的支派，創始人是韓山童，他聲稱「白蓮花開，彌勒佛降世」，頗具號召力，有許多人追隨他。

　　鎮壓農民暴動使元政府感覺厭煩。蒙古人因而有「漢人難治」的感嘆，覺得統治中國並不是一種享受，反而像是被卡在陷阱中，不如早日回漠北草原還比較暢快。到了元順帝至正十一年，因為修治黃河，朝廷調用十幾萬民伕，招致更大的民怨，因而四方亂起。義軍之中，較出名的有劉福通與徐壽輝，其他如張士誠、方國珍等也各有其勢力。

　　徐壽輝自立為帝，建國「天完」，統領長江中游一帶。劉福通則迎立韓山童之子韓林兒為帝，建國號為「宋」，是為「韓宋」，統有淮河流域與黃河以南地帶。劉福通自己任宰相，手下有郭子興為大將，郭子興手下有一助手朱元璋。郭子興死，朱元璋出頭。劉福通對元軍的攻擊初期很順利，打下開封城，再兵分三路，向北進攻。就在此時，朱元璋以劉基為軍師，訂下大計，揮軍渡過長江，克復建康，改稱「應天」，趁此機會悄悄地擴張其在南方的勢力。也就在同時間，天完的宰相陳友諒殺死皇帝徐壽輝，自立為帝，改國號為「漢」，是為「陳漢」。

三皇五帝			
夏			
商			
周	西周		
	東周	春秋	
		戰國	
秦			
漢	西漢		
	東漢		
三國	魏	蜀漢	吳
晉	西晉		
	東晉		
南北朝	北朝	南朝	
	北魏	宋	
	東魏	西魏	齊
	北齊	北周	梁
			陳
隋			
唐			
五代	後梁		
	後唐		
	後晉		
	後漢		
	後周		
宋	北宋		
	南宋		
元			
明			
清			
民國			

　　劉福通的韓宋對元軍長期作戰，結果雙方兩敗俱傷。朱元璋在鄱陽湖與陳友諒大戰，陳友諒中箭而死，「陳漢」亡，朱元璋勢力越來越大。兩年後，張士誠攻打韓宋，劉福通戰死，韓林兒敗逃。韓林兒乘船渡江，想要投奔朱元璋，不料卻被朱元璋的軍士推下水溺斃，「韓宋」亡。朱元璋自立為帝，命國號為「明」，是為明太祖，年號為「洪武」，定都應天（今南京）。

　　朱元璋消滅了張士誠，收服了方國珍後，才派徐達率軍北伐，直指大都。元順帝見大勢已去，無心作戰，遂率領宮眷和親信棄城向北行，回到蒙古，元亡。從元世祖至元元年（西元 1264 年）定都大都，到元順帝至正二十九年（西元 1368 年）離開大都，其間歷時一百零五年。

 史書之外

孟麗君：

　　有關元代的傳奇小說，以《孟麗君》的故事最活潑有趣。

　　話說元朝大臣皇甫敬，育有一女一子。女兒名皇甫長華，聰明美麗。兒子名皇甫少華，英俊倜儻。皇甫敬聽說兵部尚書孟士元之女孟麗君才貌雙全，遂派人向孟士元說媒求親，希望她嫁給皇甫少華。就在同時，皇妃劉燕珠之弟劉奎璧也派人向孟士元提親，孟士元左右為難，只好訂期比箭，以定姻緣。孟麗君的乳娘有一女兒，名叫蘇映雪，也很美麗，她和麗君情同姐妹，因此代她去偷窺比賽狀況。皇甫少華與劉奎璧前二箭皆中紅心，但劉奎璧射第三箭時，看到躲在牆後偷窺的蘇映雪，驚為天人，一時心神盪漾，注意力不集中，失手未中紅心。皇甫少華射第三箭，中紅心。依照當初講好的規則，應是三箭皆中的皇甫少華可以贏得孟麗君。

　　劉奎璧以為蘇映雪就是孟麗君，不甘心失去此姻緣，於是假意邀約皇甫少華到劉府飲酒，留他過夜，並打算放把火燒死他。幸好劉奎璧之妹劉玉燕得知陰謀，放了皇甫少華，才讓他逃過一劫。但劉奎璧又生一計，保舉皇甫敬平番亂，私下卻和番邦勾結，擒住皇甫敬，並誣陷他通敵叛國，使其遭滿門抄斬。只有皇甫少華機警靈活，先一步逃出府，流浪在外，上山拜師學藝，俟機洗雪

冤屈。另一方面，皇甫長華與其母被衛勇娥所救。劉奎璧於是向孟家提親，孟士元只得答應，但孟麗君節烈，竟改扮男裝，留書出走，孟家無奈，求蘇映雪代嫁，蘇映雪心儀皇甫少華，藏刀在身，新婚之夜，行刺劉奎璧不成，投水自盡，漂流較遠後，被梁丞相所救，遂拜丞相為義父，改名素華。

　　孟麗君改扮男裝，改名酈君玉，參加科舉，中試為狀元，被梁丞相看中，許以義女，兩人在不安中成親，相見後大喜，遂來個假鳳虛凰。後來酈君玉主持武狀元考試，改名王少甫的皇甫少華來應試，成為武狀元。經酈君玉的提拔及幫助，皇甫少華有了機會掛帥平番，救出父親，平反冤屈，被封為忠孝王。酈君玉官運亨通，升為丞相。孟士元懷疑這酈丞相就是孟麗君，有一天，假稱其老妻生病，聽說丞相頗通醫理，請其去府中看病。孟麗君明知這是藉口，但心掛母親，還是去了，果然，一見之下不免真情流露，母女相認。孟士元告知皇甫少華酈君玉的真實身分後，皇甫少華竟向皇上奏報酈丞相為女兒身，請皇上賜婚。顛倒陰陽加上欺君大罪，是要殺頭的，所以酈君玉矢口否認是女兒身。皇帝表面上斥責忠孝王，心裡也開始懷疑，因為酈丞相實在長得太俊美了。於是皇上請酈君玉賞花喝酒，並灌醉她，再命宮女扶她進房間睡覺。皇上要宮女將她的鞋子偷出來，宮女交給皇上一看，果然是三寸金蓮。皇上因而心生愛慕，想納她為妃。酈君玉酒醒後，見鞋子不見，知道已難隱瞞，只好上朝時奏明真相，懇請皇上恕罪，並賜婚忠孝王。皇上惱羞成怒，要斬酈君玉，幸好皇太后及時下旨赦免。結果，皇甫少華娶了孟麗君、蘇映雪和劉玉燕三個美女為妻，豔福不淺。

萬里江山

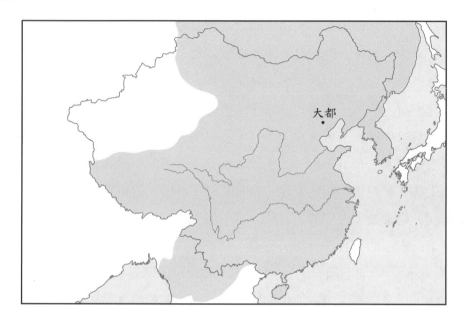

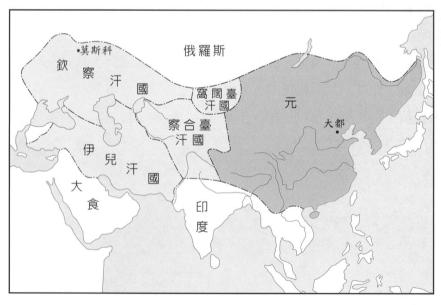

萬　世　一　系

1.太祖（鐵木真）	・蒙古第一次西征 ・滅西夏
2.太宗（窩闊臺）	・與宋合作滅金 ・蒙古第二次西征，於南俄建立欽察汗國
3.定宗（貴由）	
4.憲宗（蒙哥）	・蒙古第三次西征，建立伊兒汗國
5.世祖（至元）	・忽必烈即帝位，移都燕京，改稱大都，建國號元 ・滅南宋
6.成宗（元貞）	
7.武宗（至大）	・窩闊臺汗國亡
8.仁宗（皇慶）	
9.英宗（至治）	・察合臺汗國分裂
10.泰定帝（泰定）	
11.明宗（天曆）	

12.文宗（至順）▶

13.寧宗（至順）▶

14.順帝（至正）▶
　　・反元活動蜂起，白蓮教成為聚集反元力量的中心
　　・朱元璋稱帝，元亡

元代文化

元朝雖然重武輕文，但民間仍然有很多文化活動。

科技：

　　天文方面，郭守敬是元代最出色的天文學家，他創製簡儀、仰儀、高表、窺幾等十三種天文儀器。他自創三次內插、弧矢割圓等精密數學方法，制定了「授時曆」，被後代使用三百多年，是中國歷史上使用最久的一部曆法。印刷方面，王禎發明木活字轉輪盤，將活字按照音韻排放在輪盤上，排版時，只需坐著轉動輪盤，耳聽助手唸，手即可揀出要用的字，既省時又方便。這項發明使印刷術躍進了一大步。

科舉：

　　元朝政府初定中國時，對教育及選拔人才不太重視，傳統的科舉考試停辦長達四十年，一直到元仁宗皇慶二年才恢復。考試的內容，以宋朝朱熹所著的《四書集註》為標準本。此慣例以後一直延續至明清二代。

文學：

　　元代文學中成就最輝煌的是「曲」。曲是從詞演化而來，格式比詞更鬆散，表現自由度更大。元曲包括「雜劇」和「散曲」。雜劇有劇情作骨幹，有對白、有唱詞，可用作舞臺劇來表演；散曲則沒有劇情，也無對白，只有純唱詞，用以寫景抒情，等於一首變形的唐詩或宋詞。元曲雜劇中較出名的作家和作品有：

關漢卿：《竇娥冤》，寫竇娥含冤，天地都為之感動的故事。

馬致遠：《漢宮秋》，寫漢皇與王昭君的故事。

王實甫：《西廂記》，寫張君瑞與崔鶯鶯的故事。

白樸：《梧桐雨》，寫唐明皇李隆基與楊貴妃的故事。

石君寶：《曲江池》，寫鄭元和與李亞仙的故事。

三皇五帝		
夏		
商		
周	西周	
	東周	春秋
		戰國
秦		
漢	西漢	
	東漢	
三國	魏　蜀漢	吳
晉	西晉	
	東晉	
南北朝	北朝	南朝
	北魏	宋
	東魏　西魏	齊
	北齊　北周	梁
		陳
隋		
唐		
五代	後梁	
	後唐	
	後晉	
	後漢	
	後周	
宋	北宋	
	南宋	
元		
明		
清		
民國		

　　雜劇的題材有許多是出自唐朝傳奇，例如：

王實甫的《西廂記》是出自唐朝元稹的《鶯鶯傳》。

白樸的《梧桐雨》是出自唐朝陳鴻的《長恨歌傳》。

石君寶的《曲江池》是出自唐朝白行簡的《李娃傳》。

　　元曲散曲中最有名的作品是馬致遠的〈天淨沙〉，極受人喜愛。

藝術：

　　元代的山水畫，技巧突飛猛進，比宋畫更為揮灑自如。著名的畫家有趙孟頫、高克恭、黃公望、吳鎮、王蒙、倪雲林等。元代的書法家以趙孟頫最有名。

經濟：

　　元代的商業活動很活躍，因西方可通過四大汗國的驛站和中國相通，絲路成為國內公路，行旅安全性提高，東西方的貿易遂大增。又因指南針的運用，促進元代航海技術發達，經由泉州、廣州等繁榮的港口，可和日本、東南亞諸國通商。元代比宋代更進一步發行了「寶鈔」。寶鈔有如今日的紙幣，可長期使用，不需定期兌換，因此比宋朝的「交子」或「會子」更便利好用。

 史書之外

趙孟頫：

　　元朝第一才子趙孟頫，字子昂，別號松雪道人，曾在宋朝為官。宋亡後，元世祖仰慕其才學，下詔徵召他為官。趙孟頫上任後，盡其所能為民服務。趙孟頫琴棋書畫，樣樣精通，而他最大的成就在書法和繪畫方面。他留下的字帖〈趙子昂行書集〉、〈趙松雪小楷靈飛經〉、〈趙松雪蘭亭十三跋〉皆被學書法者奉為圭臬，作為臨摹範本，並尊稱其寫法為「趙體」。他的畫也是栩栩如生，讓人愛不釋手，他愛馬，尤其善於畫馬。

散曲：

　　關於元曲的「散曲」，我們舉三首代表作：

枯藤老樹昏鴉，小橋流水人家，古道西風瘦馬。夕陽西下，斷腸人在天涯。
　　　　　　　　　　　　　　　　　　──馬致遠〈天淨沙〉

欲寄君衣君不還，不寄君衣君又寒。寄與不寄間，妾身千萬難。
　　　　　　　　　　　　　　　　　　──姚燧〈憑闌人〉

黃蘆岸、白蘋渡口，綠楊堤、紅蓼灘頭。雖無刎頸交，卻有忘機友。點秋江、白鷺沙鷗。傲殺人間萬戶侯。不識字、煙波釣叟。
　　　　　　　　　　　　　　　　　　──白樸〈沉醉東風〉

雜劇：

　　關於元曲的「雜劇」，我們舉王實甫的《西廂記》為代表作。王實甫將唐朝文人元稹所寫的《鶯鶯傳》，改寫成膾炙人口的《西廂記》。內容是說，崔相國病死京城，其夫人和女兒崔鶯鶯扶其靈柩，準備回鄉安葬，路經普救寺，因得知前有盜匪橫行，故暫住寺院。剛巧書生張君瑞亦在普救寺借住，攻讀詩書，以便赴京趕考，雙方住處只隔一道矮牆。一日，張生散步時，巧遇鶯鶯與侍女紅娘，張生對鶯鶯一見鍾情，崔鶯鶯對張生亦有好感。適巧，山賊孫飛虎聽說崔家小姐貌美，圍攻普救寺，欲搶娶鶯鶯為妻。相國夫人施緩兵計，請孫飛虎暫緩三天，讓崔鶯鶯服完孝。孫飛虎中計，同意了相國夫人，派小卒看住寺門，自回山上。另一方面，相國夫人卻向寺內之眾人承諾，誰能解圍，就將崔鶯鶯許配於他。此時，張生想到，駐守在不遠處的白馬將軍是他的好友，遂寫好一信，派人翻越寺廟後牆，去向白馬將軍求援。三天後，孫飛虎來時，白馬將軍也趕到。白馬將軍擊退山賊，解了整個寺之圍。相國夫人設宴向張生道謝，卻不提許婚之事，張生無可奈何，思念鶯鶯，竟然病倒了。這時，紅娘帶來崔鶯鶯的詩箋，上面寫著：「待月西廂下，迎風戶半開；拂牆花影動，疑是玉人來。」張生大喜過望，病也好了。晚上赴約，兩人卿卿我我。後來，張生進京赴考，金榜題名，榮歸娶嬌娘。這種結局，比起元稹的《鶯鶯傳》，更讓觀眾滿意（《鶯鶯傳》裡，張生赴考前與鶯鶯話別，二人從此緣盡情了，各奔東西）。

三皇五帝		
夏		
商		
周	西周	
	東周	春秋
		戰國
秦		
漢	西漢	
	東漢	
三國	魏 蜀漢	吳
晉	西晉	
	東晉	
南北朝	北朝	南朝
	北魏	宋
	東魏 西魏	齊
	北齊 北周	梁 陳
隋		
唐		
五代	後梁	
	後唐	
	後晉	
	後漢	
	後周	
宋	北宋	
	南宋	
元		
明		
清		
民國		

明（一）

西元1368年～1644年

　　中國歷史上有二位平民皇帝，第一位是漢朝的漢高祖劉邦，第二位就是明朝的明太祖朱元璋。朱元璋，濠州（今安徽鳳陽）人，少時家貧，父母雙亡，曾入皇覺寺當和尚。後來在元末的亂世中投身軍旅，因緣際會嶄露頭角，一匡天下。他登基後，治理大亂後的中國，有一些施政優點，也有一些施政缺失。

明太祖的施政優點有：

1. 政治：他對人民倡導簡樸生活，對官員要求清廉、嚴懲貪官污吏。

2. 經濟：他清查戶口，將結果載入於「黃冊」；丈量土地，將結果載入「魚鱗圖冊」。如此可有效掌握全國的生產資源及稅收。

3. 文教：他廣設學校，推廣教育，積極實行科舉考試。傳統儒家思想受到尊崇，得以延續。

明太祖的施政缺點有：

1. 濫殺文武大臣：朱元璋即位後，大肆誅殺功臣。所有為他打天下的開國功臣元勳，如：徐達、劉基等，都被害死。宰相胡惟庸被誣告謀反，牽連親友兩萬人被殺。大將軍藍玉被誣告謀反，牽連親友兩萬人被殺。其他官員，因忤其意而被殺者，每年不計其數。

2. 獨攬大權：胡惟庸案以後，明太祖廢宰相，由皇帝直接指揮政府六部。同時設立祕密警察機關「錦衣衛」，由宦官掌理，直接聽命於他，監控可疑的謀反分子，抓人殺人不經司法程序。

3. 興「文字獄」與「廷杖」：為防讀書人有活潑思想，他極力撲滅讀書人的智慧之光。他檢查科舉試卷及市面流傳的書

籍，故意曲解其中字句，強加罪名於作者，將其下獄或處死，此即文字獄。經此一來，讀書人大多變成膽小識淺、沒有智慧、只會背書、不會思考的書呆子。他又用廷杖，在大殿上用木棍打大臣的屁股。被廷杖的人當場都不會死，但幾天後可能傷重而死。宋代禮賢下士的精神，至此蕩然無存。

為鞏固朱氏王朝，朱元璋分封諸子為王。其中第四子朱棣被封為「燕王」，駐守在燕京。朱元璋的長子早死。朱元璋死後，其長孫繼承帝位，是為明惠帝，年號建文，亦稱建文帝，但諸王都對建文帝不敬。

建文帝實施「削藩」，陸續廢除諸王。此舉引起燕王的不滿。朱棣以「靖難」的名義發兵叛變。叛軍攻入國都南京，建文帝從此下落不明。

史書之外

劉伯溫：

　　正史上的劉伯溫是一個忠勤幹練的文臣，他輔佐朱元璋逐鹿中原，就如張良之於劉邦，諸葛亮之於劉備。劉伯溫原名劉基，浙江青田人，從小就博古通今，還精通星象、命理學。元朝末年順帝期間，劉伯溫中了進士，在朝為官。當時，方國珍為亂，朝廷討伐失利時，方國珍反而自願投降，以此向朝廷要索官職。朝中官員都擬准其請，只有劉伯溫反對此種姑息養奸的做法，朝廷最後還是接受方國珍的投降。但方國珍授官後，又再叛亂，向朝廷要索更大的官位，依此模式，結果方國珍官位越作越大，比忠貞官兵還升得快。劉伯溫看到此現象，痛恨朝政的錯失，遂辭官回青田老家。朱元璋聞其名，請他出來到自己軍中擔任軍師。劉伯溫果然不負所望，助朱元璋奪得天下。但他發現朱元璋是一個只能共患難、不能共安樂的人，因此又辭官回青田。不過，因其子劉璉仍在朝為官，故仍注意國事。有一次，他得知在福建談洋地方，有勢力龐大的私鹽集團在此走私，連地方官都加以包庇，於是命其子上奏，因上奏時未經尚書省而直接呈至朱元璋手中，得罪了宰相胡惟庸。胡惟庸對朱元璋說，劉伯溫是因為看中了談洋是塊好風水的福地，想要擁有，準備拿來當墓地，讓劉家後代出帝王，但當地居民不肯讓，才挾怨報復。朱元璋聽後非常生氣，取消了劉伯溫

的俸祿。劉伯溫知道朱元璋對自己猜疑，心中惶恐，積鬱成疾，病倒在床。胡惟庸假意前來探望，並帶來太醫診治，太醫開藥，劉伯溫吃後，一命嗚呼。

　　然而，民間傳說中的劉伯溫，則是一個未卜先知、上知天文、下通地理的神人。相傳，有一天朱元璋正在吃燒餅時，劉伯溫剛好進來。朱元璋藏起燒餅，要他卜算，劉伯溫道：「半似日兮半似月，曾被金龍咬一口。」算出此食物乃燒餅。朱元璋很佩服，就又要他預言從今往後的天下運勢，劉伯溫就脫口唸出一部長篇歌謠，以詩句隱喻明朝以及明朝以後各世代的天下大事。此歌謠被稱為〈燒餅歌〉，很受民間人士的相信。

建文帝：

　　朱元璋之妻馬皇后，賢淑仁慈。朱元璋之長子朱標，遺傳馬皇后的個性，寬仁軟弱。朱元璋立朱標為皇太子後，常藉故斬殺臣下。朱標看不過去，常流淚勸阻。有一天，朱元璋把一枝滿是刺釘的木棒放在桌上，叫朱標伸手去抓。朱標沒辦法抓，朱元璋就說：「兒子啊！我今天殺這些臣下，就是在幫你除掉木棒上的刺釘，讓你日後好順利掌握。」雖然朱元璋如此處心積慮地為兒子著想，但人算不如天算，朱標早死，使朱元璋一番心血白費。下一順位的繼承人是皇孫朱允炆，心性同樣仁弱，還更年幼。朱元璋越想越不放心，因此更大開殺戒。朱元璋臨死前，擔心朱允炆日後應付不了大局，就交給朱允炆一口箱子，要他在危難時開啟使用。

　　建文帝朱允炆登基不久，遭逢「靖難之變」，自焚，但火滅後不見其屍。民間傳說：南京局勢危難時，建文帝打開祖父留下的箱子，發現裡面是：一把剃刀、一件僧衣袈裟、一份藏寶圖。建文帝用剃刀將頭髮剃光，穿上袈裟，引火燒宮，然後趁亂逃出南京。至於其下落，眾說紛紜，有人說他在蘇州的普濟寺出家為僧；也有人說他出海逃到南洋去了。

明（二）

西元1368年～1644年

建文帝失蹤，燕王朱棣即位，是為明成祖，年號「永樂」。他作了一些事：

1. 修築長城，遷都北京：蒙古民族返回大漠後，分裂為「韃靼」與「瓦剌」，「瓦剌」勢力很強大，為明之北方外患。成祖五次親征，均無功。為防蒙古人，成祖修築長城。以後各任皇帝都接續修築，共歷一百年而成。今日我們所見的長城，東起山海關，西至嘉裕關，全長二千三百公里，都是明代所築。成祖又擴建北京城，將國都由南京遷往北京。今日我們所見的北京故宮紫禁城，基本上都是永樂年間建的。

2. 經營南洋：鄭和是雲南人，是穆斯林，為宮中太監，因在「靖難之變」時立功，被明成祖賜姓「鄭」；而所謂的西洋，其實是指現在的南海、印度洋一帶。明成祖怕建文帝沒死，逃到海外俟機反攻，所以派鄭和出海搜索。鄭和率領龐大的艦隊，由江蘇太倉的劉家港出發，經東海、南海，到印度洋、阿拉伯海。航程遍及南洋群島及印度洋沿岸各國，更遠還達到非洲東岸，史稱「三保（三寶）太監下西洋」。時間上，從成祖至宣宗年間，共開航七次。鄭和下西洋，不僅將國威遠播，更激起閩（福建）、粵（廣東）居民向海外發展的興趣。

3. 編修《永樂大典》：對中國古書作一番整理。

明朝內政一向受宦官所亂。明太祖設錦衣衛，由宦官統領。明成祖增設「東廠」，也是由宦官統領，祕密追查叛逆。宣宗之後的英宗，寵信宦官王振。此時，瓦剌首領「也先」南侵。英宗聽信王振的建議，御駕親征。當他行至大同時，得知前鋒部

三皇五帝			
夏			
商			
周	西周		
	東周	春秋	
		戰國	
秦			
漢	西漢		
	東漢		
三國	魏	蜀漢	吳
晉	西晉		
	東晉		
南北朝	北朝	南朝	
	北魏	宋	
	東魏	西魏	齊
	北齊	北周	梁
			陳
隋			
唐			
五代	後梁		
	後唐		
	後晉		
	後漢		
	後周		
宋	北宋		
	南宋		
元			
明			
清			
民國			

隊吃了敗仗，心中害怕，就急急轉頭退回北京。退至居庸關外三十里的「土木堡」時，瓦剌軍追到，明軍被打得四散奔逃。混亂中，王振被部下殺死，英宗被瓦剌俘虜，史稱此為「土木堡之變」。國家不可一日無主，英宗之弟朱祁鈺便被宗親大臣推舉繼位，是為景帝。他臨危受命，安撫人心，力撐大局，任命于謙作兵部尚書來挑起國防重任。于謙智勇雙全，率軍大敗也先，將危亡的國勢穩住。也先在退回蒙古途中，越看英宗越討厭，就把英宗放了。英宗回京，被尊為太上皇。六年後，有一天，景帝生病，英宗趁機上朝，稱帝復辟。景帝聞訊，驚懼而死。這件事史稱「奪門之變」。英宗當回皇帝不久，就殺掉于謙。

英宗死，憲宗立。他信任宦官汪直，設「西廠」。之後經孝宗至武宗。武宗任內長年不上朝，聽任宦官劉瑾貪污敗國。寧王朱宸濠見有機可趁，在江西南昌叛變造反。幸好有一個忠臣王守仁出來討伐，將其平定。

史書之外

方孝孺：

　　方孝孺，浙江寧海人，聰明博學，為建文帝的智囊。靖難之變時，幫助建文帝對抗燕王朱棣。事變後，朱棣欲登基，抓方孝孺來，迫令他寫詔告天下的文稿，方孝孺堅拒。朱棣恐嚇他說：「你敢違抗我，不怕我誅殺你九族（父系四族、母系三族、妻家二族）嗎？」方孝孺說：「殺我十族，我也不怕！」朱棣大怒，就把方家九族，再加他的老師學生朋友算成第十族，男女老幼共八百四十七人，全部殺光。民間相傳，早年，方孝孺的祖父過世時，方父尋得一地，將挖作其父之墓，夜夢一紅衣老者來拜託，說這塊地住著他的眾多子孫，搬遷不及，請延三日再開挖。方父醒後，不理夜夢之兆，決定照挖。一挖下去，土中現出一群紅蛇，工人驚嚇中，將之全殺死，事後數一數，共八百四十七條。

江山美人：

　　明武宗朱厚照是一個荒唐的皇帝。他當皇帝當到膩了，自己降級，封自己為威武大將軍，出長城親征蒙古，未遇敵兵，洋洋得意回朝。民間又傳說朱厚照喜歡微服出巡私訪，一日，來到一個叫做梅龍鎮的小鎮，見一酒樓的負責女

子，十分美麗，遂起了愛慕之心。經多方打聽，知道她是老闆的妹妹，叫李鳳姐。於是，他常來酒樓吃飯喝酒，藉故親近熟識李鳳姐。這段故事，叫做「戲鳳」。終於，他憑著瀟灑的風采，贏得李鳳姐芳心，二人相悅同居。渡過一段恩愛的日子後，朱厚照因宮內有事而暫別。他走後，竟忘了李鳳姐。李鳳姐天天苦等，又發現有身孕，心情大壞。酒樓的男僕為李鳳姐打抱不平，進京舉發皇帝負心的醜聞。京官得知，急忙向朱厚照報告，朱厚照如夢初醒，趕快派人去梅龍鎮，卻發現李鳳姐已香消玉殞。這段故事，叫做「江山美人」，曾於 1960 年代被拍成黃梅調電影，風靡一時。

于謙：

　　于謙是浙江錢塘人，小時候就非常機敏。有一天，他綁著二束向上直立的頭髮，正在遊玩時，一位和尚看了，笑他說：「牛頭且喜生二角」，意思是說，你這隻牛，好像很高興長了這二支牛角。于謙馬上回應他道：「狗嘴何曾出象牙？」意思是說，你這隻狗，嘴裡怎麼可能吐出象牙呢？這句話直到今天還被人拿來當作罵人話。于謙中進士後，入朝任官，忠勤廉能，曾在江西、河南、山西任巡撫，政績輝煌，極受百姓愛戴。當時正當紅的宦官王振，對他極為嫉妒，誣陷他下獄，但由於他確實清白，誣陷無效，官復原職。土木堡之變時，明英宗被瓦剌俘虜，大臣們皆主張南遷，于謙力排眾議，主張堅守北京，並擁立景帝接位。他得景帝的重用，召集軍隊，於北京城外大破瓦剌軍。瓦剌放了英宗，退回北方之後，于謙積極訓練部隊，巡視邊關，保境安民。但英宗復位後，對當年于謙幫助景帝一事，懷恨在心，於是誣陷他造反，將他斬首。行刑當天，北京上空狂風飛沙，昏天暗地，街頭巷尾人人皆哭，這位被傳說為岳飛轉世的忠臣良將，就此終結其一生。于謙被處死後，其二子一女共三人都被充軍，押往遙遠的邊境。期間，一群東廠惡太監跟蹤他們三人，準備加以殺害，斬草除根。走到靠近邊境龍門小鎮的一家客棧時，惡太監追到，即下殺手。幸好，于謙的軍中舊部屬一路暗中隨行，此刻適時出來保護。經過一場激烈決鬥，惡太監被殺，忠良後代安全獲救。這段故事，曾於 1960 年代被拍成武俠電影「龍門客棧」，風靡一時。

三皇五帝		
夏		
商		
周	西周	
	東周	春秋
		戰國
秦		
漢	西漢	
	東漢	
三國	魏	蜀漢	吳
晉	西晉	
	東晉	
南北朝	北朝	南朝
	北魏	宋
	東魏	西魏	齊
			梁
	北齊	北周	陳
隋		
唐		
五代	後梁	
	後唐	
	後晉	
	後漢	
	後周	
宋	北宋	
	南宋	
元		
明		
清		
民國		

明（三）

西元1368年～1644年

　　武宗死，世宗立，年號「嘉靖」。世宗雖不寵宦官，但也長年不上朝，任由奸臣嚴嵩貪污敗國。世宗任內，倭寇為患。倭寇主要成員是日本海盜，另外還雜有一些漢民族的敗類在內。倭寇自太祖時起即侵擾東南沿海各省，殺人搶劫。世宗時，倭寇氣燄愈狂，朝廷先派俞大猷，後派戚繼光討伐之。

　　戚繼光用兵如神，屢敗倭寇，嘉靖四十三年，他領軍與倭寇在福建仙遊決戰，大勝，倭寇從此絕跡。

　　世宗之後，經穆宗，傳至神宗，年號「萬曆」。神宗即位之初年僅十歲，由大學士張居正輔政。張居正進行朝政改革，使明朝一度中興：

　　1.整飭吏政。

　　2.實行「一條鞭法」，丈量全國田畝，將力役與田賦合併，按畝徵銀，杜絕徵收中的弊端，減輕人民的負擔。

　　3.鞏固國防。派名將戚繼光鎮守北疆，國防賴以安固。

　　張居正死後，神宗將其抄家滅族，改革之事遂無人繼續執行。神宗從萬曆十五年到萬曆四十八年，連續三十四年不上朝、不見官員、不批公文，但對於加徵苛捐雜稅的奏章，卻都很快批准發出。明朝有六帝（憲宗、孝宗、武宗、世宗、穆宗、神宗）有長年不上朝的惡名。明代有些大臣終生未得見皇帝一面，國政無人裁決，因此國勢日衰。朝臣們則各分黨派，內爭不斷。曾任吏部郎中的顧炎武罷職歸鄉，在江蘇無錫的「東林書院」講學，議論朝政、批評貪官，很得讀書人的支持，人稱「東林黨」。

　　神宗時，北方蒙古的侵擾漸少，但東北方有朝鮮及女真的問題：

1. 唐時，中國助新羅統一朝鮮半島。西元 918 年，新羅衰，高句麗取代之，改全國之名為「高麗」。至明初的西元 1392 年，李成桂篡高麗，建國，改名「朝鮮」。神宗時，日本出兵侵朝鮮，明出兵援朝，中日打了七年，日方因將軍「豐臣秀吉」病死而撤軍，戰事平。

2. 女真是曾與宋對抗的金人之後代，漁獵於今之東北地方，起初臣服於明，分建州、海西、野人等三衛。神宗時，建州衛出一英雄，此人姓「愛新覺羅」名「努爾哈赤」。他統一女真族建國，國號再稱「金」，史稱後金，積極侵明。明先後派熊廷弼、袁崇煥守邊戒備。

　　神宗後，經光宗傳至熹宗。宦官魏忠賢當紅，極力打擊東林黨，東林黨人多遭迫害，國家人才凋零。金之努爾哈赤死後，其子「皇太極」繼位，更加積極侵明。不久，熹宗死，思宗立，年號「崇禎」。他雖力圖振作，殺了魏忠賢，積極處理朝政，但他心胸狹隘，好猜疑，濫殺官員。最失策的是殺掉大將袁崇煥，使國防力量大傷。後來陝西發生大饑荒，災民到處劫掠，尤以張獻忠與高迎祥二路人馬最眾，所到之處，官軍不敵。

 史書之外

戚繼光：

　　倭寇橫行於東南沿海，明廷派福建總兵戚繼光討伐之。戚繼光，山東蓬萊人。他招收純樸的農村青年，施以實用戰技訓練而成軍，人稱「戚家軍」。戚家軍作戰勇猛、軍紀嚴明，對倭寇作戰，總是獲勝，從未敗過。戚繼光是一位軍事奇才，不但會打仗，還對軍械、後勤等方面多有創新改進的發明。平定倭寇後，戚繼光聲名大噪，被張居正調升為薊遼總兵，負責北方國防，防蒙古入侵。他帶戚家軍北上到任，與當地原有邊防軍部隊一齊集合訓話，天突然下大雨，邊防軍一哄而散，但戚家軍卻在雨中挺立如山，邊防軍這才了解何謂軍紀。果然，在戚繼光經營兩年多之後，蒙古不再犯境。後來，張居正死了，神宗清算其家族，戚繼光受牽連被革職，最後貧病抱恨以終。

海瑞罷官：

　　海瑞，瓊州人，三歲喪父，寡母將其養育帶大。個性剛烈正直。考取舉人後，出任浙江淳安縣知縣。總督胡宗憲之子鬧事，海瑞將其抓來嚴加處罰。他調任江西興國縣知縣後，平日皆吃素，所吃蔬菜都是自宅後園所種，其母八十大壽時才買兩斤豬肉作菜。欽差大臣郁懋卿來巡，海瑞致信給他說，歡迎來視察，但恕不招待。不久，嚴嵩倒臺，胡宗憲、郁懋卿等人也倒臺，海瑞因對抗過這二人，故聲名大噪。嘉靖四十四年，他上書指責世宗長期不臨朝、不理國政，有虧為君之職。世宗閱後大怒，頻呼：「反了！反了！快抓他，別讓他跑了！」太監說：「皇上您別急。海瑞早已買好了棺材，在家裡等著呢！」世宗聞言，跌坐椅子上，氣得全身發抖。東廠把海瑞抓起來，準備處死他。大臣徐階將公文拖延，遲不發交執行，救海瑞一命。不久，世宗病死。海瑞獲釋，任南京通政，轉任南直隸巡撫，衙門在蘇州。海瑞一上任，頒布百姓生活公約，內容包括：「成年男子應速結婚；寡婦應速改嫁；公文用紙一律用粗紙；州內停造絲綢、糖糕等奢侈品；招待京官飯錢限紋銀三錢……」等，蘇州地方仕紳大驚，紛紛裝窮裝病。此時，徐階退休回鄉買田，與佃農糾紛，被佃農告進巡撫衙門。海瑞升堂辦案，判徐階敗訴。四鄉佃農聞訊，民心大振，呼其為「海青天」，紛紛也來告狀，案數超過四千件。地方仕紳見勢不妙，勾結御史彈劾他，他憤而罷官回鄉。萬曆十三年，他奉詔復出，任吏部侍郎，一到任立刻上書，請嚴懲貪官污吏，這又惹來御史彈劾，他又憤而辭職，但未獲准。萬曆十五年，他死於南京，死時家中財產只有紋銀二十兩。1962 年，吳晗寫作《海瑞罷官》劇本。1965 年 11 月，上海《文匯報》刊出王洪文之投書，批評該劇本，由此引發文化大革命運動。

袁崇煥：

　　袁崇煥，廣東東莞人，萬曆四十七年進士。熹宗天啟二年，任兵部主事，在山海關外屯田練兵，建築寧遠城。天啟六年，努爾哈赤率二十萬大軍攻寧遠，被袁崇煥的一萬守軍擊退，努爾哈赤受傷而死。天啟七年，皇太極攻寧遠，又被袁崇煥擊退。袁崇煥有功無賞，反被魏忠賢唆使御史彈劾，遂憤而辭職回鄉。崇禎元年，他奉詔復出，任薊遼督師，用兵如神，屢敗女真軍。崇禎二年，皇

太極率軍繞過長城，陷遵化，攻北京。袁崇煥從山海關奔來護京，擊退皇太極。但皇太極熟讀《三國演義》，臨走前施用反間計，讓明朝政府誤以為袁崇煥是通敵者。明思宗果然中計，將袁崇煥處死。

三皇五帝		
夏		
商		
周	西周	
	東周	春秋
		戰國
秦		
漢	西漢	
	東漢	
三國	魏	蜀漢　吳
晉	西晉	
	東晉	
南北朝	北朝	南朝
	北魏	宋
	東魏　西魏	齊
	北齊　北周	梁
		陳
隋		
唐		
五代	後梁	
	後唐	
	後晉	
	後漢	
	後周	
宋	北宋	
	南宋	
元		
明		
清		
民國		

明（四）

西元1368年～1644年

　　明思宗殺了袁崇煥之後，明軍士氣一落千丈，無心對後金作戰，很多軍民投降後金。皇太極見狀很是高興，他認為，為了順利消滅明朝，必須吸引更多的明人來降，因此要減低明人對他的厭惡感。他知道，明人承襲宋人的意識想法，對「金」與「女真」這些字眼仍餘恨未息，於是在崇禎九年，他巧妙地將國號改稱「清」，避免再提「金」字；又改稱其族名為「滿洲」，避免再提「女真」，並正式稱帝，是為「清太宗」，又追諡努爾哈赤為「清太祖」。

　　此時，明朝國內正面臨因大旱災大饑荒所引發的民變，其中最強的為「八大王」張獻忠和「闖王」高迎祥等兩股人馬，整得思宗焦頭爛額。後來，張獻忠被明朝政府招降，高迎祥被俘後被殺，高迎祥的外甥李自成繼續打著「闖王」的名號行動，喊出「迎闖王，不納糧」，結果萬民擁戴，大軍橫掃中原，明軍望風而逃。李自成攻下長安後，正式建國，國號為「順」，並繼續北伐。崇禎十七年，李自成的大軍進入北京城，思宗慌忙逃出皇宮紫禁城，在皇宮後門外的煤山上自縊而死。明亡。

　　駐守山海關的明朝將軍吳三桂，得知李自成攻陷北京後，本想向李自成投降，但得知其妾陳圓圓被李自成的大將劉宗敏搶去後，勃然大怒，令其軍隊為明思宗穿上白色喪服，誓言為明思宗報仇。吳三桂的軍隊離開山海關，向北京進發；李自成大軍則由北京撲向山海關。兩軍相遇，正殺得難分難解，突然吳三桂下令打開山海關的城門，讓清軍入關。原來，他早已私下和清軍勾結好了，請清軍來幫他報私仇。剎時間，清兵湧入，順軍不敵，敗回北京，清軍一路追擊，李自成離開北京。

　　當吳三桂引清兵入關時，當時皇太極剛死不久，清帝是八

歲的福臨，也就是清世祖，年號「順治」，由其叔父多爾袞攝政。清朝將國都由盛京（今瀋陽）遷至北京，且會同前明的叛將，如吳三桂、洪承疇等，大舉南侵。明朝滅亡後，計有福王（弘光帝）、魯王、唐王（隆武帝）、桂王（永曆帝），先後分別建立流亡政權，總稱「南明」，總共拖了十八年。南明的忠臣有史可法和鄭成功二人。清軍南下至江蘇北部，準備從揚州渡長江時，南明的督師史可法率義勇軍堅守揚州城，清軍連攻七日，城破，史可法壯烈殉國，清軍一連十天屠殺城內百姓，史稱「揚州十日」。鄭成功在福建廈門起兵抗清，一度反攻至南京附近，一時聲威大振，頗具大有可為之勢，但後來終究兵敗勢衰。西元 1661 年，他轉而渡海至臺灣，打算重振旗鼓，但英年早逝。他在臺灣的基業，傳給兒子鄭經，再傳給孫子鄭克塽經營。最後，鄭氏陣營的叛將施琅率清軍攻克臺灣，臺灣被清廷收入版圖，時為西元 1683 年。

 ## 史書之外

陳圓圓：

　　陳圓圓，本名陳沅，山西太原人。幼時家貧，入蘇州之妓院為藝妓，長大後，容貌美麗，歌藝超凡，豔名遠播。田貴妃將其贖出，帶至北京，改名陳圓圓，送給國丈田畹為妾。一日，大將軍吳三桂到田畹府作客，見陳圓圓，心生喜愛，強迫田畹割愛，陳圓圓變成吳三桂之愛妾。吳三桂家在北京，軍營在山海關，聚少離多，對陳圓圓很是憐愛。李自成攻入北京時，吳三桂人正在山海關，李自成手下大將劉宗敏從吳家搶走陳圓圓。吳三桂大怒，引清兵入關，一面又假裝忠臣，命全軍穿白衣白甲，為明思宗戴孝。清初詩人吳梅村作長詩〈圓圓曲〉暗諷其事，其中有二句是：痛哭六軍俱縞素，衝冠一怒為紅顏。

鄭成功：

　　鄭成功，本名鄭森，福建南安人。父親鄭芝龍原是海盜，後來被明政府招降任官，母親田川氏是日本人。鄭成功出生於日本，七歲回中國。崇禎十七年時，鄭森正在南京國子監讀書，因局勢混亂，回福建老家。南明隆武帝登位，拉攏鄭芝龍父子，封鄭芝龍為平國公，賜鄭森姓朱（因此後人稱他為國姓爺），

賜名成功。西元 1646 年，清兵俘獲隆武帝，南明永曆帝在廣東肇慶登位。鄭芝
龍降清，鄭成功哭諫無效。清兵攻陷南安，鄭母自盡死。鄭成功懷著悲痛的心
情，赴孔廟謁拜，燒掉自己所穿的儒服青衣，祭告於孔子牌位前曰：「昔為孺
子，今為孤臣。向背去留，各有所用。謹謝儒服，請先師昭鑑。」自此棄文從
武，投入抗清大業。他募集兵士，以福建廈門為根據地，向東南沿海各省清軍
突擊，互有勝負。西元 1655 年，鄭成功戰績輝煌，勢力龐大，占有東南沿海七
十二鎮，永曆帝封他為延平郡王。西元 1658 年，鄭成功的艦隊從東海進入長
江，攻打南京。後來戰術失敗，鄭成功黯然退回廈門。西元 1661 年，鄭成功揮
軍趕走當時統治臺灣的荷蘭人，率軍民遷至臺灣，以臺南為首府，積極屯田練
兵，準備長期抗清。西元 1662 年，鄭成功病死。

臺灣民間故事：

臺灣民間流傳幾則鄭成功巡視全島時所發生的神話故事：

1. 鄭成功一行人走到濁水溪南岸，夜宿溪邊，忽有荷蘭軍殘眾悄然來襲。鄭
   軍將士都在睡覺，渾然不知。壁虎們見此情形，急忙奮力吐氣警告他們，
   這一急竟然叫出聲來。鄭軍將士被壁虎叫聲吵醒，終於擊退荷蘭軍。從此
   以後，濁水溪以南的壁虎會叫，濁水溪以北的壁虎不會叫。

2. 鄭成功一行人走到大甲鐵砧山，烈日當空，將士無水可飲，都快渴死。鄭
   成功抽出隨身寶劍，向地上一插一拔，那地方突然噴出源源泉水，形成一
   口天然井。從此以後，大家稱這口井為「劍井」。

3. 鄭成功一行人走到鶯歌，當地每到黃昏時，都有一隻巨大的鶯妖鳥飛來休
   息，並且口噴毒霧，殘害村民，當地人都又怕又恨。鄭成功等到黃昏，巨
   鳥飛來時，拔劍跟鳥搏鬥，一劍削去巨鳥頭上的肉冠，巨鳥慘叫一聲，魔
   力全失，變成一塊巨石。今天我們經過鶯歌火車站時，可看到此巨石。

4. 鄭成功一行人來到圓山、士林間的基隆河，忽有魚妖作怪，刮起狂風巨浪，
   不讓他們通過。鄭成功抽出隨身寶劍，向河水一擲，立刻風平浪靜。此後，
   每到中秋夜，潭中劍影浮現，波光粼粼。大家稱此處為「劍潭」。

萬里江山

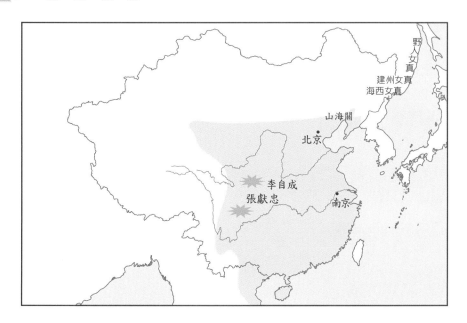

 # 萬世一系

1.太祖（洪武）	・朱元璋滅元，定都應天府（南京），建國號明 ・發生胡惟庸之獄，廢除丞相
2.惠帝（建文）	・燕王篡位為帝，史稱靖難之變
3.成祖（永樂）	・遷都北京 ・鄭和下西洋
4.仁宗（洪熙）	
5.宣宗（宣德）	・鄭和最後一次下西洋
6.英宗（正統）	・發生土木堡之變，英宗被擄，景帝繼位

7.景帝（景泰）

6.英　宗
- 英宗被釋，發動奪門之變，英宗復位

8.憲宗（成化）

9.孝宗（弘治）

10.武宗（正德）
- 葡萄牙人至廣州貿易

11.世宗（嘉靖）
- 倭寇大舉侵犯浙江
- 葡萄牙人占據澳門
- 戚繼光平定倭寇

12.穆宗（隆慶）

13.神宗（萬曆）
- 張居正變法
- 東林黨爭起
- 努爾哈赤建後金

14.光宗（泰昌）

15.熹宗（天啟）
- 後金陷遼陽、瀋陽
- 荷蘭人占領臺灣

16.思宗（崇禎）
- 流寇大起，以高迎祥、李自成、張獻忠最強
- 後金改國號為大清
- 李自成攻陷北京，思宗自縊殉國

17.安宗（福王）
- 明宗室遺臣擁福王即位於南京，是為南明

18.紹宗（唐王）

19.永曆帝（桂王）
- 鄭成功抗清，桂王被執，南明亡

明代文化

科舉：

　　明代以科舉考試取士，每三年舉行一次，分「童試」、「鄉試」、「會試」、「殿試」四階段，童試取秀才（考取後可入縣學就讀），鄉試取舉人，禮部會試取貢士，皇帝所主持的殿試取進士。進士第一名為狀元，第二名為榜眼，第三名為探花。舉人進士為有功名之人，由政府派任官職，並享有賦役、司法特權。有功名的讀書人與官員，形成「仕紳階級」。科舉考試限考「四書」和「五經」，以宋朝朱熹的《四書集註》為標準範本，且嚴格規定答卷文章的格式，一定分「起、承、轉、合」四段，每段二股，共八股，造句都必須引用四書五經，俗稱「八股文」。明代讀書人大都只膚淺地鑽研八股文的寫法，把四書五經背得滾瓜爛熟，卻不深入思考，造成思想呆僵，社會進步遲緩。

理學：

　　明代的理學，傳承宋代的理學餘緒，但因讀書人懼怕文字獄，少發新論，久而久之，思考能力退步，形成抱殘守缺的局面。勉強稱得上有獨立思想的學者，僅有兩位，一位是王守仁，一位是顧炎武。王守仁將宋儒陸象山的思想發揚光大，其學說為「知行合一」。諷刺的是，在明代，雖然朱熹的著作充塞眾多讀書士子的書包，但陸象山的思想卻得到發揚光大。另一位思想家顧炎武，身處明末亂世，憂國憂民。他遊歷千山萬水，親視民間疾苦，著《天下郡國利病書》，有經邦興國之志，是思想家，也是有志未伸的政治家。

文藝：

　　明代的文學，以小說成就最高。其中以羅貫中的《三國演義》、施耐庵的《水滸傳》、吳承恩的《西遊記》最著名。明代

三皇五帝		
夏		
商		
周	西周	
	東周	春秋
		戰國
秦		
漢	西漢	
	東漢	
三國	魏 蜀漢	吳
晉	西晉	
	東晉	
南北朝	北朝	南朝
	北魏	宋
	東魏 西魏	齊
	北齊 北周	梁 陳
隋		
唐		
五代	後梁	
	後唐	
	後晉	
	後漢	
	後周	
宋	北宋	
	南宋	
元		
明		
清		
民國		

的戲劇，以湯顯祖的《牡丹亭》成就最高。明代的畫家，以文徵明、沈周、唐伯虎、仇英、董其昌、陳洪綬等較有名。書法家則以唐伯虎、董其昌較有名。吳元泰所著《東遊記》，是說李鐵拐、漢鍾離、張果老、何仙姑、呂洞賓、藍采和、韓湘子、曹國舅等八仙在海上飲酒玩耍，跟海龍王發生衝突，雙方大打出手。八仙各顯神通，打得水族們慘敗，最後，南海觀音出面調停，八仙得意回家的故事。八仙從此成為中國民間文藝中的要角。

科技：

江西景德鎮為瓷器技術中心，「青花瓷」製作技術尚稱精妙；江蘇宜興為陶器技術中心。宋應星著《天工開物》，記載各種農業和手工業的技術。鄭和下西洋時期，造船術和航海術一度很發達，可惜後來資料被官員劉大夏所毀，技術失傳。科學方面，李時珍編纂《本草綱目》，記載各種植物（尤其是藥用植物）的特徵及藥性。羅馬天主教耶穌會的傳教士利瑪竇，於神宗時來到中國，除傳教外，並介紹歐洲的科學。大臣徐光啟跟隨利瑪竇作學問，合譯古希臘數學家歐幾里德的《幾何原本》。

 史書之外

王守仁：

王守仁，字伯安，號陽明，浙江餘姚人。直到五歲才突然會說話，且把祖父平時吟哦的詩文順利背出來，家人都驚喜交集。幼年時，他曾夢見自己走入一間武將廟參拜。十二歲時，他對老師說：「要作第一等人，做第一等事！」十五歲時，赴塞北學騎射。成年後，王守仁遍讀宋代理學書籍。二十一歲時，他決心實踐朱子格物致知之道，便靜坐在一叢竹子前，面對竹子進行格物，從早坐到晚，看竹子看到厭，也沒能致出知來。王守仁二十八歲時中進士，入朝任官，暇時常尋訪佛教道教人士。武宗正德元年時，王守仁因上書為御史戴銑直言，得罪宦官劉瑾，被罰打廷杖四十，然後貶往龍場（今貴州修文）擔任驛站管理員。有一天他突然覺悟：依靠外物來致知是錯誤的方法。「知」是指每人內心與生俱來的良知，也就是「仁」，只不過這良知被俗務給遮住了。致知是發掘

良知、頓悟原純心性。這種說法，近於南宋陸九淵，故史稱「陸王」。三年後，劉瑾死，他獲平反，回朝任官，暇時繼續研究哲學，跟隨他學習的弟子日多，記載他言行思想的《傳習錄》出版。正德十二年起，他負責剿平江西境內盜匪，用兵如神，智擒匪首。不久，寧王朱宸濠在南昌叛變，王守仁率兵將其部隊擊潰，並生擒寧王。事後，王守仁卻被奸臣排擠，未獲獎賞，黯然歸鄉。他在家鄉又開始講學，主張：僅僅致良知還不夠，必須把良知實行在生活中，才能體會良知的意義，此即「知行合一」。若人人都知行合一，互相以仁相待，則社會上禮義道德自然風行。因他講學精彩，當地客棧、寺廟都住滿了從全國各地慕名前去聽講的人。嘉靖六年，他奉命復出，討伐西南梧州盜匪，帥旗一插，七萬盜匪自動請降。回程時，他路過紀念漢朝馬援將軍的伏波廟，發現那正是他幼時夢中所到之地，遂題詩留念。嘉靖七年，王守仁壽終正寢。

湯顯祖：

　　湯顯祖，江西臨川人，萬曆十一年進士。一生官運不如意，轉而醉心於戲曲創作，被後人稱為東方的莎士比亞，作品有《牡丹亭》、《南柯記》、《邯鄲夢》、《紫釵記》、《紫簫記》，其中以《牡丹亭》（又名《還魂記》、《離魂記》、《遊園驚夢》）最有名。故事是說：太守杜寶有一女，名杜麗娘，長得花容月貌，又值青春年華。一日，她和侍女春香在後花園遊玩，玩倦了，在花園中牡丹亭內小睡片刻，夢見一書生，對他一見鍾情。醒後，杜麗娘日思夜想那夢中人，竟因此生病，病情日篤，乃至香消玉殞。臨死前，麗娘請求家人將其自畫像藏在太湖石下。在陰間，閻羅王查知杜麗娘和柳夢梅有姻緣未了，就放她還陽。一日，柳夢梅在太湖石下拾獲杜麗娘畫像，頗愛其美貌。是晚，他夢見麗娘，其自言為鬼，要他請石道姑復活之。柳夢梅醒來，與石道姑一起挖墳開棺，見麗娘屍體仍完好，石道姑餵麗娘一顆還魂丹，麗娘果然復活，遂和柳夢梅成親。杜寶因公前往淮安，柳夢梅以女婿之名前去求見，杜寶早先已聽說開棺之事，今番親見柳夢梅，大怒，抓住他嚴刑拷打，幸好此時科舉放榜消息傳來，柳夢梅高中狀元，杜寶才將其釋放。柳夢梅覲見皇帝時，杜寶見到杜麗娘，認為她是妖怪，定要消滅她，眾人亂成一團，最後鬧到皇帝面前。皇帝判定杜麗娘是「重生」，著令一家團圓，最終以喜劇收場。

三皇五帝		
夏		
商		
周	西周	
	東周	春秋
		戰國
秦		
漢	西漢	
	東漢	
三國	魏 蜀漢	吳
晉	西晉	
	東晉	
南北朝	北朝	南朝
	北魏	宋
	東魏 西魏	齊
	北齊 北周	梁
		陳
隋		
唐		
五代	後梁	
	後唐	
	後晉	
	後漢	
	後周	
宋	北宋	
	南宋	
元		
明		
清		
民國		

明代經濟

農業：

　　元末戰亂，兵馬踐踏，中原農田完全被毀。朱元璋建明朝後，為了養活子民，不得不進行農業建設。他減免農民賦稅、鼓勵移民墾荒、積極推廣「早熟稻」、修復水利灌溉渠圳，使很多荒地漸漸回復成良田，糧食產量逐年增加。此外，明朝中期以後，中國與外國接觸日趨頻繁，甘薯、玉米、花生、馬鈴薯等新奇的農作物陸續傳入中國，這些農作物比較耐旱，可以種植在缺水地區，這樣就使許多原來無法種稻的旱地得以充分利用開發，更擴大了中國人的食物來源。

工商業：

　　明成祖遷都北京後，重修隋代的南北大運河，使內陸水運重現暢旺，讓華南豐富的民生物資向京城供應無缺，由此連帶也使商業復甦，江南農工產品也透過大運河和長江轉運各地。商業的復甦促成商人集團的興起。明朝中葉以後，山西商人及徽州商人尤以善於經商聞名。他們在各大城市建立會館，作為同鄉的官、商、仕紳出門旅行時寄宿聯絡的場所，形成地域性的商幫。此外，明代興起許多專業市鎮，如江蘇盛澤鎮以絲織業、江西景德鎮以瓷器業、江蘇宜興鎮以陶器業聞名全國。景德鎮內，窯廠櫛比鱗次，蔚然壯觀，有「四時雷電鎮」之稱。但以上這些成就，都屬於零星點綴性質。整體而言，明代的國家財經狀況是破敗窮困的，它具有二大特色：

1. 自耕農型態：全國布滿小本經營、自給自足的自耕農。嚴格地說，比起國家，明代的中國更像是一個大村莊。在這種經濟型態下，社會生產力到達某一程度即不可能再行進步提高，因此國家財源增加不起來。

2. 稅制不公：明代仕紳階級，享有免稅、免服勞役的特權。這種稅制的不健全，造成國家財源短缺，也形成政治問題。農業發達的富庶江南，因有許多仕紳階級住在該區，可以免稅，所以不必上繳很多稅銀；而荒涼窮困的陝北，因沒有仕紳階級住在該區，不能免稅，反而必須上繳極多的稅銀，結果逼出民變。再加上明末國家財政困難，軍中官兵久久拿不到糧餉，很多被迫投降敵人或淪為盜匪。

貪污：

朱元璋的各項開國政策，基本上都產生了他預期的效果，唯獨在嚇止貪污方面，徹底失敗。朱元璋為了遏止貪污，殺貪官時不惜採用剝皮抽筋等酷刑，來宣示懲治的決心，加深官民的印象。然而，官員寧願冒著被剝皮抽筋的危險，還是要貪。原因是政府所給的薪水太低，官員生活困難。除非人人學海瑞，否則，為了吃飽，為了養活家人，不得不以貪污來增加收入。久而久之，無官不貪，無案不貪，使得政風敗壞，官民成仇，對立加劇，終於動搖了國本。明末民變時，以「殺貪官」為主要訴求，這是朱元璋當初始料未及的。

史書之外

唐伯虎點秋香：

唐伯虎點秋香的故事，出自明朝抱甕老人所著之《今古奇觀》。唐寅，字伯虎，蘇州人，乃聰明博學的才子，精通琴棋書畫，尤其在書法與繪畫上，有很深的造詣。一日，他坐船遊湖時，迎面來了另一艘大船，船上全是一些女眷，其中有一穿青衣的丫鬟，眉目清秀，正在船頭梳頭，見到唐伯虎，嫣然一笑，這一笑，讓唐伯虎神魂顛倒，愣在當場。等他回過神來，那船早已遠去。唐伯虎急忙多方查問，得知那艘船上全是無錫華學士府裡的人，便急忙趕往無錫。到了無錫，唐伯虎不認得路，東行西走，來到南門，忽聽一聲吆喝，見十多個僕人抬著一個轎子而來，後面跟著一群丫鬟，那青衣丫鬟就在其中，她見了唐伯虎，先是一愣，接著便掩嘴一笑。唐伯虎被這第二次的笑容勾了魂，一路跟隨，眼看轎隊進了華府。唐伯虎於是轉回客棧，買了舊衣破帽換上，接著就到

華府門口，遞上名帖，自稱姓康名宣，想在華府當個僕人，混口飯吃。門房帶他見華學士，華學士看他儀表和談吐皆不俗，便將他改名華安，要他當書僮，陪華公子讀書。唐伯虎探聽到那位青衣丫鬟叫做秋香，是華夫人的貼身侍女，整天伴著夫人，很難相見。而他這方面，華公子常要他幫忙抄作文，他見文章有不妥處，把它改了，華公子見他改得好，從此乾脆請他代寫文章。老師收到華公子的作業，發現他作文功力突飛猛進，很得意地將文章拿給華學士看。華學士一看就知不是兒子寫的，找兒子來一問，才知是華安代筆。他召來華安，當場出題考他作文，華安一揮即就，詞意兼美，尤其是一手好書法，讓華學士看得愛不釋手。華學士知他非普通人，只是不知道他來府中當僕人的原因，只有更加寵信。不久，華府所開當鋪的總管去世，華學士想用華安遞補，但管錢財者是以有家室者較適當，因此找來媒婆，想幫華安作媒成家。華安表示，不必麻煩外求，以府中的丫鬟為妻，於願已足。華學士也很贊成，就決定由華安自行挑選。當晚，府中全體丫鬟打扮光鮮，在夫人廳房集合。華安來到，見群雌爭奇鬥豔，獨不見秋香，不禁失望地對華學士說：「您既然要我選，就該讓所有的丫鬟都出來才對呀！」華夫人本來不捨得放出身邊的四位丫鬟，這時只好全把她們叫出，秋香就在其中。她看到華安，又是抿嘴一笑，華安當然選她。新婚之夜，秋香總覺得華安似曾相識，追問之下，華安才告訴她，他就是蘇州才子唐伯虎，為了她在船上的一笑，追到無錫，為了她在無錫南門外的二笑，追到華府，化身為僕，而最後因著她在廳房的三笑，定下姻緣。次日，人們發現華安和秋香已遠走高飛，只剩華安的衣物在房裡，牆上留下一首詩：「擬向華陽洞裡遊，行蹤端為可人留；願隨紅拂同高蹈，敢向朱家惜下流。好事已成誰索笑？屈身今去尚含羞；主人莫問真名姓，只在康宣兩字頭。」一年後，華學士到蘇州訪客，路見一人，頗似華安，只是他衣服華美，僕人簇擁，故而不敢冒昧相認。向旁人打聽，人家告訴他那是唐伯虎。第二天，他親到唐府拜訪，唐伯虎見到華學士，便請出其娘子來待客，正是秋香，三人相顧，哈哈大笑。唐伯虎解釋道，「康」與「唐」字頭一樣，而「宣」與「寅」字頭也相同，都是影射唐寅。後人稱此故事為「唐伯虎點秋香」或「三笑姻緣」。

清（一）

西元1644年～1911年

　　努爾哈赤於萬曆四十四年統一全女真族，建「後金」時，將女真百姓組織起來，編屬八旗（正黃、正白、正紅、正藍、鑲黃、鑲白、鑲紅、鑲藍）。女真人平日聽旗主安排，從事農牧；戰時受旗主號令，行軍布陣。如此，建成一個全民皆兵的國家，戰力極強。

　　努爾哈赤死，皇太極繼續領導後金。明崇禎九年（西元1636年），他改國號為「清」，追諡努爾哈赤為「太祖」。八年後，皇太極死，被諡「太宗」。六歲的福臨即位，年號「順治」，由其叔叔多爾袞攝政。六年後，多爾袞死，順治帝親政。他在位期間，發生的大事有：

1. 清兵進入山海關，趕走李自成，占據北京。清朝繼明朝之後，統領全中國，後由多爾袞訂下恩威並濟的政策，以收服漢人：

   (1)示恩：留任舊明官員、厚葬明思宗、放寬刑罰、減少稅金勞役。

   (2)立威：發布「薙髮令」，令全國男子依滿族習俗，將前腦頭髮剃光，後腦頭髮結為長辮，違者立殺。又積極討伐反清勢力，以叛明降清的吳三桂、耿仲明、尚可喜等將領為前鋒。此三人，吳被封為「平西王」、耿為「靖南王」、尚為「平南王」，是為「清初三藩」。順治二年，南明忠臣史可法，守揚州抵抗，壯烈殉國。

2. 順治二年，恢復科舉考試，吸引讀書人，以消除反抗意識。

3. 順治十六年，鄭成功率艦隊由東海入長江攻南京，被清軍擊退。順治十八年，帝死，諡「世祖」。玄燁即帝位，年號「康熙」。

三皇五帝		
夏		
商		
周	西周	
	東周	春秋
		戰國
秦		
漢	西漢	
	東漢	
三國	魏	蜀漢
		吳
晉	西晉	
	東晉	
南北朝	北朝	南朝
	北魏	宋
	東魏 西魏	齊
	北齊 北周	梁 陳
隋		
唐		
五代	後梁	
	後唐	
	後晉	
	後漢	
	後周	
宋	北宋	
	南宋	
元		
明		
清		
民國		

　　康熙帝寬厚仁慈，飽讀詩書，致力消除滿漢歧異，樹立朝綱典範，奠定清朝長治久安的基礎。他在位期間，發生的重要大事有：

1. 削三藩：清初三藩，坐擁南疆，兵強馬壯，朝廷對他們的忠誠度很不放心。康熙十二年，帝削除平南王。此舉引起三藩反彈，聯合起兵叛變，史稱「三藩之亂」。八年後，亂平。此戰後，清廷深感八旗軍不夠用，遂另招漢人成立「綠營軍」，重用之。八旗、綠營並存。
2. 令張玉書編成《康熙字典》四十二卷，收錄漢字 47035 個。
3. 康熙二十二年，派施琅征服鄭氏臺灣，將臺灣納入版圖。
4. 康熙二十八年，清廷與俄國簽訂「尼布楚條約」，規定中俄國界，俄國承認外興安嶺以南、額爾古納河以東為中國國土。
5. 明末時，準噶爾族在伊犁（今新疆綏定）建國。康熙三十六年，準噶爾侵外蒙古，清兵出援，打敗準噶爾。康熙五十六年，準噶爾侵西藏，清兵出援，又敗準噶爾。清遂將外蒙及西藏納入中國版圖。
6. 康熙六十年，臺灣朱一貴起兵叛亂，清政府派藍廷珍平定之。

康熙帝的施政缺失有二：

1. 兩度立太子又廢太子，導致宮廷內鬥。
2. 興文字獄，冤害讀書人。

　　康熙六十一年，帝病死，諡「聖祖」。胤禛即帝位，年號「雍正」。

 史書之外

順治死亡之謎：

　　民間相傳，順治帝登基後，其母孝莊皇太后唯恐多爾袞會不服順治而篡位，故不惜自己下嫁多爾袞，以平伏其野心。後來多爾袞死了，孝莊轉而干涉順治帝的感情生活。順治帝尋得一漢族美女董小宛，迎之入宮，立為貴妃，百般寵愛。順治帝的滿族皇后見狀，心生嫉妒，就向孝莊抱怨。孝莊毒死董妃。順治帝傷心難過，萬念俱灰，遂赴山西五台山出家為僧。孝莊坐鎮宮中，發布假消息，說順治帝是得天花病而死。

《施公案》：

施琅是福建晉江人，他的後代也都為清朝效力，其中以三子施世綸最有名。施世綸歷任揚州知府、湖南布政使、漕運監督等官職。他為官公正廉明，判案如神，屢屢為民伸冤除暴，很像宋朝的包公。民間將他的事蹟收集起來，編成《施公案》一書，傳誦不已。《施公案》後來發展出很多有趣的戲劇，例如《惡虎村》、《盜御馬》等。戲中人物除施世綸外，還有黃天霸、竇爾墩等。黃天霸武藝高強，常救助施世綸，讓他逢凶化吉。竇爾墩是脾氣火爆的江湖大盜，他的大花臉裝扮極受兒童觀眾的喜愛。

朱一貴：

朱一貴，福建漳州人，康熙年間渡海來臺，定居於鳳山，以養鴨為業。平日豪爽慷慨、任俠好義，家中常有客人聚在一起討論時政，人稱其為「鴨母王」。當時的臺灣知府王珍是一個貪官，他以各種名目向百姓徵稅，中飽私囊。康熙六十年時，臺灣發生地震，劫後餘生的人們以唱戲來謝神。王珍卻以違反禁令為由，逮捕多人，予以監禁，同時趁機恐嚇索賄。對這種官方暴行，民怨沸騰到極點。此時，朱一貴順勢而為，和友人打著「反清復明」的口號，揭竿起義。義軍在四月時起事，一路攻城掠地，人數從一千多人急增達三十萬人，五月初，攻下臺南府城。王珍逃往澎湖，義軍控制全臺灣。朱一貴被推舉為「中興王」，年號為「永和」。後清廷派藍廷珍率兵由福建渡海平亂，六月十六日，清軍在臺南鹿耳門登岸，激戰後，收復臺南府城。朱一貴敗走諸羅（今嘉義），再遭清軍襲擊。七月六日，朱一貴被俘，被押送北京斬首。朱一貴事件為清治臺灣第一起大規模民變，對臺灣之影響不可謂不大。連橫在《臺灣通史》中，特別為他立傳。

獨臂神尼：

民間傳說，明思宗一直很疼愛他的女兒長平公主。當北京城破的前夕，明思宗決定自殺殉國。在自殺前，他先將皇室家人一一殺死，以免他們落入李自成兵士之手。當殺到長平公主時，他實在於心不忍，就一面嘆道：「妳為什麼要生在帝王之家？」一面揮劍略失準頭，砍去公主一條手臂。公主大叫一聲而昏倒。此時，宮外亂聲響起，明思宗急去後山自殺，僕人遂將公主包紮救起，潛

逃出宮。公主後來削髮出家為尼，以獨臂練成一套劍法，人稱「獨臂神尼」。她招收甘鳳池、白泰官、呂四娘等徒弟，默默進行反清復明。

洪門：

鄭成功在率大軍對清作戰時，命其軍師陳近南組織敵後祕密情報網，這就是「洪門」。「洪」字是把「漢」字右邊去掉「中土」而成，隱喻漢民族不忘失去中原故土的國仇家恨。洪門初期活躍於長江下游。鄭氏政權被滅後，洪門仍繼續堅持反清復明宗旨，而行動更加隱密，成員以兄弟相待，極重義氣，最後變成遍布全國的祕密幫派，讓清政府很頭痛。

清（二）

西元1644年～1911年

　　雍正帝嚴厲苛刻，工作勤奮，有工作狂。在他的督促下，官員風紀井然，行政效率提高，國庫充實富足。他在位期間，發生的大事有：

　　1.改善財政：推行「攤丁入畝」，賦稅公平。使國家財稅收入健全。

　　2.整飭吏治：懲治貪污、追繳欠稅、禁止官員結黨內鬥。

　　3.收青海：雍正元年，羅布藏丹津在青海發起叛亂。清廷派年羹堯及岳鐘麒率軍討伐，獲勝，自此將青海收入中國領土版圖。

　　4.建軍機處：清初模仿明朝，不設宰相。雍正十年，詔令成立軍機處，內設軍機大臣數人，與皇帝共議國事，軍機大臣是集體的宰相。

雍正帝的施政缺失有三：

　　1.嚴苛少恩，君臣互相猜忌。

　　2.禁止天主教傳教，切斷中西文化交流，造成中國文化發展的停滯。

　　3.所興文字獄，較康熙時代更嚴重。

　　雍正十三年，帝死，諡「世宗」。弘曆即帝位，年號「乾隆」。乾隆帝聰明能幹，行事待人寬嚴並濟，兼具康熙帝與雍正帝的優點。因此，臣民敬服，造成了清朝的輝煌時代。他在位期間的大事有：

　　1.收新疆：乾隆二十四年，準噶爾國發生內亂，乾隆帝派兆惠出兵滅其國，將新疆收入中國領土版圖。

　　2.注重司法審判的公正性，詳閱案卷。定期每五年一次修訂大清律。

三皇五帝		
夏		
商		
周	西周	
	東周	春秋
		戰國
秦		
漢	西漢	
	東漢	
三國	魏	蜀漢
		吳
晉	西晉	
	東晉	
南北朝	北朝	南朝
	北魏	宋
	東魏	西魏
		齊
	北齊	北周
		梁
		陳
隋		
唐		
五代	後梁	
	後唐	
	後晉	
	後漢	
	後周	
宋	北宋	
	南宋	
元		
明		
清		
民國		

3.編《四庫全書》：乾隆三十七年，詔令紀曉嵐編《四庫全書》，將中國古書集中總整理，內容豐富齊全，分「經」、「史」、「子」、「集」四部。

4.暹羅（今泰國）、緬甸、尼泊爾來朝貢，皆成為中國的屬國。

5.乾隆五十二年，安南內部分裂，內戰不休，清廷派孫士毅平撫。

6.乾隆五十二年，臺灣林爽文起兵叛亂，清廷派福康安平定。

7.乾隆五十八年，英國使臣「馬戛爾尼」來朝，要求通商貿易，被拒。

8.確立行政架構：皇帝下設軍機處，再下設吏、戶、禮、兵、刑、工等六部，再下設十八行省，省以下為縣。省之長官為「巡撫」，合二或三個省歸一「總督」管轄。蒙古、西藏等二地保有世襲的族長或宗教領袖，清廷只派「辦事大臣」協管。東北（又稱奉天）、青海、新疆等三地，則設「將軍」來統治。

乾隆帝的施政缺失有三：

1.晚年驕傲懈怠，自稱「十全老人」。用和珅做大臣，任其貪污敗國。

2.注重個人享受，六度巡遊江南，鋪張浪費，造成國庫的空虛窮困。

3.所興文字獄，較康熙或雍正時代更多、更嚴重。他所展現的殘忍惡毒，不輸朱元璋。其中有一案，冤殺諫奏的忠臣盧魯生，最為不該。

　　乾隆六十年，帝自動讓位，升為太上皇。四年後，病死，諡「高宗」。康熙、雍正、乾隆三朝，合稱「康雍乾盛世」，為清代的極盛時期。

 史書之外

雍正登基：

　　康熙帝在處理國政上雖英明果決，但在選立太子時，卻是猶豫不決。他曾兩次立太子又廢太子，使得諸皇子惶惑不安，「人人有希望，個個沒把握」，諸皇子之間遂明爭暗鬥不休。最後，康熙帝決定不立太子，而將繼承者的名字寫入遺詔，放在乾清宮門頂上「正大光明」匾額的背後，等他死後，才可以取下來宣布。民間傳言，四皇子胤禛收買了一批武林高手。他們從「正大光明」匾額處偷得遺詔給胤禛看。遺詔上寫著「傳位十四子」。胤禛將「十」上面加一

橫，下面添一勾，成了「傳位于四子」，再放回去。康熙帝死後，大臣們取下遺詔，不知它已被改，照本宣讀，四皇子胤禛因而登上帝位，他就是雍正帝。其實，清帝詔書都是滿文、漢文並列，所以上述傳言是不通的。

雍正之死：

　　雍正帝辛勤工作十三年後，突然暴斃而亡。有關他的死因，民間有一種傳說是：雍正帝大興文字獄時，把儒者呂留良抄家滅族。呂留良之孫女呂四娘逃過劫難，拜獨臂神尼學藝，練得高強武功。在一個月黑風高的夜晚，她攀簷走壁，潛入紫禁城，手刃雍正帝，提走雍正帝的首級，飄然遠去。

乾隆身世：

　　民間傳說，乾隆帝根本就是漢人。傳說當年四皇子胤禛之妻久婚不孕。有一年，好不容易生產，卻生的是女兒，不是兒子。胤禛很失望，心中焦慮不已。此時，正好他的好朋友大學士陳世倌夫婦剛剛生得一兒子。胤禛心生一計，就邀請陳世倌夫婦來家裡玩。陳世倌夫婦抱著兒子來時，胤禛先在內室偷看，悄命僕人把自家女兒的襁褓換成與陳家兒子襁褓相同的布色，然後抱女兒出來見客。胤禛夫婦將兩家的襁褓擺在一起，假裝很高興地比來比去，弄得客人眼花撩亂。等陳世倌夫婦接回襁褓時，男嬰已變成女嬰。陳世倌夫婦心中大驚，但懾於王威而不敢聲張。從此，漢人陳世倌之子就成為胤禛之子，取名弘曆。弘曆就是日後的乾隆帝。後來，乾隆帝輾轉得知自己的身世，就六度下江南，造訪陳世倌的故里（浙江海寧）。此時，陳世倌夫婦已過世，乾隆帝就賜匾額給海寧陳家，上書「天下第一家」。

紀曉嵐：

　　紀昀，字曉嵐，河北獻縣人，乾隆十九年進士，人稱「大清第一才子」。他曾因岳父貪污而受牽連，被貶至新疆。後來皇帝知他學問豐富，又詔他回朝主編《四庫全書》。書成後，總集古書 3461 種，共 79309 卷。他的私人著作有《閱微草堂筆記》。民間流傳很多有關他的軼聞。例如：一日，紀曉嵐應邀到某王府作客，慶祝王爺夫人（滿洲語稱福晉）的壽誕。大家要他即席寫詩來祝壽，紀曉嵐想了一會兒，便吟出第一句：「這個婆娘不是人，」眾客大驚，面面相覷。紀曉嵐接著吟道：「九天仙女下凡塵，」大家鬆一口氣，讚賞之聲四起。紀曉嵐

繼續吟道：「生個兒子是個賊，」大家又大吃一驚，怒責之聲四起。紀曉嵐不慌不忙，續道：「偷來蟠桃孝母親。」大家哄然大笑。

袁枚：

　　袁枚，字子才，浙江錢塘人，乾隆年間進士。曾在山東任縣令。因不適應官場虛矯吹拍的文化，遂忿然辭官，置宅於南京，每日為文作詩，過著平淡安逸的生活。袁枚才情橫溢，著有《小倉山房尺牘》、《隨園詩話》。他的一篇〈祭妹文〉，為受傳統禮教之害的女性抱不平，讀來令人感動。因他居於南方，所以人們把他和北方頗負盛名的紀曉嵐相提並論，稱為「南袁北紀」。

清（三）

西元1644年～1911年

　　乾隆帝退位，顒琰即帝位，年號「嘉慶」。嘉慶帝任內，沒建大功，也未犯大錯。他任內發生的重要事情有：

1. 抄和珅：嘉慶四年，帝逮捕和珅，將和珅家中的金銀珠寶收入國庫。

2. 川楚白蓮教：乾隆末年，河南、湖北、陝西、四川等地，因地方官員貪污嚴重，搞得民不聊生，有白蓮教徒趁機興起，口號為「穿衣吃飯，不分你我」，信徒人數大增。嘉慶元年，白蓮教徒起兵叛亂，清廷征討之。嘉慶九年，亂平，但國勢由此轉衰。

3. 嘉慶九年，將屬國安南的名稱改為「越南」，封其國王為「嘉隆王」。

　　嘉慶二十五年，帝死，諡「仁宗」。旻寧即帝位，年號「道光」。道光帝生性節儉，謹慎保守。他在位期間發生的大事有：

1. 鴉片戰爭：鴉片是毒品，上癮者不僅身體變弱，且會傾家盪產。英國將印度鴉片運來中國賣，中國人民吸鴉片者越來越多，購買鴉片的金錢大量流向英國，中國越來越窮。道光十八年，道光帝命林則徐為欽差，禁絕鴉片。林則徐到廣州，令英商交出鴉片。道光十九年六月三日，林則徐公開燒毀鴉片，後世遂定這一天為「禁煙節」。道光二十年，英國宣戰，派義律、樸鼎查等人率艦隊攻打中國，史稱「鴉片戰爭」。清軍敗逃。中國求和，簽訂「南京條約」。中國割讓香港，開廣州、福州、廈門、寧波、上海等五港口通商。

2. 廣東花縣的青年洪秀全，稱上帝為天父，稱耶穌為天兄，自稱為上帝的次子，下凡人間來救世。道光三十年，他在

三皇五帝		
夏		
商		
周	西周	
	東周	春秋
		戰國
秦		
漢	西漢	
	東漢	
三國	魏	蜀漢 吳
晉	西晉	
	東晉	
南北朝	北朝	南朝
	北魏	宋
	東魏 西魏	齊
	北齊 北周	梁 陳
隋		
唐		
五代	後梁	
	後唐	
	後晉	
	後漢	
	後周	
宋	北宋	
	南宋	
元		
明		
清		
民國		

廣西桂平縣金田村起兵，信眾很多。官兵去鎮壓，他率眾邊打邊逃，流竄
於西南各省。

道光三十年，帝病死，諡「宣宗」。奕詝即帝位，年號「咸豐」。咸豐帝體
弱多病。他在位期間發生的大事有：

1. 太平天國：洪秀全及其信眾於咸豐元年在廣西永安宣布成立「太平天國」。
   咸豐三年，太平軍沿長江東下，攻陷武漢及南京，即以南京為首都，擁有
   江南。清廷拜託湖南農村自衛隊的首領曾國藩討伐太平天國。這支自衛隊
   後來屢建戰功，規模擴大，改稱「湘軍」。

2. 英法聯軍：咸豐六年，英國商船「亞羅號」走私，清廷官員上船盤問，順
   手將英國國旗丟入海中。同年，法國傳教士在廣西被殺。英、法兩國政府
   便以此二事為藉口，於咸豐七年組織聯軍，進攻中國，清軍不敵。咸豐十
   年，英法聯軍登陸天津，直入北京，咸豐帝慌忙逃往熱河。聯軍在北京城
   內燒殺，焚毀圓明園。恭親王奕訢出面與英、法簽訂「北京條約」，賠銀給
   英、法，割九龍給英國。

3. 中俄條約：咸豐八年及十年時，俄國強迫中國簽訂「璦琿條約」及「中俄
   北京條約」，取得黑龍江以北、烏蘇里江以東的土地。

咸豐十一年，帝病死，諡「文宗」。載淳即帝位，年號「同治」。

 史書之外

林則徐：

　　林則徐，福建侯官人，嘉慶十六年進士。他在青年時期熱中於經世致用之
學。他曾於道光十二年任江蘇巡撫，道光十七年任湖廣總督。他眼見當時吸食
鴉片煙毒之國人日多，國勢危殆，便積極上書，力陳禁煙方案。道光皇帝命他
為欽差大臣，赴廣州禁絕鴉片。林則徐到任後，鐵面無私，雷厲風行，燒掉英
商的庫存鴉片兩百四十萬公斤。英商向英國政府哭訴。英國政府評估情勢後認
為若就此對中國宣戰，會在歷史上留下協助販毒的污名，有損英國形象，所以
隱忍不動，另尋他法。英國政府叫一名水手到廣州上岸，故意找中國人麻煩，

挑起爭端，打死中國人，然後逃回船上。中國官府向英船船長索討兇手被拒，林則徐得訊大怒，便驅逐廣州英人英船離境，並停止中英貿易。清廷嘉許林則徐，任他為新設的兩廣總督。英國政府此時便對國際宣稱，中國停止貿易是對英國的敵視行為，便以此為藉口於道光二十年派艦隊攻打中國，引發鴉片戰爭。中國作戰失利後，道光皇帝為求英國息怒，便藉口說林則徐不該挑起戰端，而將他革職，發配到新疆伊犁當小官。林則徐可說是替皇帝揹黑鍋，但他一點也不灰心喪志。他到了新疆，在那裡集合民眾，開發水利，變沙漠為綠洲，並測繪地圖，強化邊防武力，防止俄國入侵，把邊疆整治得井井有條。道光二十六年他奉詔回任陝西巡撫。道光二十七年升任雲貴總督。道光三十年他又再度被任命為欽差大臣，去鎮壓廣西民變，在赴任途中病死。林則徐一生忠於國家，敢作敢當，鞠躬盡瘁，死而後已，是讀書人報國的最佳典範。

葉名琛：

　　英法聯軍攻打廣州時，清軍因有上次鴉片戰爭失敗的經驗，所以龜縮不敢應戰。這時的兩廣總督是葉名琛，他也不知如何應付，只好採取「不戰」、「不和」、「不降」、「不走」的四不政策。英法聯軍攻入總督府，抓住呆若木雞的葉名琛。對他好說，他也不理；對他怒罵，他也不理；逗他玩笑，他也不理。英法聯軍莫可奈何，只好把他押上軍艦，送往印度。不久，葉名琛就死在加爾各答。葉名琛身為國家的封疆大吏，平日享受富貴榮華，臨事卻不發揮能力守土保民，後又不展現氣節以死殉國，終致被俘而不明不白死於異鄉，可說是清朝昏官中的一絕。

胡雪巖：

　　胡雪巖，浙江杭州人，西元 1823 年生。咸豐年間，他在杭州一家錢莊（私人銀行）擔任小伙計時，在偶然的機緣下，好心幫助落魄書生王有齡上北京求取功名。王有齡運氣好，在北京巧遇貴人，很快被保薦回故鄉杭州任官。王有齡在很多公私事情上關照胡雪巖，作為報答。胡雪巖也充分發揮善交際的特長，結識各行各業人物，上至總督、巡撫、縣令，下至師爺、衙役、江湖幫派，均與他成為好友。他憑著良好的政商關係發展事業，由錢莊擴至糧食、房地產、蠶絲、中藥等業，成為富可敵國的大商人，時人稱他為「紅頂商人」。

三皇五帝			
夏			
商			
周	西周		
	東周	春秋	
		戰國	
秦			
漢	西漢		
	東漢		
三國	魏	蜀漢	吳
晉	西晉		
	東晉		
南北朝	北朝		南朝
	北魏		宋
	東魏	西魏	齊
	北齊	北周	梁
			陳
隋			
唐			
五代	後梁		
	後唐		
	後晉		
	後漢		
	後周		
宋	北宋		
	南宋		
元			
明			
清			
民國			

清（四）

西元1644年～1911年

同治帝登基時，只有六歲，由其母慈禧太后垂簾聽政。同治帝在位期間，發生的大事有：

1. 滅太平天國：同治三年，湘軍攻入南京，洪秀全死，太平天國亡。

2. 回亂：同治元年，陝西和甘肅的穆斯林起兵叛亂。同治四年，清廷派左宗棠率湘軍鎮壓他們。同治十二年，亂平。

3. 新疆脫出：同治三年，新疆維吾爾族人起兵叛亂，成立「喀什喀爾汗國」，與清朝對峙。俄國趁機出兵占領伊犁（今新疆綏定）。

4. 洋務運動：大臣曾國藩及李鴻章等人，眼見西洋各國船堅砲利，便推動一連串引進西洋科技的措施，以求強國，史稱「洋務運動」或「自強運動」。其具體的成果是同治年間成立的江南製造局、馬尾造船廠，以及同治以後成立的漢陽兵工廠、選派幼童赴美國留學等。

同治十三年，帝病死，諡「穆宗」。載湉即帝位，年號「光緒」。光緒帝是慈禧太后的侄兒，登基時只有三歲，由慈禧太后垂簾聽政。朝政日亂，國勢日衰。光緒帝在位期間所發生的大事有：

1. 光緒三年，左宗棠率兵西征，滅喀什喀爾汗國，將新疆收回版圖。

2. 光緒七年，與俄國簽訂「伊犁條約」，收回伊犁，且重訂中俄國界。

3. 光緒十一年，法國侵越南，越南向中國求援，中法開戰。法國海軍敗於澎湖，陸軍在廣西被中國將領劉永福擊敗，法國求和。清廷因通訊技術不發達，不知自己戰勝，竟答

應法國，簽訂「中法和約」，賠銀給法國，並承認越南受法國保護。

4. 光緒十一年，詔令臺灣升格為省，派劉銘傳為首任臺灣巡撫。

5. 中日戰爭：日本於西元 1876 年實行明治維新，國力日漸強大。光緒二十年（西元 1894 年），朝鮮國內發生東學黨之亂。中、日兩國同時派兵協助平亂，事後日軍轉而攻擊中國軍，兩國開戰。中國海軍北洋艦隊在黃海敗戰，陸軍則在平壤敗戰，此即中、日「甲午戰爭」。結果清廷請和，簽訂「馬關條約」，賠銀並割讓臺灣及遼東半島給日本。臺灣人民得知被清廷出賣後，於光緒二十一年獨立，成立「臺灣民主國」，抵制日人。不久，行動失敗，日軍占領臺灣。

6. 戊戌政變：甲午戰敗，證明洋務運動無效。有識之士康有為和梁啟超呼籲，欲強國，必須革新法政制度。光緒二十四年四月二十三日，帝接受康、梁的建議，實施變法維新，親頒新法，內容包括廢止八股文、改建新軍、精簡中央機構、鼓勵民間興辦實業等。新法一出，引起守舊人士反彈，上告慈禧。慈禧大怒，於八月六日臨朝，將光緒帝逮捕幽禁，停止新法，這就是「戊戌政變」，又稱「百日維新」。

7. 八國聯軍：民間武術團體義和團以「扶清滅洋」為口號，仇殺外國人。慈禧及守舊大臣縱容之，且於光緒二十六年五月二十五日對所有外國宣戰，引來美、英、法、德、俄、日、義、奧等八國聯軍攻打中國。七月二十日，聯軍破北京，慈禧帶光緒帝慌忙逃往西安。

 史書之外

葉赫那拉的詛咒：

　　努爾哈赤所屬的部落，姓「愛新覺羅」。他在統一女真之過程中，與其他女真部落發生爭戰，殺戮在所難免。他消滅海西女真「葉赫那拉」部落（居於今之吉林四平）時，將葉部男丁圈圈在一處，全部殺光。葉部酋長布楊古臨死前，憤憤地說：「我葉赫那拉族即使只留下一名女子，也必滅愛新覺羅！」後來，愛新覺羅氏的子孫當上了皇帝，都忘了這項古早的詛咒。咸豐帝有一年選妃，選

中一個名叫葉赫那拉蘭兒的女子進宮。此女便是後來的慈禧太后，濫權胡為，把大清的帝業腐蝕敗光。布楊古的詛咒應驗了！

臺灣民主國：

同治年間，清廷開始重視臺灣，派沈葆楨為欽差大臣，赴臺經營。光緒十一年，詔令建臺灣省，派劉銘傳為首任巡撫。劉銘傳大力推行建設，興建鐵路、郵政、電報。西元 1894 年，唐景崧接任巡撫。1895 年，臺灣民眾獲知被割讓給日本的消息，心情悲憤，於五月二十五日宣布成立「臺灣民主國」，推舉唐景崧任大總統，以丘逢甲、劉永福等為佐臣，定都臺北，決定抗拒日軍接收。六月四日，日軍經臺灣平民辜顯榮的自願帶路指引，由汐止南下，包圍臺北城。唐景崧逃回大陸。六月七日，日軍入臺北城，臺灣民主國瓦解。

曾國藩：

曾國藩，湖南湘鄉人，西元 1811 年出生。道光年間進士。在京十餘年，仕途順利。平日好學不倦，博覽群書。1852 年，因其母逝世，回鄉服喪。適逢洪秀全亂軍殺到，官軍潰敗，曾國藩遂組織鄉團，以民間武力自保，竟然打勝仗。朝廷自此對他刮目相看，委以平亂重任，准他成立湘軍。在與太平軍纏鬥期間，曾國藩數度遇險，幾乎喪命。1860 年，任兩江總督。1864 年，攻入南京，完成消滅太平天國之大任。此後，他積極推行洋務運動直到 1872 年病逝。曾國藩一生重視修身齊家，他最喜歡引用明儒顧炎武所作的對聯：

　　　風聲，雨聲，讀書聲，聲聲入耳；家事，國事，天下事，事事關心。

李鴻章：

李鴻章，安徽合肥人，西元 1823 年出生。道光年間進士。1853 年，在家鄉辦團練抵抗太平軍。1861 年，擴鄉團為淮軍。1865 年，任兩廣總督。1870 年，任直隸總督兼北洋大臣，從此掌握軍政大權，並常代表清廷對外交涉，被迫簽訂多項不平等條約。1895 年，當日本要求中國派員到臺灣辦理移交手續時，李鴻章派其子李經方赴臺。李經方聽說臺民群情悲憤，遂心生畏懼，不敢上岸。他將船停泊在外海，請日軍代表到船上見面，在日方備好的移交清冊上

草草簽字，即匆忙返航，對臺灣連看都不看一眼。

左宗棠：

　　左宗棠，湖南湘陰人，西元 1812 年出生。道光年間舉人，考進士屢考不中。1860 年，他投入湘軍，漸漸展現軍事天才。1862 年，率軍攻克太平天國後方的浙江，建大功，升任閩浙總督。1866 年，開設馬尾造船廠。1867 年，任陝甘總督。當新疆脫出時，北洋大臣李鴻章主張放棄新疆，而左宗棠則堅決主張用兵討伐。1877 年，左宗棠率湘軍征服了新疆，把新疆重新收回中國，並在該地區積極進行農業及水利建設。他又下令士兵，從甘肅玉門起，沿著古絲路，在路旁種植耐旱的柳樹，以改善行旅條件。結果，把自古以來荒涼枯瘠的西北，弄得綠意盎然，蔚為奇觀。當時詩人楊昌濬有詩讚曰：

　　大將籌邊尚未還，湖湘子弟滿天山；新栽楊柳三千里，引得春風度玉關。

　　　　　　　　　　　　　　　　——〈恭誦左公西行甘棠〉

萬里江山

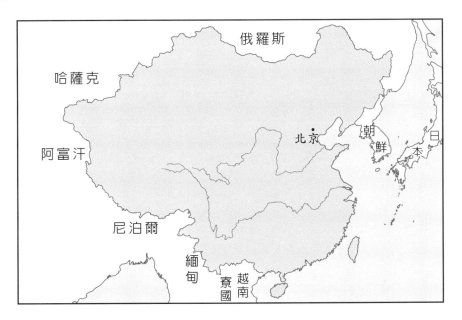

萬世一系

1. 太祖（努爾哈赤）
・建國後金，都盛京（瀋陽）

2. 太宗（皇太極）
・正式稱帝，改國號大清

3. 世祖（順治）
・吳三桂降清，清入主中原

4. 聖祖（康熙）
・爆發三藩之亂，後被平定
・將臺灣納入清版圖

5. 世宗（雍正）
・始設軍機處
・禁天主教

6. 高宗（乾隆）
・平定準噶爾、回疆
・臺灣林爽文起事

7. 仁宗（嘉慶）

8. 宣宗（道光）
・爆發鴉片戰爭，中國戰敗，簽訂「南京條約」
・宣布天主教弛禁
・洪秀全起事

9. 文宗（咸豐）
・洪秀全建立太平天國，清廷派曾國藩進討
・發生兩次英法聯軍，中國戰敗，簽訂「天津條約」、「北京條約」
・成立總理各國事務衙門

10. 穆宗（同治）
・慈禧太后垂簾聽政
・太平天國滅亡
・李鴻章、左宗棠平定捻亂

11. 德宗（光緒）
・中日甲午戰爭爆發，中國戰敗，訂定「馬關條約」，割讓遼東半島、臺灣、澎湖
・爆發庚子拳亂，引發八國聯軍，光緒與慈禧逃往西安，與各國簽訂「辛丑和約」
・革命軍多次起義

12. 遜帝（宣統）
・孫中山發動武昌革命，清帝退位，中華民國建立

清末民初

　　慈禧與光緒帝逃亡期間，李鴻章奉命從上海馳赴北京，與八國議和。光緒二十七年，清廷與八國簽訂「辛丑和約」，共賠銀四億五千萬兩給各國。

　　在此之前，列強見中國勢衰好欺，早已紛紛派軍人、商人來中國謀取利益。漸漸地，列強之間有了默契，形成了瓜分中國的情勢。整個中國被分成若干個勢力範圍：英國主要出入長江流域；法國主要出入兩廣及雲南；日本主要出入福建；德國主要出入山東；俄國主要出入東北、蒙古、新疆。光緒二十五年，美國曾發表「門戶開放宣言」，呼籲列強不要劃定勢力範圍，而應開放門戶，一齊謀求在中國各地開發商機。此宣言為美國謀利益，間接也幫了一下中國。「辛丑和約」簽訂以後，各國積極在其勢力範圍內，派駐軍隊、建造鐵路、開礦炸山、航行內河、擁有領事裁判權（外國人與中國人爭執時，由外國的外交官，根據其本國法律作裁判）。上海市的情形更是當時中國的縮影。上海市內，有英租界、法租界、美租界、日本租界、公共租界，只有南市部分屬於中國。各租界內，各國任意闢馬路、拉電線、建銀行、蓋商店，由各國自己的警察維持治安，中國的法律在租界內無效。租界雖然為中國帶來了先進的西洋物質文明，但在精神上羞辱了中國。中國任外人長驅直入，不能維護領土，不能保護自己的人民。此時的中國已面臨滅亡。

　　在這種情形下，出現了很多有識之士，紛紛為救中國而努力。這些人士分成二派，一是溫和派，另一是激進派。

1.溫和派：溫和派人士有康有為、梁啟超、譚嗣同、嚴復等，他們主張協助清朝推行政治改革。戊戌政變後，康有為和梁啟超皆逃往外國，譚嗣同被殺，此派人士遂流散隱遁。

三皇五帝		
夏		
商		
周	西周	
	東周	春秋
		戰國
秦		
漢	西漢	
	東漢	
三國	魏	蜀漢　吳
晉	西晉	
	東晉	
南北朝	北朝	南朝
	北魏	宋
	東魏　西魏	齊
	北齊　北周	梁　陳
隋		
唐		
五代	後梁	
	後唐	
	後晉	
	後漢	
	後周	
宋	北宋	
	南宋	
元		
明		
清		
民國		

2. 激進派：激進派人士有徐錫麟、秋瑾、黃興、鄒容、孫文、汪精衛等，他
　們主張以武力革命推翻滿清政府，建立新政體。此派人士意志堅強，以不
　怕死的精神，積極行動。

　　光緒二十年時，廣東平民孫文上書給清廷大臣李鴻章，提出他對國政改革
的意見，其內容主要為：人盡其才、地盡其利、物盡其用、貨暢其流，李鴻章
未予理會。孫文轉而走上武力革命之路。他在美國夏威夷成立興中會。光緒三
十一年，他在日本東京成立同盟會，獲得日漸增多的追隨贊助者。同盟會會員
回國，發動多次攻擊官府事件，使清廷疲於應付。光緒三十四年十一月十三日，
慈禧立三歲的溥儀為太子。十一月十四日，光緒帝死。十一月十五日，慈禧死。
溥儀即帝位，年號「宣統」。宣統三年三月二十九日，同盟會革命青年百餘人在
廣州起義，事敗，大多被殺，被葬於市郊黃花崗。同年十月十日，駐守武昌的
新軍發起革命，一時全國響應。西元 1912 年，全國各省代表齊集南京，推舉孫
文為臨時大總統，成立民主共和政體，國號「中華民國」，清亡。

 史書之外

康有為：

　　康有為，廣東南海人，咸豐八年出生。光緒二十一年，他到北京參加進士
考試時，馬關條約簽訂的消息傳來，同考場的士子都深受刺激而議論紛紛。這
時，熱血沸騰的康有為登高一呼，糾合大家聯名上書給朝廷，要求「拒簽約、
遷都上海、政治改革」，他遂成為改革派青年的領袖人物。光緒二十四年，他被
光緒皇帝召進宮中詳談。皇帝很賞識他，採納他的意見，實施變法維新。變法
失敗後，慈禧太后欲捉拿他處死。康有為逃往上海，登英輪去香港。

譚嗣同：

　　譚嗣同，湖南瀏陽人，同治四年出生。好讀書，有安邦定國大志。遊歷大
江南北，又結交洪門祕密幫派，跟其中一位開設鏢局的大刀王五，還有胡七及
十八弟兄等成為好友。王五和胡七都曾拜崑崙派師父習武，武藝高強，刀劍、
槍棍、飛簷、走壁樣樣精通。光緒二十四年，譚嗣同經梁啟超介紹，參與光緒

皇帝的維新核心小組。變法失敗前夕，譚嗣同聽到風聲說慈禧太后即將採取不利於光緒皇帝的行動，於是他深夜拜訪軍事將領袁世凱，勸袁發動兵變支持光緒皇帝。袁假裝同意。譚一走，袁就通報慈禧太后。第二天，慈禧太后採取行動，逮捕到六名維新核心小組人員，判他們死刑。這六個人是：譚嗣同、劉光第、楊深秀、林旭、楊銳、康廣仁，史稱「戊戌六君子」。王五和胡七想要救好友。他們憑著高超武功，深夜偷入死囚牢房，要拉譚嗣同逃走。譚嗣同卻拒絕了，他說：「中國的革新為什麼遲遲不上道？就是因為沒有人流血。因為未見流血，所以民眾仍然麻木迷糊。我要救中國，讓我為中國流血吧！」王五、胡七只好含淚拜別。天亮後，行刑。譚嗣同留下一首詩：

　　　望門投止思張儉，忍死須臾待杜根；我自橫刀向天笑，去留肝膽兩崑崙。

嚴復：

　　嚴復，福建福州人，咸豐四年出生。家貧，就讀馬尾船政學堂，成績冠全校。光緒三年，被派赴英國格林尼次海軍大學留學深造，成績是全班第一名。同學中有一位日本軍官，名叫伊藤博文。嚴復歸國後卻不得重用。甲午戰起時，伊藤博文已成為日本首相，而中國嚴復卻連艦長都當不上。中國海軍被日本海軍打敗後，嚴復一方面為國家的失敗感到悲哀，一方面又為自己的懷才不遇感到憤怒。他決定化悲憤為行動，著手翻譯西書，積極引介西洋知識給國人。終於，他種瓜得豆，成為中國近代化的啟蒙大師。他所譯《天演論》一書，即英國哲學家赫胥黎的《進化與倫理》，對中國知識界影響至為深遠鉅大。在該書之序文中，嚴復提到翻譯的三個要訣：「信、達、雅」。

秋瑾：

　　秋瑾，浙江山陰人，光緒元年出生。二十二歲時結婚，二十八歲時隨夫至北京。三十歲時，目睹八國聯軍暴行，決意投身救國，遂離婚赴日本讀書。加入同盟會。回國後，發展浙江光復會實力，接替徐錫麟主持紹興大通學堂，培育革命青年。光緒三十三年，徐錫麟在安徽起義失敗，清廷循線逮捕秋瑾，處以死刑。秋瑾在供狀上寫下「秋風秋雨愁煞人」七個字，從容就義。

三皇五帝			
夏			
商			
周	西周		
	東周	春秋	
		戰國	
秦			
漢	西漢		
	東漢		
三國	魏	蜀漢	吳
晉	西晉		
	東晉		
南北朝	北朝	南朝	
	北魏	宋	
	東魏 西魏	齊	
	北齊 北周	梁	
		陳	
隋			
唐			
五代	後梁		
	後唐		
	後晉		
	後漢		
	後周		
宋	北宋		
	南宋		
元			
明			
清			
民國			

清代文化

　　清代的文化，一方面傳承中國傳統的文化；一方面又揉合西洋現代文化，所以顯得多彩多姿：

1. 天文學：清初，湯若望、南懷仁兩位西洋傳教士兼任清廷之欽天監官職，曾制定《時憲曆》，修造天文臺，製作多種天文儀器。

2. 數學：李善蘭是有名的數學家。他與傳教士合作，翻譯了《幾何原本》的下半部，以及其他歐洲數學家的代數、微積分等著作。

3. 地理學：康熙帝曾命西洋傳教士在全國各地作土地測量，集合其結果，繪成《皇輿全覽圖》。這是一張精準的中國地圖，圖上附有經緯線分劃。

4. 文學：清代的文學，主要表現在小說、散文、詩詞、翻譯四方面。

   (1) 小說：清代的小說名家及其作品有：

   　曹雪芹——《紅樓夢》。　　蒲松齡——《聊齋誌異》。

   　吳敬梓——《儒林外史》。　劉鶚——《老殘遊記》。

   　李汝珍——《鏡花緣》。　　曾樸——《孽海花》。

   　文康——《兒女英雄傳》。

   (2) 散文：清代的散文名家，清初有桐城派諸子；清末有梁啟超。桐城派諸子包括方苞、劉大櫆、姚鼐等人，他們提倡寫文章要義理、考證、修辭三者並重。梁啟超獨創「新民體」，兼收文言、白話、俗語、西洋譯文、日文等，交融運用，奔放流暢，自謂「筆鋒常帶感情」。他的文章多有關於修身治國或時事評論，洋溢著憂國情懷。著有《飲冰室全集》。

(3)詩詞：清代的詩人以吳梅村、王士禎、袁枚、鄭燮（鄭板橋）等人較有
名。詞人以納蘭性德、薩都拉二人較有名。

(4)翻譯：嚴復、徐壽、林琴南等人都是翻譯名家。

5.美術：

(1)清初：有正統畫派與遺民畫派之分。正統畫派有王時敏、王鑒、王翬、
王原祁、惲壽平、吳歷等人。遺民畫派有朱耷（八大山人）、石濤、弘仁
等人。

(2)清中：有宮廷畫派與民間畫派之分。宮廷畫派有郎世寧、丁觀鵬等人。
郎世寧是義大利傳教士，於康熙年間來到中國，他成功地將西洋畫與中
國畫融合，產生奇特的美感。民間畫派主要為揚州八怪，即揚州富商所
捧紅的八位畫家，其中最有名的是鄭燮，他精通詩、書、畫。

(3)清末：有上海畫派與嶺南畫派之分。上海畫派有任伯年、吳昌碩等人。
嶺南畫派有居廉。

6.戲劇：清代的戲劇，在北京興起，稱為「京戲」，後來稱為「國劇」。著名
的演員有程長庚、楊月樓、譚鑫培等人。

 史書之外

《紅樓夢》：

　　清朝曹雪芹所著之《紅樓夢》，與明朝吳承恩的《西遊記》、羅貫中的《三
國演義》、施耐庵的《水滸傳》，並稱中國四大古典小說。

　　曹雪芹是滿洲貴族出身。其祖先任職於「江寧織造局」，專門製造皇家所需
的綢緞，很得皇帝恩寵。曹雪芹幼時生活幸福，後來，其父親失寵丟官，家產
也被查抄，此後曹雪芹變成一級貧戶，後半生窮困潦倒。他在晚年時以自身的
經歷與深刻的感受為基本，創作出《紅樓夢》這部鉅作。書中描繪歌舞昇平、
不懂惜福的貴族，如何因安逸而墮落、由富裕而破敗。書中人物繁多，刻畫生
動，情節曲折，引人入勝。自清末出版以來，即受人歡迎。

　　書中男主角賈寶玉，乃是女媧補天時所遺漏的一顆彩石。它吸取日月精華，

投胎為人，降生至賈府。出生時隨身就帶有一顆玉，因而被視為天人，取名為寶玉，並深受祖母賈母之寵愛。賈府占地很廣，裡面有座大觀園，蓋有很多亭臺樓閣花園庭院，僕人無數。賈寶玉幼時就在賈府裡過著幸福的日子。十幾歲時，其表妹林黛玉因父母皆去世，來賈府投靠住下。林黛玉乃天上的絳珠仙草投胎，其雨露曾均沾寶玉前身的那顆彩石，兩人實有宿緣。賈寶玉對林黛玉一見鍾情，兩人感情日增，互相有成婚的默契。但是，賈寶玉是個花心蘿蔔，對賈府裡其他的女子，例如服侍他的丫鬟晴雯、襲人，以及另一位表姊薛寶釵，也都保持友好關係。林黛玉雖滿腹詩書，可惜體弱多病，又善妒、愛耍小性子，這使得賈府的女眷們都不喜歡她，而比較喜歡薛寶釵。賈母雖疼愛外孫女黛玉，但覺得還是把薛寶釵嫁給賈寶玉比較好。於是便讓賈寶玉的嫂嫂王熙鳳設下騙局，讓寶玉在以為是娶黛玉的狀況下，與寶釵拜天地成婚。黛玉因此傷心欲絕，很快就香消玉殞。新婚之夜，寶玉發覺娶的是寶釵，大為吃驚，後又得知黛玉之死，整個人遂變成癡呆。後來，王熙鳳在外面放高利貸，逼死人命。賈府從此諸事不吉祥，最後，財產都被官廳沒收。有一天，蕭條冷清的賈家來了一個和尚。賈寶玉和他深談後，不再癡呆，從此專心讀書，然後去應考科舉，金榜題名。大家正高興之時，卻發現賈寶玉已飄然遠去，出家為僧。

除了寶玉和黛玉的愛情，賈母的四個孫女元春、迎春、惜春、探春，賈家媳婦王熙鳳、李紈，以及史湘雲、巧姊、秦可卿和妙玉，她們皆有才情，亦各有其動人的故事。這十位女子，加上黛玉和寶釵，合稱「十二金釵」。《紅樓夢》又名《金陵十二金釵》或《石頭記》。

《紅樓夢》中有許多詩詞，皆極美，我們來欣賞其中的一首〈紅豆詞〉。這首詞後來由作曲家劉雪庵先生配上音樂，婉轉悠揚，極為動聽。

　　滴不盡相思血淚拋紅豆，開不完春柳春花滿畫樓。睡不穩紗窗風雨黃昏後，忘不了新愁與舊愁。嚥不下玉粒金波噎滿喉。照不盡菱花鏡裡花容瘦。展不開眉頭，捱不明的更漏。呀，恰似遮不住的青山隱隱，流不斷的綠水悠悠。

奢侈的女人——明清時期江南婦女的消費文化　巫仁恕／著

明清時期的江南婦女，經濟能力大為提升，生活不再只是柴、米、油、鹽，開始追求起時尚品味。要穿最流行華麗的服裝，要吃最精緻可口的美食，要遊山玩水。本書從消費的角度，重新觀察明清婦女的生活、地位及其對當時產業的影響，帶您瞧瞧她們究竟過著怎樣的生活？

妖怪、變婆與婚姻——中國西南的巫術指控　顏芳姿／著

在巫術與傳說盛行的中國西南地區，當地侗族流傳著稱為「變婆」的妖怪，他們活著的時候與一般人無異，死後卻成了令人恐懼的神秘力量。變婆只是傳說？還是真實存在的恐怖怪物？變婆的出現如何影響當地人的婚姻觀？看本書作者深入中國貴州，用親身經歷為我們打開侗族神秘的潘朵拉之盒，釐清「變婆」標籤下隱含的意義，看見妖怪與巫術的另一種面貌。

國家圖書館出版品預行編目資料

笑談中國歷史／林淑珺編著.－－二版二刷.－－臺北
市：三民，2023
　　面；　公分

　　ISBN 978-957-14-7405-2　（平裝）
　　1.中國史

610.9　　　　　　　　　　　　　111002165

笑談中國歷史

編 著 者	林淑珺
發 行 人	劉振強
出 版 者	三民書局股份有限公司
地　　址	臺北市復興北路 386 號 (復北門市)
	臺北市重慶南路一段 61 號 (重南門市)
電　　話	(02)25006600
網　　址	三民網路書店 https://www.sanmin.com.tw
出版日期	初版一刷 2003 年 2 月
	初版十一刷 2018 年 5 月
	二版一刷 2022 年 4 月
	二版二刷 2023 年 5 月
書籍編號	S610430
I S B N	978-957-14-7405-2

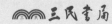